근대의 창

군산 100년을 보다

근대의 창

군산 100년을 보다

김원용, 김은정, 소순열, 이성호, 이정덕

전북대학교출판문화원

· G U N S A N ·

책을 펴내면서

2019년 군산은 개항 120주년을 맞았다. 20여 년 전 군산에서는 근대 건축물들이 하나둘씩 허물어지고 없어지고 있었다. 이성당 앞 군산시청(옛 군산부청)이 청소년 전문 쇼핑몰 로데오로 변모하고, 근대미술관(구 나가사키 18은행)은 알뜰종합백화점으로, 군산상공회의소는 주차장으로 바뀌었다. 군산내항에서는 간이역, 쌀 창고, 철도가 사라지고, 근대 건축관(구 조선은행 군산지점)은 폐허로 방치되어 있었다. 군산의 근대건축물들은 남아있다기보다는 도시개발이나 과거 청산을 위해 헐릴 때를 기다리고 있는 것 같았다. 이렇게 군산의 근대문화는 점점 사라져 가고 있었다.

당시 한 대학생은 군산 답사 보고서에서 "십팔은행은 밖에서 밖에 보지 못했지만 아직도 인상이 깊다. 십팔은행이라는 이름 그리고 '소변금지'라는 벽의 글귀가, 과거에는 중요한 일들을 감당했던 것이 지금은 허름하고 뭔가 나간 듯한 느낌이라고 할까. 이상스럽다. 구 군산세관은 들어가 볼 수 있었는데 어릴 적 초등학교 교실 같았다. 지방기념물 87호로 지정되었다고 하나 그럴 가치가 있는지는 잘 모르겠다. 우리가 겪어온 초등학교 교실이 일본스타일이구나 하는 생각을 하는 것 그 이상의 것은 없었기 때문이다"라고 느낌을 적기도 했다.

1997년 전북대 김영정·이성호(사회학), 이정덕(인류학), 소순열(농업경제학) 등 네 사람은 공동으로 군산연구를 시작하였다. 1999년의 군산개항 100주년을 맞아 식민도시 군산의 복잡한 근대도시화 과정을 연구해 볼 심산이었다. 그 연구의 성과물을 정리하여 각각 전문서와 교양서로 펴내기로 했었다. 전문서는 이미 『근대항구도시 군산의 형성과 변화-공간, 경제, 문화』(한울아카데미, 2006)라는 이름으로 세상에 내놓았다. 그리고 이 책은 대한민국학술원에 의해 기초학문육성 우수학술도서로 선정되기도 하였다.

이듬해인 1998년 전북일보에서는 일반 대중을 위해 「군산개항 100년」을 기획특집 연재물로 기획하여 1년 동안 소중한 지면을 할애해주었다. '수난과 발전의 역사 군산개항 100년'이라는 제목의 전북일보 기획특집에는 앞서 연구에 참여했던 전북대학교의 네 사람과 함께 김은정 기자, 김원용 기자와 사진부의 오병권 기자, 이준훈 기자가 참여하였다. 김은정 기자는 이미 학계 전문가와 함께 2년 동안 동학혁명의 현장을 취재하여 책(김은정, 문경민, 김원용, 『동학농민혁명 100년』, 나남출판, 1995)으로 펴낸 경험이 있어, 취재의 깊이를 더할 수 있었다. 전북일보의 특집 연재물은 전북일보 김은정, 김원용 두 기자가 쓴 본문과 전북대 소순열, 이성호 교수가 담당한 박스물, 그리고 관련 사진 등으로 구성되었다. 당시 1년 동안 진행되었던 특집 기사의 원문을 전북대 두 교수가 서술과 구성을 바꾸어 보다 알기 쉬운 교양서로 펴내기로 하였다. 당시 현장을 누비며 취재하여 만들었던 원고는 어느새 20년이 지나, 낡은 글이 되어버렸다. 그러나 군산의 근대문화 유산이 도시개발 논리에 밀려 점차 무너져 가던 당시의 모습을 지켜보며 연구자들이 마음에 담았던 생각들은 지금도 여전히 유효하다고 할 수 있다. 그래서 많이 늦었지만 이 원고를 여기저기 고치고 땜질하여 책으로 내기로 하였다.

이 글이 나오기까지 우리는 많은 분들의 도움을 받았다. 특히 고故 이병훈 시인(전 군산문화원장)은 잊을 수 없는 분이다. 우리는 취재를 시작할 때부터 많은 어려움에 처했다. 그럴 때마다 그는 "부끄러움을 씻고 당당한 역사를 열어야 한다. 일제의 잔재를 감추지 말고 역사적 교훈으로 삼아야 한다"는 말로 우리에게 용기를 주었다. 우리는 이 책으로 마음의 빚을 조금 덜고 싶다.

군산은 근대문화도시라고 불린다. 이제 연간 방문객이 300만 명이 넘고, 아시아도시경관상도 받았다. 군산에 대한 연구와 세미나가 본격적으로 진행되기 시작하였고 일반 시민을 대상으로 군산학 강좌도 열리고 있다. 이른바 〈근대문화도시 군산〉을 만드는 사업이 본격적으로 진행되면서 일반 시민과 학자들, 문화인들 그리고 상인과 관광업자들이 관심을 집중하게 되었다. 말하자면 군산 내외의 각 관련 집단과 단체들이 자신의 이해관계에 따라 근대문화도시 군산을 만들어가고 있는 것이다. 이것이 반드시 바람직하지 못한 것인가는 앞으로 오래오래 생각해보아야 할 문제이지만, 군산의 전문 연구자들이 〈근대문화도시 군산〉 사업에 대해 "종합적으로 결합되지 못하고 개별화된 모습으로 나타나고"(군산대인문도시센터, 『군산학의 지평선』, 신아, 2019) 있다고 걱정하는 것은 충분히 이해할 수 있다.

이 책은 4부로 구성되어 있다. 제1부 군산의 개항, 제2부 개발과 수탈, 제3부 생활문화 그리고 제4부 해방 이후의 군산이다. 전북일보에 1년간 연재된 48회분 가운데 12회분을 생략하고, 36회분을 4부로 나누어 원문에 충실하면서 평이한 문장으로 바꾸고, 조금씩 고쳐 쓰기도 하였다. 이 책을 통해 군산의 역사적 사실을 확인하고, 식민지도시의 문화 변동에 대한 인식의 폭을 넓히는 기회가 되었으면 한다.

이 글을 이용하도록 허락해 준 〈전북일보사〉에 감사드린다. 이 책은 전북대학교 저술 장려 경비의 지원을 받았다. 새로운 사진을 찍어준 전북대 농업경제학과 졸업생 김영식과 군산을 다시 답사하는데 같이 참여해 준 대학원생 채지희에게 고마움을 전한다. 신문사 서고에 깊숙이 박혀있던 원고를 다시 꺼내 하나하나 입력하여 깔끔한 파일로 만들어준 전북대학교 사회학과 이가희에게도 고맙다는 인사를 전한다. 전북대출판문화원의 이진영씨는 손이 많이 가는 원고를 정리하는 수고를 마다하지 않았다. 감사드린다. 아울러 황갑연 원장과 구자생 팀장에게도 감사의 말씀을 드린다.

우리는 이 책이 다만 군산 연구의 하나의 자극이었으면 좋겠다.

2020년 3월 15일

저자들을 대표하여 소순열 씀

• GUNSAN •

차례

그림 차례

표 차례

프롤로그

일제의 식민지 거점도시

1999년 군산시는 개항 1백주년을 맞았다. 군산 개항 1백년의 역사는 곧 전라북도의 근현대사다. 그것은 또한 우리나라 근현대사의 중요한 출발점이기도 하다.

본래 군산과 그 주변지역은 우리나라 최고의 쌀 생산지였다. 1899년 개항 이후 일제의 필요에 따라 집중적인 개발대상이 되면서 군산은 일제가 주변의 김제 및 만경평야 등의 지역에서 생산된 미곡을 자국으로 수출하고 전북지역의 모든 상공업 제품을 관리, 통제하기 위한 목적으로 성장시킨 식민지 거점도시가 되었다. 군산은 1914년 부府로 승격된 이후 해방이 될 때까지 인구, 경제, 산업 등 제 분야에서 가속적인 성장을 보였다. 일제 식민지강점기에 이루어진 큰 폭의 성장은 1960년대에까지 영향을 미쳐, 전체적인 외형 규모는 크지 않지만 군산은 한국의 대표적인 고도 집적도시 중의 하나로 평가되었다. 이러한 바탕은 1965년 당시 군산시의 단위면적당 인구 및 각종 생태 자원의 집적도가 서울, 대구에 이어 3위를 차지하는 수준이었던 점으로도 증명된다. 그러나 1970년대 이후 군산을 비롯한 호남권의 경제, 인구, 문화시설 등 주요 도시구성 요인의 집적도는 놀라울 정도로 크게 하락했다. 반면 수도권과 영남권의 도시 집적도는 절대적으로나 상대적으로 크게 상승했다. 이러한 호남권의 침체현상은 1980년대 중반 이후까지 계속되었다. 이 과정에서 군산의 도시 규모 및 기능은 급격히 위축되었다.

상대적 저발전의 원인

군산시의 절대적, 상대적 저발전은 1970년대 초반부터 본격화된 국가 주도의 중화학공업육성 정책의 강한 지역 편향성으로부터 비롯된 것이다. 1970년대 초반 이후 우리나라의 국토정책은 수도권 및 영남지역을 공업화의 중심축으로 삼아 전개되었다. 호남지역은 공업화에서 배제된 채 농업지역으로 남아 도시 산업지역에 식량 및 노동력을 공급하는 역할로 특화되었다. 1970년대의 거점개발방식, 지역분할방식의 공업화 전략이 서울과 지방, 영남과 호남의 성장 격차를 초래한 주요 원인인 셈이다.

군산은 1899년 개항, 1914년 부(현재의 시)로 승격된 이후 36년의 식민지 시기동안 다른 지방도시에 비해 높은 성장을 해왔으며 해방 이후에도 높은 도시 집적도를 유지해왔다. 그러나 산업화과정을 거치면서 침체의 늪으로 빠져들게 된 회한의 도시이다. 이런 배경에도 불구하고 1980년대 후반 이후 극심한 경제적 지역격차를 해소하고자 하는 정부의 정치적 이해와 대 중국 무역의 활성화를 위한 전진기지의 개발이라는 정책적 필요성이 적절히 맞물리면서 군산은 새로운 기회를 맞게 되었다.

1960년대 이후 항구 기능 상실

개항 이후 군산의 역사는 한국 근현대사의 흐름 속에서 그 구체적인 모습을 드러낸다. 식민지 시기 수탈물자 수송의 중심 항구였던 군산은 해방 이후 1950년대의 기간 동안 군수물자 수송 항구로서의 역할을 맡고 있었다. 그러나 1960년대 이후에는 농공 차별정책으로 인해 호남지역이 공업화의 배후지로 전락하면서 항구도시로서의 기능을 상실하기에 이르렀다. 1980년대 들어와서 지역균형발전이라는 정치 논리에 기대어 군산의 공업화가 추진되기도 했다. 그러나 그 정도의 정치적 수사로 군산의 침체를 극복해내기는 어려웠다. 그러다가 1980년대 후반부터 나타나기 시작한 국제적, 국내적 환경 변화가 군산 지역에 변화의 계기를 마련해주었다.

수십 년 동안의 공업화 과정에서 누적·심화된 지역 간 불균형은 정치권력에 커다란 부담으로 작용하게 되었다. 때마침 6·29선언으로 촉발된 민주화의 바람은 억압적 통치체제의 존립을 위협하고 있었다. 정치권력은 지역 균형발전이라는 수사를 전면에 세우지 않을 수 없었다. '서해안권 개발', '새만금 개발사업' 등은 그렇게 만들어진 대표적인 정책 항목들이었다.

한편 울산-포항-창원으로 이어지는 동해안권 공업지역은 개발의 한계에 직면하고 있었다. 개발비용, 물류비용 등의 증가가 추가개발을 어렵게 하는 요인들이었다. 또한 때맞춰 미국과 일본에 과도하게 편중되어 있던 한국의 수출중심경제체제의 대안으로 중국과의 수교가 급속히 부각되고 있었다. 이에 따라 서해안권 개발의 필요성이 한층 부각되기도 했다. 이러한 정치·경제적 환경 변화를 바탕으로 군산은 새로운 공업지대로, 또한 공산품 교역의 중심 항구로 전환할 수 있는 기회를 얻게 된 것이다.

21세기의 새로운 가능성

1899년 개항 이후 오늘에 이르는 1백여 년 동안의 군산 성장의 역사는 해방 이전에는 식민지 모국에 의해, 해방 이후에는 정부의 국가개발정책에 의해 전적으로 규정되었다. 이처럼 중앙권력의 개발 전략에 따라 근대도시의 성장과 쇠퇴를 겪었던 군산의 경험은 제3세계 도시발전 과정에서 흔히 나타나는 '정책 의존형' 도시의 전형적인 사례이다.

개항 이후 1백여 년. 식민지 수난과 정부의 편향적 정책의 부담을 고스란히 안고 있는 군산은 그 백여 년의 역사를 바탕으로 이제 새로운 단계를 맞고 있다. 1980년대 중반 이후 본격화된 서해안개발 계획의 거점도시로 부상하게 되고, 2000년대 들어 근대역사의 재조명 작업과 함께 군산은 새로운 가능성을 품게 되었고, 그것은 어느 때보다 희망적이다.

식민 조선의 암담한 현실을 상징했던 금강하류. 흐르고 흘러서 서해로 잠겨드는 그 금강줄기에 스며있는 수난과 발전의 역사를 고스란히 안고 있는 군산은 이제 21세기 미래를 가늠하는 시험대에 다시 놓이게 된 셈이다.

• GUNSAN •

100

제1부

군산의 문을 열다

1. 원래 한적한 어촌이었던 군산

개항 전 군산의 모습

역사적으로 군산群山은 군사적 목적으로 형성된 지역이다. 군산(당시는 진포라고 불림) 일대는 고려 말부터 왜구들이 빈번하게 출몰하여 내륙까지 이동하는 등 왜구의 약탈이 심했었다. 『고려사』에 따르면 1380년 왜구가 함선 5백 척을 이끌고 침입했던 것을 비롯해 여러 차례 진포에 상륙해 내륙까지 침범하며 약탈한 기록이 남아있다.

조선 건국 초기인 1397년 태조는 왜구의 침범을 막기 위해 지금의 선유도인 군산도群山島에 수군 주둔지를 설치했다. 해상교역이 활발했던 고려시대, 고려와 송나라 사이의 중요한 기항지 역할을 담당했던 고군산군도는 조선시대에는 방어기지로 그 역할이 변화하였다. 그러다 세종 5년인 1427년에는 군산진群山鎭을 진포(현재의 경포천 입구로 추정)로 옮기게 되었고, 이후 군산진은 조선 말기까지 지속됐다. 장소는 옮겼으나 명칭은 군산진으로 그대로 사용되면서 당시 진포라는 지명은 점차 사라지고 군산이라는 지명이 굳어지게 됐다. 이후 기존의 군산도(선유도)는 옛 고古자를 붙여 고군산도古群山島라 불리게 되었다.

당시 군산진 성은 옛 군산상공회의소가 위치한 수덕산 줄기, 북쪽으로 뻗어 강안으로 돌출된 산 구릉에 위치했다. 군산진에는 중선 4척, 별선 4척, 군사 461명과 뱃사공 4명이 있었던 것으로 전해지고 있어 상당히 규모가 컸던 것으로 추정된다. 『세종실록지리지』에 의하면, 중종 7년인 1524년부터 옥구, 전주, 진안, 장수, 금구, 태인, 임실 등의 조세와 공물을 계량하여 보관하였다가 서울로 보내는 군산창이 설치되었다. 이것들은 서해와 한강을 거쳐 서울의 경창으로 운반되었다. 따라서 당시 금강에는 조선시대 3대 시장의 하나인 강경을 드나드는 상선들과 경창으로 물품을 운반하는 배들의 입·출항이 빈번하게 이뤄졌다. 그러나 당시 상권이 강경에 집중되어 있었기 때문에 금강 앞바다에서 배들이 빈번하게 움직이고 있는 것과는 달리, 군사 목적으로 형성된 군산은 한산한 어촌에 불과했다. 개항 당시 갈대숲과 잡풀만이 우거져 있었던 군산에는 군산진 부근 진鎭과 관련된 수군들이 많이 머물렀다. 2008년 내흥동으로 이전하기 전까지 대명동에 자리 잡고 있었던 군산역 앞쪽 돌산 앞뒤로 조그마하게 형성되었던 마을도 진과 창에 관련된 사람들이 거주하던 곳이었다.

조선 말기, 팔마산 군산고등학교 부근에는 경장시장이 있었다. 경장시장은 옥구군의 중심시장으로 옥구뿐 아니라 서천, 강경, 전주, 태인, 만경, 임피, 함열, 한산 등과 교역이 이뤄지던 큰 시장이었다. 또한 이곳은 경포천을 따라 해운을 이용할 수 있는 곳이기도 해서, 4백 50호의 작은 읍이었으나 사람들이 많을 때는 7백여 명이 모여들기도 했다. 팔마산 서남쪽에 위치한 경장은 4백년 역사의 5일장이 서는 곳으로 일제 강점기에 40~50호 정도의 한국인들이 거주했다. 그러나 군산역 앞에 군산시장이 상설하게 되면서 점차 쇠퇴하게 됐다.

1-1. 개항 전 군산 모습
개항 전 군산. 강변에 초가 몇 채가 모여 있는 전형적인 농촌의 모습이다.

1899년 개항 당시 군산에 거주하던 한국인 가구 수는 1백 50여 호, 5백여 명에 불과했다. 한인은 지금의 세관에서 항운노조 건물이나 그린주택건설 부근의 수덕산 동쪽에 주로 거주하고 있었다. 또한 옛 군산역 뒤의 돌산 부근에 있는 마을에도 거주한 것으로 알려지고 있다. 이때 이미 일본인들은 항운노조건물이나 중동 앞의 금암동 지역에서 어느 정도 거주했던 것으로 전해지고 있다. 개항한 해에 일본인은 65호에 249명이 거주했던 것으로 기록에 남아있다. 『한국수산지韓國水産志』 3권(1910.12)에 따르면, 개항 당시 주요 어촌 마을은 경포천을 따라 돌산에 이르는 중동지역이었다. 현재 중동으로 불리는 이 지역은 개항 훨씬 이전부터 한인들이 마을을 형성하며 모여 살았던 곳으로 개항 이전 옹색한 초가집들이 모여 있고 작은 배들이 정박해 있는 중규모 어촌이었다.

항구에는 상선들이 많아서 팔마산 부근의 경장시장에서 수집한 물자들(쌀, 콩, 녹두, 면화, 마포, 소금, 어류, 패류, 건어물)이 다른 곳으로 운반되기도 하는 등 제법 분주했다. 경포마을 주민들은 주로 어업과 생선 판매에 종사하면서 살았다. 여자들은 잡은 고기를 염장하거나 말린 생선을 전주와 익산, 김제 등지에 돌아다니며 팔기도 했다.

군산은 양반이 극히 희소했으며 여기저기 초가집이 산재한 한촌으로 전통 양반가문이 존재하지 않았던 한산한 반농-반어촌에 불과했다. 주로 어업과 농사, 그리고 상업에 종사하는 사람들이 거주했다. 개항 당시 우체국까지 직진한 전주통 주변에는 10여 호의 한인이 거주하였으며 대로 주변에 주막도 여러 곳 세워져 있었다. 당시 한인들은 이사청(현재의 세관자리)에서 돌산 쪽으로 난 길로 주로 왕래했다.

일본인들은 개항 이전부터 군산과 군산 부근에 이미 진출해 있었다. 이들은 주로 섬 지역에 거주하고 있었으며 1885년경 어청도에는 일본인 잠수부들이 기항했다. 인천에 살던 일본인 카미 메이타로오加味榮太郎가 1898년 20호의 이주촌을 만들기도 했다. 이들은 삼치유자망, 도미연승, 정어리저인망을 사용했다. 현재 어청도에는 일본식 가옥들이 일부 남아서 그때의 자취를 보여주고 있다. 군산에는 1894년부터 일본인들이 기항하기 시작했으며 현 금암동 지역의 째보선창에도 1896년 일본 좌하현 출신 일본인이 들어와 안강망어업을 시작했다. 1883년 「조일통상장정」이 체결되면서, 일본인들은 일본에서 출항하여 고군산군도, 위도, 어청도 부근에서 안강망어선으로 고기잡이를 자유롭게 할 수 있게 되었다. 그리고 1898년 일본

오사카 상선회사 대리점에 근무하던 도우쥬우로우大澤藤十郎가 군산에 어시장을 설립했고 1899년 개항하자마자 일본 복강현 출신 어민들이 군산으로 이주해 왔다.

군산에도 여느 어촌과 마찬가지로 풍어를 기원하고 안전을 빌기 위한 당제가 거행됐다. 다른 서해안 지역의 어촌과는 형태가 조금씩 다르며 당할머니 외에 용왕신과 군산에서 처음 고기를 잡은 '10성바지' 조상들을 모셨다. 옛 군산역 앞 돌산에 위치했던 당집은 이후 여러 차례 자리를 옮겨 현재는 중동경로원 2층에 화상을 모셔 놓고 당제를 지내고 있다.

원시 중선망 · 근대 안강망의 공존 - 개항 당시의 어구漁具 · 어법漁法

개항 이전 군산에는 전래되어온 어구漁具 · 어법漁法이 그대로 사용된 원시적인 조업방법과 일본에서 도입된 근대식 조업방법이 혼재해 있었다. 당대 전통적인 한국형 어선인 중선망中船網 어선이 주로 조업을 담당했지만 일본식 안강망鮟鱇網 어선이 도입되면서 조업방식이 변화하기 시작했다. 구한말에는 일본식 안강망어선을 사용하는 한인들이 점차 늘어났다. 이와 함께 고기를 실어 나르는 상고商船배가 다녔고, 금강 입구에서 1~2명이 타는 작은 배로 뱀장어, 뱅어 등을 주로 잡는 고기잡이를 하는 어민들도 있었다. 큰 배에는 보통 선장과 화장(밥하고 불을 밝혀 고기를 모이게 하는 사람), 선원 등 5명 이상이 타며, 많으면 20~30명까지 승선하기도 했다. 중선망 어선이나 안강망 어선 같은 큰 배는 고군산군도, 위도, 어청도까지 나가 고기잡이를 했으며, 이들은 주로 조기잡이를 했다. 중

선배는 닻으로 배를 고정시킨 후 양끝에서 그물을 내려 조류를 따라가는 고기들을 잡았으며 때에 따라 갈치, 도미, 민어, 삼치, 준치, 가자미 등을 잡았다.

반면 일본식 안강망 어선이나 연승, 저인망, 유자망 어선들은 바닥까지 훑으며 조업을 하는 등 서해안 어장을 싹쓸이 했다. 잡은 고기는 어획량에 따라 선원들에 배당했으며 작은 상고배는 큰 배에서 고기를 사서 항구에 들어와 팔거나 다른 물건들을 운반했다. 조업 시기는 3월에서 11월까지였으며, 겨울에는 항구에서 어망이나 어구들을 손질했다.

1883년 「조일통상장정」 체결 당시부터 서해안에서 본격적으로 조업을 시작했던 일본인들은 세금도 내지 않고 수백 척의 어선으로 고군산, 위도 부근에서 고기를 잡았다. 당시 군산항 서빈 연안에는 많은 일본배들이 정박하기도 했으며, 이들은 보다 발달된 안강망, 연승, 저인망, 유자망으로 고기를 싹쓸이했다. 이와는 달리 1880년대에는 청나라의 어선도 군산 앞바다까지 진출했는데, 한꺼번에 70~100여 척이 나타나 어장을 약탈해 가기도 했다. 해상 조업과 함께 해변에서는 지주를 일정한 간격으로 세운 후 대나 싸리, 갈대 등으로 엮은 발을 치고 그 중앙에 임통을 설치, 고기를 잡는 어량漁梁(어살, 어전)이 널리 퍼져 있었다. 지금의 외항이나 군산항 앞 해상도시 건설 예정지 부근에 주로 설치된 어량은 한인들의 중요 조업수단의 하나였으며, 어량으로 게, 새우, 장어 및 각종 잡어 등을 잡았다.

2. 조선 속의 '작은 일본'

조선 속의 '작은 일본', 일본인 거류지

금강하구에 위치해 있는 군산은 일찍부터 일본이 눈독을 들여온 땅이었다. 조선시대 국내 최대 장시 중에 하나였던 강경시장을 중심으로 한 상업적 특성과 김제평야의 광활한 곡창지대를 배후지로 갖고 있었던 군산이야말로 경제적 요충지로서 일본이 군사적·경제적 이익을 취할 수 있는 적지였던 때문이다.

이러한 이유로 군산에는 개항 이전에 이미 적잖은 일본인들이 농업투자 등을 목적으로 들어와 있었다. 대략 청일전쟁 때부터 들어오기 시작했던 것으로 추정되는 일본인들은 개항 전부터 군산에 정착했고 그 수가 점점 늘어났다. 『군산부사群山府史』(1935)에 따르면 개항 당일 일본인의 가구 수는 70여 호에 이르렀다. 일본은 개항 전부터 한국을 장악하고 식민지화하려는 야욕을 구체적으로 노골화시켰던 셈인데, 일본 정부가 몇몇 항구를 강제 개항시킨 이후 자국민들을 이주시키고 거류하게 하는 정책을 적극적으로 펼쳤던 것도 바로 이러한 침략 정책의 한 방법이었던 것이다.

개항된 지역에는 외국인들이 정착할 수 있는 거류지가 지정되었다. 거류지는 한 국가 안에서 일정한 지역을 개방하여 외국인의 거주나 영업을 허용한 곳을 의미한다. 즉 거류지는 조약에 의해 외국인들에게 정해진 토지를 빌려주는 것인데, 외국인들은 그곳의 행정권과 경찰권을 가진다. 거류지는 다시 말하자면 개항장 등에 설정되어 외국인의 자유로운 통상과 거주, 치외법권이 인정되던 구역이다. 이것은 형식적으로는 근대국가 안에서 자연스럽게 이루어질 수 있는 외교적 산물이라 할 수 있지만, 실질적으로는 제국주의의 식민지 침탈을 위한 수단으로 활용되었다. 우리나라에서도 그것은 조선을 지배하려는 일본 제국주의 침략의 전초기지였으며, 조선과 일본 사이의 불평등조약의 결과물이었다.

일본인이 우리나라에 이주해서 거류하게 되는 과정에는 일정한 단계가 있었다. 첫 단계는 개항 이후 일본과 국교가 재개되면서 외교관이 상주하게 되고, 상인이나 무역을 목적으로 하는 집단이 이주해 들어오는 단계이다. 두 번째 단계는 청일전쟁과 러일전쟁 중 전쟁을 빌미로 군수지원단이 들어오면서 그 수가 증가한 단계이다. 이 시기에 일본은 조약이나 법규에도 없는 지역에까지 들어가 거주하기도 했는데, 이른바 일본의 식민정책의 시작이라 할 수 있다. 세 번째 단계는 일본이 한국 침략의 주도권을 장악한 후 이주가 급증한 시기로, 이때에 이르러서 본국의 정책적 지원을 받아 거류민단을 조직하는 등 그 세가 본격적으로 확장되었다.

군산 거류지는 개항과 동시에 이루어진 것은 아니었다. 군산항이 개항된 것은 1899년 5월 1일, 그리고 그 해 10월 11일 한국 외무대신과 일본, 미국, 프랑스, 러시아, 독일, 청나라 각국 대신 간에 군산항에 설치될 각국 공동조계계획이 승인되었다. 이때 정해진 각국조계의 총 면적은 약 17만 3천 3백여 평, 산지를 뺀 거주용지는 약 10만 2천 평이었으며 그 중에서도 거주 가능 지구를 ABC의 3지구로 나누어 A지구는 저평지, B지구는 구릉지, C지구는 매립을 요하는 지역으로 각각 구분해 경매했다.

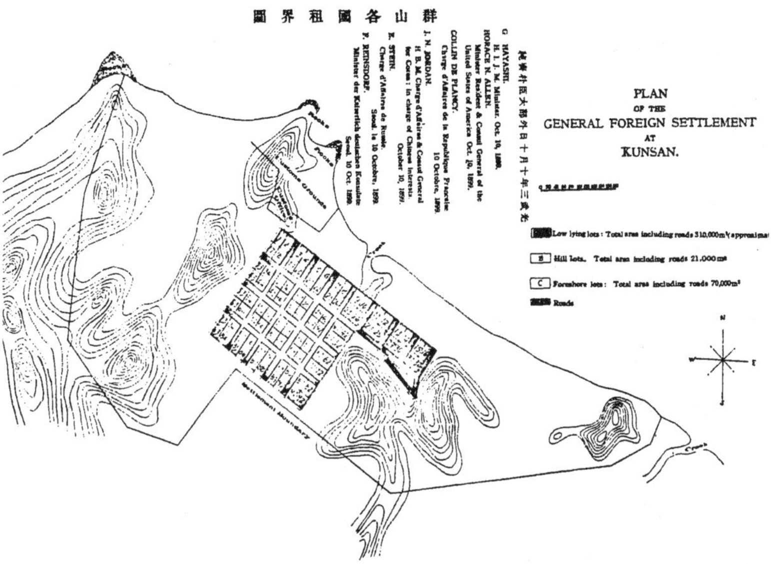

1-2. 개항 당시 군산 각국 조계도(1899년)

개항과 함께 진행된 조계지의 지도. 위쪽에 외부대신 박제순, 일본 공사 하야시, 미국공사 알렌 등 낯익은 이름들이 보인다.

군산 거류지는 다른 지역의 거류지와는 분명히 차별되는 특징을 갖고 있었다. 거류지는 전관조계, 각국공공조계, 잡거지, 개시장 등으로 분류되는데, 전관조계는 단일 국가 국민만이 거주할 수 있는 지역을, 각국공공조계는 여러 나라의 국민이 함께 거주할 수 있는 공동거류지역을 일컫는다. 군산은 각국 공동조계 지역으로 지정되었지만 이름만 각국조계였지, 실상은 일본 전관조계나 다름없었다. 중국인이 함께 거주하고 있었다고는 하지만 그 수가 극히 적었던 데다가 설치된 외국영사관도 일본 영사관뿐이었다. 그러다보니 군산에 창설된 신동공사紳董公司도 그 명칭부터가 일본식으로 고쳐져 거류지회라고 불리웠다. 특히 거류지회의 회장자리에는 선거를 할 필요도 없이 항상 일본 영사가 선출되었다. 거류민 중에서 선출하는 대의원도 중국인들이 당초부터 기권했기 때문에 일본인 거류민들만 참여한 가운데 선출했다. 당연히 대의원은 일본인이 독점하였다.

거류지의 전반적인 행정은 거류지회를 중심으로 이루어졌다. 다시 말하자면 일본인 거류민들이 선출한 대의원이 회장인 일본 영사와 협의하여 행정을 운용하였으며, 그 사무도 일본 영사관에서 이루어졌다. 경찰권 역시 일본 영사관에서 행사하였다. 또 군산의 경우는 해관장도 일본인이 차지하였으니 군산의 거류지는 그야말로 작은 일본이나 다름없었던 셈이다. 거류지의 행정 전반을 맡고 있는 거류지회(신동공사)는 거류지 안의 토지를 경매하는 과정에서 얻어진 수익으로 재정을 확보했다. 조계 안의 토지 원가는 한국정부에 지불되고, 나머지 경매잉여금은 모두 신동공사의 재원이 되었던 것이다. 당시 거류지의 땅값(원가)은 한 평당 대략 30전 정도였다.

그러나 경매 결과는 평당 10원이나, 20원, 심지어는 80원에 달했으며 어떤 경우에는 2백 원까지 치솟기도 했으니 거류지회는 30전만을 한국정부에 내고 남은 막대한 이득을 얻을 수 있었다. 신동공사는 윤택한 재정으로 항상 수만 원의 예금을 비축해 거류지 안에 하수도나 병원, 교육시설, 유곽에 이르기까지 제반시설에 대담한 투자를 했다. 자연히 거류지는 상업 활동이 보장되는 상권의 중심지가 되었으며 여타 제반시설의 설립과 함께 군산 도시화의 출발점이 되었다.

1-3. 군산 조계지 거리 모습

조계지의 명치정과 영정의 모습. 명치정은 금융 및 공공기관의 중심지였고, 영정은 극장, 상가들이 집중된 지역이었다. 사진에는 그 특징이 잘 드러나 있다.

거류지 땅 경매에는 자연히 큰 관심이 모아졌고 투기 이득을 노리는 일본인 모리배들도 몰려들었다. 거류지회 회장의 전횡도 따랐다. 공금을 빼서 개인적으로 이용하는 등 자신의 이익을 위해 불법을 저질렀던 것이다. 거류지에 살고 있는 일본인들이 거류민회라는 자치모임을 만들어 권익을 보호하는 활동을 벌였지만, 전반적인 행정 운용을 맡고 있는 거류지회를 견제하는 데에는 많은 한계가 있었다. 거류지의 땅이나 건물을 경매하는 데에는 일본인끼리의 갈등도 심화되었다. 그 과정에서 원가가 30원이었던 땅이 치열한 접전(?)으로 1만 2천원까지 올라 중재를 통해 가격이 조절되기도 했다.

이러한 상황에서 한국인이 경매권을 따내는 것이 얼마나 어려운 일인가를 짐작하기는 어렵지 않다. 한국인에게는 개인적으로는 경매 입찰권조차 주어지지 않았지만, 공공건물의 경우는 거류지 조약에 의해 입찰 자격이 주어졌음에도 실제 입찰되는 경우는 거의 없었다. 말하자면 군산에 있어서 공동조계는 실제로는 일본인 전관조계였을 뿐 아니라 일본인들의 철저한 침략정책을 그대로 반영한 한국 속의 작은 일본이었던 것이다. 일본 거류지회와 거류민회는 1914년 부제府制가 실시되면서 철폐됐다.

조계의 성격과 유형

조계租界는 앞에서 언급한 거류지와 같은 말이다. 즉 개항장 등에 설치되어 외국인의 자유로운 통상, 거주와 치외법권이 인정되던 구역을 말한다. 중국과 한국은 조계로, 일본은 거류지로 불렀으며 후에 한국은 조계와 거류지를 혼용했다.

최초의 조계는 아편전쟁 이후 영국이 중국의 상하이에 지정한 것으로 알려져 있다. 1876년 일본은 우리나라에 강화도 조약을 강요하여 부산, 인천, 원산을 차례로 개항시키고 1877년 1월 30일 부산항조계조약釜山港租界條約을 조인하여 최초로 조계를 설정했으며, 이어 다른 개항장에서도 조계가 만들어지기 시작했다.

1876년 개항 이래 설정된 외국인 조계의 유형은 전관조계, 각국공동조계, 잡거지, 개시장으로 분류된다. 전관조계는 단일 국가의 국민만이 거주하며 상행위를 독점하는 곳으로 일본과 청나라가 여기에 해당한다. 일본 전관조계는 이사관 및 일본 거류민단이 이를 관리했는데 부산, 원산, 인천, 마산의 4개소에 설정되었다. 청의 전관조계는 인천, 부산, 원산에 설정되었는데, 1894년 청일전쟁에서 패배한 이후 거의 효력을 상실한 채 한국 정부의 호의에 의해 겨우 그 명맥을 유지했다.

공동조계는 여러 나라의 국민들이 개항장 등에 일정한 지구를 선정, 공동으로 거주하며 상행위를 할 수 있었던 곳으로 인천, 목포, 진남포, 군산, 마산, 성진 등 6개소가 있었다. 조계 내의 행정은 지역마다 조금씩 차이가 있었다. 인천 공동조계에서는 각국 영사관 및 일본 이사관과 각국의 지주 대표자로 이루어진 거류지회가 그 구역의 경찰, 소방, 위생 등 일체의 행정 사무를 관리했다. 그리고 그 밖의 공동조계에서는 서구 국가의 거주자가 없었기 때문에 일본 이사관과 일본인 지주대표자로 거류지회가 조직되어 행정을 도맡았다.

이밖에 조약에 따로 규정되지 않고 법령에 의해 개항장이 아닌 내륙의 큰 도시에 외국인들이 거류하는 것을 인정하는 형태로 운영되던 잡거지와 개시장이 있었다. 이곳은 구역이 엄격히 제한되지 않은 채, 내외국인이 잡거하면서 거주 및 상업행위를 할 수 있도록 설정된 곳이었다.

조계는 설정 자체가 해당 국가의 영토를 잠식해 들어감으로써 주권을 침해하는 것이다. 그 성격 또한 해당 지역에서 거주하면서 영업하는 경제적인 동기에서 비롯된 경우와 정치·군사적 목적이 내포되어 있는 경우로 나뉜다. 공동조계가 각국의 거류민들이 이익균점이라는 전제하에 섞여 거주하며 공동의 이익을 추구했다면, 전관조계는 보다 침략성을 강하게 띤 군사적 목적을 띤다고 볼 수 있다.

3. 일본인의 군산 진출

"군산 이사관 아마노天野씨 등의 안내로 대사산에 올랐다. 설계 중의 공원에서 일본인은 이미 일찍이 홍법대사의 사당을 건립하였다. 일본인 농업경영의 초점인 금강의 대평야를 산상에서 조망하고 산을 반쯤 내려와 일본인이 새로이 개척하고 있는 대도로를 통행하고 있으려니 한인韓人의 한 장한壯漢이 염천하에 대자로 누워 도로변에서 낮잠 자고 있었다. 그 꼴이 우스워 나는 그를 손짓하며 웃으니 이사관은 '이렇게 낮잠 자고 있는 사이에 일본의 세력은 대거 진출하고 있는 것'이라고 말하였다. 실로(명치明治) 32년(1899) 5월 군산 개항 이래 한인들이 낮잠 자고 있는 사이에 일본의 세력은 부단히 진출하여 온 것이다."

와세다대학 지리학과 교수이면서 조선, 만주의 문제를 다루는 동방협회의 최고 주필이었던 시가志賀가 1907년 한국 여행을 마치고 써낸 여행기 『대역소지大役小志』(1909)에서 군산 일대의 일본인 진출 상황을 묘사한 글이다. 참으로 치욕적인 표현이지만 당시 군산을 찾았던 한 일본인의 눈에 한국인은 자신의 나라를 빼앗기고 있는 것도 모르고 한가롭게 낮잠이나 자고 있는 한심한 사람들로 보였던 것이다. 그리고 그 꼴이 우스워 손짓까지 하며 웃어댔다는 시가는 같은 책에서 이렇게 덧붙이고 있다.

"… 지난 5월 1일 개항 제8주년 기념식을 하였는데 어찌하여 그간 이렇게 장족의 진보를 달성하였는가. 동항은 실로 금강, 동진강, 만경강의 3대 유역에 연연連延하는 30만 정보町步의 대평원의 문전에 해당하기 때문이다. 뿐만 아니라 이 광망한 농업지의 10분의 1은 이미 일본인 소유에 귀속되었다."

이렇게 개항 이후 일본인은 엄청난 속도로 군산 지역 일대의 땅을 차지하기 시작했다.

개항 후 본격적인 토지 침탈

사실 일제의 우리나라에 대한 토지 침탈은 1905년 을사조약 이후 무력을 사용하여 대규모로 이루어졌다. 당시에는 일제 침략에 항거하는 의병투쟁이 광범하고 치열하게 전개되었고 외국인의 내륙 토지소유도 여전히 금지된 상황이었다.

일본은 이러한 조선의 저항을 분쇄하기 위해서 의병말살작전을 전개하였다. 이와 함께 불법적인 일본인 토지소유를 합법화시키기 위하여, 1906년 대한제국 정부로 하여금 외국인의 토지소유권을 인정한 「토지가옥 증명규칙」과 「시행세칙」을 강제로 제정하게 했다.

이미 대규모로 전개되던 일제의 토지 침탈은 이를 계기로 가속화될 수 있었던 것이다. 이런 정치적·경제적 상황을 배경으로 조선에 토지를 대량 매입한 일본인들은 한국인을 소작인으로 고용한 농장을 만들어 토지 뿐 아니라 조선 농민을 지배하였고, 일본 자본주의의 요구에 맞춰 더 많은 미곡을 수탈하기 위한 각종 시설을 만들어 갔다.

그러나 군산에서의 일본인 토지 침탈은 실상 훨씬 그 이전부터 이루어졌다. 개항 이전부터 이미 국내에 들어와 있던 일본인들은 개항이 되자 본격적으로 군산에 이주·정착하기 시작했다. 이는 일본 정부가 1902년과 1903년에 군산을 중심으로 한 일대의 농사경영에 주목하여 일본인들의 대거 이주와 미곡의 대량 수출 정책을 편 성과이기도 했다. 그 결과 군산은 전국에서도 일본인 수가 가장 많은 지역이 되었다. 개항 직후에는 일본인들의 이주가 더욱 본격화 되어 일본인 수는 엄청나게 늘어났다. 1899년 군산지역의 일본인 수는 77명, 당시 511명이었던 조선인 수와의 비율은 13:87이었다. 그러나 1903년에는 일본인 수가 1,225명, 조선인 수가 1,811명이 되었으며 1907년에는 일본인이 2,956명, 조선인이 2,903명으로 일본인 수가 조선인 수를 넘어서게 되었다. 이 같은 상황은 인천이나 부산 등 일본인 수가 많았던 지역에서도 볼 수 없었던 기현상으로 일본이 군산 진출을 얼마나 야심적으로 추진했는가를 짐작하게 해준다. 그렇다면 왜 하필 군산인가. 이에 대한 해답은 일본의 가토加藤末郎가 발간한 『한국농업론韓國農業論』(1904)이란 책자를 통해서도 살펴볼 수 있다.

> “군산항 부근은 산악이 적고 역간의 구릉을 넘어서 곧 평야에 접하고 있다. 군산에서 25마일 정도 금강을 따라 가면 강경이다. 목하 이곳에 이주한 본방인은 약 삼백 명이다. 강경은 개항장은 아니라 할지라도 현하에 돌연 본방인의 거류지를 형성하였다. 이곳은 한국에 있어서 중요한 상업지의 하나에 속하며

한인 인구 4천명 내외 … 강경에서 남쪽, 익산, 전주를 경유하여 다시 서행하여 만경강을 건너 군산에 도달하는데 서쪽 금강을 경계로 하는 일대 평야는 이를 전주의 옥야沃野로 부르고 한국 내에서도 드물게 볼 수 있는 광막한 평야를 형성한 것이다. 때로는 구릉이 시야를 차단하는 일이 없지는 아니하나 거의 일망무애一望無涯의 장관을 보이고 있다. 현재 본방인本邦人이 경지를 구하기에는 이 지방이 최고인 것 같다. 본방인의 한국 농사경영은 이 지방을 발달의 기점으로 한 것이다."

일본은 이러한 천혜의 땅에 일본인들의 진출을 장려하는 정책을 적극적으로 폈다. 한국에 대한 각종 안내 홍보책자를 만들어 일본인들의 투자를 부추겼고 이주를 장려했다. 그 중에서도 군산은 일본이 가장 먼저, 또 가장 적극적으로 권장하는 지역이었다. 이는 경지 50정보 이상을 가졌던 일본인 대지주 명단을 창립연도별로 살펴보면 쉽게 알 수 있다. 1904년 이전에 국내에 창립한 일본인 대지주는 모두 12명인데, 이중 8명이 전북에 소재하고 있다. 1910년을 기준으로 그 이전에 창립한 일본인 대지주 69명 중 21명이 전북에 자리하고 있었다. 조선 전체에서도 전북은 일본인 지주화가 조기에 이루어진 지역이었던 것이다.

당시 일본 농상무성의 『농업경영지침서』를 보면 "망망한 전주평원의 하유일망下游一望, 5만석이 내다보이는 곳이 1단보에 4원~5원이니 더 말하여 무엇하랴. 한국에 이주하라. 한국에 이주할지어다" 라고 권유하고 있다. 일본에 비해 땅값이 10분의 1 혹은 30분의 1정도에 지나지 않는 한국의 땅값은 일본인들의 투자심리를 충분히 부추겼고 수확량은 좀 적어도 지가가 낮은 데에서 얻어지는 높은 이윤으로 일본인의 이주는 갈수록 큰 폭으로 증가했다. 그 결과 1910년 도별 전체 경지면적 중 일본인 농업경영자의 소유면적 비율이 전북은 18.92%에 달해 다른 지역보다도 월등히 높았다. 군산을 중심으로 한 전북의 토지는 일본인 지주화의 교두보였던 것이다. 특히 일본인의 토지 소유는 전북에서도 군산의 배후지인 서부평야 지역에 집중되어 있었다. 김제·익산·옥구 3군의 평야에서 전체 경지면적 중 일본인 소유 경지면적 비중은 30% 이상을 차지하고 있었다.

일본인 조선 진출 어떻게 이루어졌나

일본은 일본인의 한국 진출을 위한 방법으로 한국에 대한 농업 식민을 장려하고, 농업경영에 차질이 없게 하기 위하여 각종 홍보 안내 책자를 발간했다. 그 양도 엄청나서 1903년과 1909년 사이에만도 20여 권의 책자가 발간되었을 정도다. 그 내용은 주로 토지제도와 일본인 농사경영 안내였다. 이 책자들은 주로 학자와 관리들이 조사 자료를 바탕으로 썼다. 일본인 농상무성에서는 실업조사, 삼림조사, 수리조사, 농업조사 등 여러 분야의 정밀조사를 실시하고 그 보고서를 펴냈으며 여러 명의 농업 전문가를 동원해 『한국토지농산조사보고』(1906), 『조선농업개설』(1910) 등을 펴냈다.

일본의 한국농업에 대한 조사는 여기에서 그치지 않았다. 일본의 지방관청, 경제단체, 학자들 중에서는 농업 식민문제에 관심을 가지고 있는 사람들이 많았다. 이들은 각각 한국농업을 조사하고 농업 식민에 관한 정보와 의견을 기술한 보고서나 저술을 남겼다. 또한 일제가 통감부를 설치하고 한국을 지배하게 되면서, 통감부도 농업 식민지 투자를 유치하기 위해서 한국농업에 관한 여러 가지 조사를 하고 이를 바탕으로 홍보 활동을 했다. 이처럼 개인적으로 혹은 관공서를 중심으로 이루어진 농업 조사는 그 조사자의 식견이나 관심에 따라 조금씩 조사의 시각과 방향에 차이가 있었다.

그러나 일본인이 내한하여 농업경영을 할 때를 대비하여 필요한 여러 가지 문제를 제시한다는 점에서는 모두 공통적이었다. 그 중에서도 관심을 끄는 것은 모든 조사자들이 조선의 지주제에 관심을 갖고 상세하게 조사했다는 점이다. 그리고 그 내용은 ①한국농업은 기후와 토성이 좋아서 농업생산의 전망이 밝으며, ②현재 농법이 유치하므로 앞으로 증산이 가능하며, ③지가가 저렴한데다 일본인이 땅을 구입하기 용이하고, ④토지에 대한 공과금이 일본에 비하여 헐하며 현재의 지주소작 관례상 수익 분배는 지주에게 유리하다는 점 등으로 정리될 수 있다. 그리고 이러한 이유로 한국에 대한 그들의 농업 식민이 희망적이며, 일본인이 한국농업에 투자하여 지주경영을 하면 큰 이윤을 얻을 수 있을 것임을 한결같이 강조했다.

토지 저당권 악용 농민의 땅 수탈

와세다 대학 지리학 교수인 시가志賀中昻는 군산 일대의 일본인 진출 상황을 다룬 『대역소지大役小志』(1909)에서 "군산 부근의 농업경영자는 2백 명 이상이었고 소유경지 총면적은 2만 정보였다"고 기록하고 있다. 시가가 한국을 다녀간 것이 1907년이었다. 군산의 일본인 진출이 개항 이전부터 이루어졌고, 또 본격적인 이주와 토지 침탈이 1902년과 1903년을 즈음해 이루어졌다고는 하지만 불과 4~5년 사이에 일본인 지주가 엄청나게 늘어났다는 사실을 확인할 수 있다.

당시 일본인들의 진출이 어떻게 이처럼 급속도로, 그리고 본격적으로 이루어질 수 있었을까? 그만큼 일본정부는 자국 국민들의 조선 진출을 장려하는 정책을 적극적으로 펼쳤다. 그 중에서도 일본이 가장 적극적으로 추천했던 지역은 이곳 군산이었다. 그만큼 군산은 투자가치가 더없이 높은 땅이었던 것이다. 그렇다면 일본인의 군산 진출은 어떻게 이루어졌고 또 진출 현황은 어떠했는가.

개항 이전부터 군산에 진출한 초기 일본인은 주로 미곡상과 고리대금업자, 잡화상 등이었다. 그러나 러일 전쟁을 전후한 1904년과 1905년을 즈음해 일본의 재벌과 화족(귀족), 지방재산가들이 몰려오기 시작했다. 초기에 이주했던 일본인 계층이 모리배 수준을 넘어서지 못했다면 나중에 들어온 화족과 재산가 계층은 풍족한 자금력과 상당한 수준의 식견을 배경으로 토지를 소유하고 다양한 사업을 벌인 식자층이었다. 외국인들이 조선의 토지를 소유할 수 있는 자격이 제한되어 있는데도 많은 토지의 주인이 일본인으로 바뀔 수 있었던 데는 일본 정부의 철저하고도 본격적인 침략정책이 뒷받침됐음을 짐작할 수 있다.

1876년 강화도 조약으로 외국인에게는 개항지 안의 토지에서만 건축 및 거주의 자유권이 주어졌고, 1883년 한영조약에서도 "(외국인이) 한국인 조계 밖에서 토지 가옥을 대차 구매하는 것은 조계로부터 한국 리정里程 10리를 넘을 수 없다"고 규정했다. 이에 따르면 내륙지방에서 외국인은 토지를 소유할 수 없도록 되어 있다. 그러나 이미 주권 침탈이 진행되었던 약소국 조선에서 이러한 규정은 별 실효성을 갖지 못했다. 게다가 1906년의 「토지가옥 증명규칙」에 의해 외국인의 부동산 소유권이 인정되면서 매매는 더욱 활발해졌다. 물론 이러한 일본인과의 토지거래는 약소국의 비애를 고스란히 반영하고 있었다.

초기의 거래는 주로 상업자본과 고리대, 저당권 유실 등의 비합법적인 형태로 이루어졌다. 일본인 재산가나 귀족 계층들이 이주해오기 시작한 이후에는 브로커들이 등장해서 거래를 대행했다. 브로커는 주로 초기에 이주해 와서 정착한 집단들로 일종의 모리배들이었다.

이 당시 토지 매매가 어떻게 이루어졌는가는 일본이 발행한 각종 자료의 기록을 통해서 확인할 수 있다.

> "근래 일본인으로서 깊이 내지에 들어가 소유하는 것을 보건대 그 모두가 문기文記의 수득으로써 결행하고 토지를 저당하고 대차하는 것처럼 가장하여 문기를 수납하고 혹은 일정연한의 지상권을 득得한 것으로 하여 공공연하게 문기를 접수한다."(『한국토지농산조사보고』, 1905)

> "토지매입의 방법은 매도자로부터 신구 문기를 수교함으로써 일체의 권리가 일방으로부터 타방으로 옮겨지는 것이며 관아에는 아무 거출도 필요치 않다. 신구문기에는 몇 두락, 혹은 몇 일경의 밭을 얼마의 가격으로 모씨로부터 모씨에게 매도한 것

이 확실하다는 것을 기입하고 사람을 택하여 구전으로 주고 보증인을 세워 연락하는 것이며 이것이 즉 매도 증서이다. 이와 같이 따로 관아에 계출하지 않는 것이므로 조세(?) 징수 시에는 그 소유자가 바뀌기 때문에 불편을 느끼는 때가 많다 하더라."

"농가에서 금융을 필요로 하는 것은 5월부터 9월에 이르는 시기이며…〈중략〉…주로 자가 식량을 위한 금융이며 비료·농구의 구입을 위하여 특히 자금을 필요로 하는 것이 아니다. 그러므로 자금의 반환이라는 것은 10중 5, 6내지 7, 8이며 기타는 모두 저당 유실이 되고 만다." (『한국농업론』, 1904)

"정식으로 토지를 매입하여도 물론 의외로 싸게 점령할 수 있음이 틀림없으나 조선에서는 이보다도 더욱 편리하고 한층 싸게 점령하는 방법이 있다. 그것은 저당유실이라는 것이다. 토지저당사업은 전당포와 함께 조선에서는 가장 유리한 사업이며 그 유리한 데 대한 위험도 극히 적다. 원래 저당해야 할 빈곤한 조선인이므로 일단 저당한 이상 이를 반환하는 일은 도저히 생각할 수 없는 것이며, 십중팔구는 모두 저당 유실되어 임주賃主의 비복秘僕을 채우는 것이 상례이다. 대다수의 임주도 역시 이것을 예상하고 기한이 차면 곧 유실물을 탈취할 수 있도록 미리 매도증서를 써 받고 연후에는 그 실가의 3분의 1정도를 대부한다. 기한은 대체로 짧으면 6개월이나 때로는 3개월 이내로 하는 것도 있다. 이식利息은 부산 부근에서는 150관문貫文(1관문은 일본 화폐 1원반 정도) 이하는 월 5분分, 200관문

이상은 월 3분이며 가장 심한 것은 10관문 이하로 매 5일에 2분을 취하는 것도 있다. 이와 같은 고리이므로 일단 저당에 넣으면 그 토지는 도저히 다시 소유자의 손에 돌아오기 어렵다."
(『실업지조선實業之朝鮮』, 1929)

개항 이후 화폐수요의 증가와 조세부담을 안고 있던 조선의 농민들은 회수가 가능할 것이라는 막연한 기대로 이런 부당한 방법으로도 일본인에게 토지 소유권을 매도하고 자신들은 소작농으로 전락하는 경우가 허다했다.

자연히 일본인의 진출은 꾸준히 이어졌다. 토지 소유로 소작료를 징수하고 또 한편으로는 일본으로 미곡을 가져가, 이익을 취득했던 일본인들은 일본의 식량문제를 동시에 해결하는 이중성과를 거둘 수 있었던 때문이다.

조선에 이주해 와 토지를 점령했던 일본인들은 스스로를 '농사경영자'라 불렀다. 경지를 사들여 농사경영을 한 것이 사실이긴 하지만 그 수탈방법과 경영 방식은 오로지 자기들의 이익을 추구한데 있었으니 점잖게 말해 농사경영자이지 그들의 경영방법은 도둑질과 다름없었다. 농사경영자를 자처하며 들어온 일본인 지주들 중에서도 군산 농사경영의 선구자가 된 미야자키宮崎佳太郎는 지금까지도 그 이름을 널리 알리고 있는 일본인 지주이다. 일본 구마모토 출신인 그는 군산에서의 농사경영으로 엄청난 돈을 벌어들여 거부가 되었다.

전북의 일본인 농경 선구자, 구마모토 출신 미야자키

미야자키 게이타로宮崎佳太郎는 군산에 가장 먼저 들어온 소위 일본인 농사경영자 중 한 사람이다. 조선에서 성공한 거인으로 불리는 미야자키는 구마모토 출신으로 여덟 살에 한문을 배우고 촌의村意에 들어가 초목조피의 조제술을 배웠으며 시계 행상, 임대주택의 경영자 등 다양한 직업을 전전했다고 전해진다. 군산 개항사에 따르면 그는 일본 서남전쟁西南戰爭 후 한 때 순사를 지망하여 근무한 적이 있으며 나가사키에 있는 철공소 탄광사무원으로 일하기도 했다.

나가사키항에 재목점을 개설하고 밀항을 도와주다가 나가사키 경찰서에 검거되기도 했던 그가 조선에 들어온 것은 1890년 3월 인천항을 통해서였다. 그 후 경성에서 조선명산朝鮮名産 인삼장사를 시작해 돈을 벌기 시작한 그는 경기도 광주 인삼을 개척하여 큰돈을 모았다. 그가 군산에 관심을 돌린 것도 이즈음이다.

이미 경성에서 큰 부자가 된 그는 1903년 10월 경 군산으로 이주했다. 그는 군산 근교 미면 축동과 경장리 등의 논 5백여 정보를 사들여 미야자키 농장을 개설했다. 미야자키가 소유한 경지는 군산 시내에 인접해있었으며 비옥한 땅이어서 다른 경지의 1천 정보와 필적할 정도로 수확량이 많았다.

그는 이어 충남 서천구 서남면에 있는 다른 일본인 농장의 소유지 3백80정보를 사들였다.

미야자키는 영농자로서 뿐 아니라, 성격이 온후해 마을사람들로부터 '자비로운 아버지'로 추앙받기도 했다고 전해진다. 그가 후에 전북을 떠나서 충남으로 이사했지만 지방 사람들에 의해 군산 유치원장과 옥구군 미면 상담역을 지속했으며, 1905년에는 군산농사조합장에 천거돼 연임했다는 사실은 그에 대한 마을 사람들의 신뢰가 높았음을 보여준다. 임옥수리조합장을 지내기도 했던 그는 공공사업의 독지가로서 많은 공로표창을 받았으며 1921년에는 대일본농회 총재로부터 표창을 받기도 했다.

1-4. 미야자키 게이타로

경성에서 인삼장사로 돈을 벌어, 1903년 10월 군산으로 이주하면서 옥구군 미면 축동의 황폐한 논 60정보를 매수해서, 군산지역에 가장 먼저 들어온 일본인 지주라고 알려져 있다.

4. 군산 진출의 첨병

군산 농사조합 - 토지 불법취득 일본인들의 이익단체

개항이 된 후 개항지에서는 외국인의 건축 및 거주의 자유권이 인정되었지만 내륙지방에서의 외국인 토지소유는 법적으로 불가능했다. 그러나 조선침략을 호시탐탐 노리고 있던 일본정부의 철저하고도 간교한 침략 정책으로 개항 전후 실질적인 토지 소유주가 되는 일본인은 급증했다. 이 같은 상황은 1904년 전라도 관찰사 이용직이 보고한 내용에서도 그대로 드러난다. 그의 보고에 의하면 그 해 암거래로 땅을 판 조선 농민은 1천3백 명에 달했고 그 땅을 산 외국인은 40명, 그 중 일본인이 39명이었다. 1906년 「토지가옥 증명규칙」 시행으로 외국인 부동산 소유권이 인정되었으나 군산과 그 부근을 대상으로 한 일본인들의 토지 소유는 그 이전에 이미 활발하게 진행되고 있었던 것이다.

일본인들은 주로 상업자본과 고리대, 저당권 유실 등 비합법적인 방법으로 토지를 소유했고 일본인 대자본의 토지 매수에는 먼저 들어와 있던 미곡상, 고리대금업자 등 모리배들이 브로커 역할을 했다. 그러나 일단 법적으로 인정받지 못하는 토지 소유권에 대해 일본인들의 불안감이 없을 수는 없었다. 특히 조선 관리의 토지매입 방해, 중복 매수로 인한 손해, 지리불통, 폭도의 습격 등 일본인 토지소유를 저해하는 요인은 적지 않았다. 토지 소유권에 불안을 느

낀 일본인들은 나름대로 자구책을 마련했지만 보다 적극적인 방법 모색이 필요했다. 일종의 토지 소유 권리를 보호하는 방책이 필요했던 것이다. 그래서 만들어진 것이 군산농사조합이다.

일종의 토지 집적기관이었던 군산농사조합은 1904년 4월 군산에 진출한 일본인 농사경영자들에 의해 조직됐다. 한국 최초의 일본인 농사단체인 군산농사조합은 일본인 토지 점탈의 첨병 역할을 했다. 이 단체는 군산지방 농사경영자의 효시 역할을 한 미야자키宮崎佳太郎를 비롯하여 고야마小山光利, 나카니시中西議一, 하라다原田松茂, 구마모토熊本利平 등이 발기인이 되었다. 이들은 1904년 4월 1일 군산 일본인 거류민회 사무실에서 일본 영사관 군산 분관 주임 요코다横田의 입석 하에 제1회 창립총회를 열고, 같은 달 29일 제2차 총회에서 '군산농사조합규약'(21조)과 '군산농사조합세칙'(12조)을 채택했다. 이때 선출된 임원 명단을 보면 조합장은 나카니시中西, 평의원은 구마모토 외 6인, 간사는 가사이笠井 등이었다.

군산농사조합의 설립목적은 '농사개선과 진흥을 도모하여 조합원의 이익을 증진'(규약 제3조)한다는 것이었지만, 가장 중요한 설립목적은 무엇보다 조합원의 토지소유권을 보호하는 것이었다. 본래 외국인은 개항장 거류지 내의 토지 및 가옥의 임차만이 허가되어 토지소유가 금지되어 있었다. 1883년에 체결된 조영수호통상조약에 의해서도 거류지역으로부터 10리 이내에서만 토지, 가옥의 임차 및 소유가 인정되었다. 따라서 당시 일본인의 전북 내륙의 토지소유는 모두 불법이었다. 또 일본인이 토지를 구입하였다하더라도 한국인이 일본인에 대해 토지를 이중으로 매매하거나 이중으로 저당하는 경우가 많아서, 그 당시 일본인은 어떠한 형태로든 불안정한 토지소유권을 보호할 수 있는 장치를 마련하는 것이 절실했다. 특히 이중매매, 이중저당에서 오는 조합원 간의 분쟁이 갈수록 심화되면서 이에 대한 대안도 필요했다.

이를 위해 군산농사조합에서는 이른바 '토지등록제'를 실시했다. '토지등록제'란 조합원이 토지를 매수하거나 토지를 저당 잡혀 돈을 빌려주는 경우, 토지대장에 등록하기 위해 통지서 2통을 사무서(군산각국거류지 내에 설치)에 제출하는 방법으로 토지대장을 만드는 것이었다.

군산농사조합은 만일 등록된 토지에 대해 한국정부와 마찰이 생길 경우를 대비하여 군산 일본영사관 분관(후에 군산이사회)에 조합의 토지대장을 반드시 보관하게 하였다. 조합원의 불법적인 토지소유를 최종적으로는 일본정부가 보호할 수 있게 하고자 한 것이다. 이 외에도 군산농사조합은 '군산농사월보'를 발행하여 농사정보를 제공하기도 하고, 일종의 간담회 형식인 농담회를 개최하기도 했다. 또 일본정부에 대해 헌병, 경관 주재소의 설치, 농사시험장의 설치, 토지소유권의 설정, 납세방법의 개정 등에 관해 진정하거나, 수입 곡물세안 부결진정서를 제출하는 등 일본인 농사경영자의 보호를 요구하기도 했다.

조합원들이 대토지를 소유하고 보호받기 위해 만든 규정 중 관심을 모으는 것은 '토지 매수의 세력범위 설정제'이다. 이 제도는 같은 지역에서 많은 토지를 매수할 경우, 발생하는 중복매입의 피해를 방지하기 위해 농사경영자가 조합에 가입과 동시에 투자액을 신고하고, 조합에서는 그 투자액을 기준으로 토지매입의 세력범위를 결정하여 세력범위 설정 전에 매입한 경우라도 한 사람에게 토지를 몰아주는 것이었다. 이 제도는 일본인이 조합원들의 담합으로 적은 자본이라도 넓은 토지를 일정한 지역에 싸게 매수할 수 있는, 이를 테면 일본인들을 대지주로 성장하게 하는 중요한 요인이 되었다.

군산농사조합에 등록된 토지는 설립 당시 밭·논·황무지 등을 포함하여 2만6천3백8두락(약 1,754정보)이었으나 1910년에는 22만3천1백87두락(약 14,879정보)에 이르렀다. 불과 6년 만에 8.5배나 증가했던 것이다. 1910년 경 군산 부근의 일본인 경영 경지면적은 총경지면적의 10.5%에 이르는 수준이었다.

조합원도 설립 당시에는 45명에 불과했으나 1909년에는 196명으로 증가하였다. 한 명당 일본인 평균 토지소유면적(산림을 제외하고)도 설립 당시에는 584두락(약 39정보)이었으나 1910년에는 약 1,139두락(약 79정보)으로 크게 증가하였다. 1910년에 50정보 이상의 토지를 소유한 조합원이 46명이나 되었다. 이들 중에서도 29명이 1백 정보 이상을 소유하고 있었으며, 오오쿠라大倉 재벌 같은 경우는 2,413정보의 토지를 군산 일대에서 차지하고 있었다. 뿐만 아니라 700정보 이상을 가진 거대 지주도 4명이나 있었다.

일본인이 갖고 있는 토지는 밭이 불과 12%에 불과할 정도로 논에 집중되어 있었다. 주로 전라북도의 서부 평야지역인 익산, 임피, 김제, 옥구, 만경에 집중해 있었는데 1910년 이들 5개 지역의 일본토지 소유면적은 일본인이 소유한 토지 총면적의 80%를 이루고 있었다.

1904년에 설립된 군산농사조합은 군산을 출격 기지로 하여 당시 불안전한 일본인 토지소유권 획득의 공증 역할을 담당한 일본인 토지소유자 집단의 사적인 권리단체였다. 그러나 실제로는 일본정부가 원조하는 권력기관 성격이 강한 토지 취득단체, 이른바 토지집적기관이었다. 또한 결과적으로 이 단체는 전북에서 일본인 토지소유자 집단 형성의 거점 역할을 해냈다.

농사조합 이끈 3인

- 사토 - 고리대금·기간지 경영으로 부호돼
- 구마모토 - 토지 브로커로 시작해 대농장 소유
- 후지이 - 고리대금 통해 저당 토지 유질流質 취득

군산농사조합을 이끈 이른바 3걸傑이 있다. 이들은 군산농사조합을 일본인들의 토지집적기관으로 자리 잡게 하는데 큰 역할을 했으며 해방 이후까지 군산 지역 농업에 영향을 미쳤다. 군산 금융왕으로 평가받았던 사토佐藤政太郎, 전북의 지주왕 구마모토熊本利平, 조선의 수리왕 칭호를 부여받은 후지이藤井寬太郎가 바로 그들이다.

군산의 금융왕 사토는 에히메현愛媛県출신으로 1865년에 태어나 1905년 조선 군산에 왔다. 조선에 올 당시는 조선인을 대상으로 하는 소규모 고리대금을 시작하는 동시에 기간지 경영에 착수, 토지매수와 가옥임대, 건축 등에 관심을 가졌으며 원래 논이었던 신흥동의 넓은 토지를 경영하는 데에 온 힘을 쏟아 부호가 되었다. 5천 평을 유곽으로 민단에 기증하기도 했던 그는 게이오기주쿠대학慶應義塾大學(현 게이오대학) 출신으로 오사카 마이니치大阪每日 신문 경제부장이라는 요직에 있었지만 조선에 진출했고, 당시 모리무라조森村組의 무라이村井씨의 출자로 큰 부자가 되었다. 그는 이지적이고 처세술에도 능해 사회의 신망을 얻었다고 전해진다. 특히 영리만을 추구하지 않고 사회공공사업에 솔선수범하여 군산축항 수도기성동맹회장을 역임하는 등 군산부의 발전에 공헌했다는 평가를 받았다. 교육사업에도 힘을 기울여 군산교육회에 2천원을 기부하고 육영부를 설치하여 학자금을 지원하거나 전망 있는 청년을 무상으로 교육시키기도 했다.

구마모토熊本利平는 나가사키현長崎県 이키섬壱岐島 출신으로 시모노세키下関 상업학교를 졸업하고 게이오기주쿠대학 이재과를 다녔다. 1903년 일본 자본가의 위탁을 받아 토지 브로커로 조선의 토지 매수에 나섰다. 그런데 1910년경 세계불황기를 맞아 금융시장이 얼어붙고, 조선에서의 토지 수익이 당초 예상했던 수준에 이르지 못하게 되자 투자자들이 매수한 토지를 방매하기 시작했다. 구마모토는 자신이 투자자들로부터 이 토지를 매입하여 인계받았다. 그 후 경기가 풀리고 땅값이 오르면서 그는 호황의 기운을 타고 순식간에 3천 2백 정보에 이르는 대농장을 소유한 거대지주가 될 수 있었다. 이 땅은 1단보에 2백 원만 하더라도 6백만 원 정도에 이르는 규모여서 그는 엄청난 거부가 된 것이었다. 처음 천 원을 갖고 군산에 발을 들여놓았을 때와 비교해 6천 배의 대성공을 거둔 셈이다. 그렇게 조성된 구마모토농장은 전북 옥구군 개정면과 정읍군 화호리에 사무소를 두고 관리되었다.

후지이藤井寬太郎는 1876년 도쿠시마현徳島県에서 태어났다. 1900년 오사카 후지모토藤本합명회사가 역경에 처해있을 때 정리를 위한 업무 담당사원으로 경영에 참여하였다. 러일전쟁이 일어나자 군용선을 타고 1904년 3월 인천에 상륙하여 군수물자의 용달 업무를 맡으려 했으나 일본군대와 함께 북진할 수 없게 되자, 한국에서 영구적인 사업과 이권을 찾으려고 호남지방을 여행했다. 이를 통해 그는 군산에 거점을 두고 싼 값으로 땅을 매수하여 농장을 경영할 뜻을 세웠으며 오사카大阪에 돌아가 5만 엔의 자본을 마련하여, 1904년 5월 후지모토藤本합명회사 지점을 설치하고 토지매수를 시작하였다. 1904년과 5년에 1천 정보를 넘는 토지를 매수했고, 그 토지를 저당으로 한 고리대금업을 해 담보로 잡은 토지를 저당 유질流質에 의한 방법으로 계속 장악해갔다. 그는 1904년 6월 불이농장不二農場을 창설했으며 약 8백호의 한국인을 소작농으로 삼았다.

1-5. 후지이 간타로

조선의 수리왕이라는 별칭을 얻은 후지이 간타로. 그는 군산에 불이농장을 건설, 운영하였다.

5. 빠르게 이루어진 일본인 지주화

상인 · 귀족계층의 대농장 경영

조선에 진출한 대부분의 일본인 지주들은 1904년 러일전쟁 전후로 조선에 들어온 사람들이다. 그러나 군산을 중심으로 한 전북의 경우 개항 이전부터 들어와 있던 미곡상과 고리대금업자, 잡화상 등 상인층들이 그 세력을 넓히면서 이미 실질적인 토지 소유주로 자리 잡아, 1904년 이전에 이미 상당수의 지주층이 형성되어 있었다. 1904년 이전에 농장을 개설한 대지주(경지 50정보 이상)는 전국적으로 12명인데, 그 중 8명이 전북에 있었다. 이것은 전북에서의 일본인 지주화가 일찍부터 이루어졌다는 사실을 보여준다. 평야를 중심으로 경지가 밀집해있고 경제적 조건뿐 아니라 지리적 여건에서도 유리했던 전북은 토지소유를 통한 일본인의 진출이라는 점에서 전남과 쌍벽을 이루었지만, 일본인들의 논 소유 면적 규모가 압도적으로 높았던 지역이다. 즉 일본인들은 쌀 수탈의 중심지로 전북을 택했던 셈이다.

전북에 진출한 일본인들은 특히 서부평야, 즉 군산과 전주를 중심으로 한 평야지역에 집중되었다. 1910년에 발간된 『호남철도와 군산』에 의하면, 1909년 말 강경을 포함해 군산 부근에 진출한 일본인은 300명, 그들의 소유경지는 3만여 정보나 됐던 것으로 기록되어 있다. 일본인 지주들이 이 땅을 사기 위해 투자한 자금은 자그만치 300만 원에 달한다. 그러나 이들은 무려 25만 석에 달했던 쌀 생산량 자체만으로도 투자에 대한 보상을 충분히 얻을 수 있었다.

군산과 전주, 그리고 만경강 상류와 지류를 중심으로 토지를 사들이고 농장을 개설하는 일본인 지주는 지속적으로 늘어났으며 대지주들도 점차 그 세력을 확장해갔다.

<군산 부근 주요 일본인 대지주>

1909년 말 현재

경영자	출신	소유경지	경영지	주요경력
오쿠라(大倉喜入郎)	도쿄	2,500정보	임피 외 2군	자산액 600만엔(1902). 1877년대 오오쿠라(大倉組) 부산지점 설립, 군납, 조선협회 설립, 1903년 농장설립.
이와자키(岩崎久彌)	도쿄	1,507정보	전주 외 2군	미츠비시(三菱) 재벌지주, 1908년 농장 설립.
호소카와(細川護立)	구마모토	820정보	전주 외 5군	구 구마모토(熊本)영지의 주인, 1905년 농장설립.
후지이(藤井寬太郎)	도쿠시마	50정보	익산 외 4군	미곡상인, 1904년에 조선에 들어와 농장개설, 곡물·화폐수출, 대자본가의 자본지원을 받아 토지매수.
오오하시(大橋與一)	기후	489정보	익산 외 2군	1900년 기부에 대교은행 설립. 1907년 농장개설, 일본자산가 자산액 60만엔 지원받음.

구수다 (楠田義達)	교토	479정보	임피 외 1군	외무성관리(在京城), 전당포에서 부를 축적, 1904년 군산에 와 농장개설.
사나다 (眞田茂吉))	히로시마	667정보	옥구 외 1군	1904년 조선에 와 농장개설. 토지의 대부분은 저당권 유실된 것 소유.
가와자키 (川崎藤太郎)	니이다	445정보	함열 외 2군	니가타(新潟)의 자본가, 미곡상. 1895년 미지마(三島)농상은행을 설립. 1904년 조선에 옴. 1905년 농장개설.
나카시바 (中柴萬吉)	야마구치	345정보	김제 외 1군	고베(神戶) 미곡상. 군산출장소 설치. 1902년 조선에 옴. 미곡수출(回漕店). 1906년 농장개설.
미야자키 (宮崎佳太郎)	구마모토	480정보	옥구 외 4군	일본에서 탄광사무원, 재목상 등을 경험으로 1890년 조선에 옴. 경성에서 상업, 귀국했다가 1900년 다시 조선에 들어옴. 인삼판매, 고리대금업에서 부를 축적. 1903년 군산에 다시 와 농장개설, 1905년 군산농사조합장.
시마타니 (嶋谷八十八)	야마구치	486정보	임피 외 2군	주조업. 1903년 조선에 와 농장개설.
오오모리 (大森五朗吉)	미에	233정보	고부 외 2군	1904년 농장개설.
구마모토 (熊本利平)	나카사키	1,581정보	김제 외 3군	게이오기주쿠대학 출신. 1904년 3천엔을 가지고 와 군산농장개설. 토지브로커.

경영자	출신	소유경지	경영지	주요경력
가네코 (金子圭介)	야마구치			일본자산가, 회사중역, 자산액 505만엔.
이노우에 (井上工一)	야마구치	91정보	김제군	1905년 조선에 와 농사착수. 1907년 농장개설. 이노우에 농사합명회사(1927년 개칭).
카타키니 (片棟和三)	니가타	68정보	임피 외 2군	1906년 조선에 와 가와사키(川崎) 농장에 이민영농. 1907년 독립해서 농장설립.
하시모토 (橋本央)	구마모토			오노다(小野田)시멘트회사 입사. 1905년 조선에 들어와 군산에서 무역업, 정미업, 제염업.
가사이 (笠井建二郎)	오카야마	78정보	만경군	해군장교 출신. 1903년 군산에 와 농사경영 시작.
나카니시 (中西議一)	미에			전 경성공리관 경무관, 1903년 군산에 와 오쿠라(大倉家)의 토지매수대리인. 초대 군산농사조합장을 지냄.
사토오 (佐藤政太郎)	도쿄			게이오기주쿠대학 출신. 원 오사카(大阪) 매일신문 기자. 최초 '모리구마구미(森村組)'의 무라이(村井安固)의 지원을 받아 조선에 옴. 자금 7,000엔. 금융왕.

이 부근의 일본인 지주들 중 50정보 이상의 큰 농지를 소유한 사

람은 38명, 이 중 1,000정보의 거대 지주도 4명이나 되었다. 1903년에 농장을 설립, 2,500정보를 소유했던 오쿠라大倉喜八郎, 합자회사를 설립해 1,042정보의 땅을 사들였던 후지이藤井寬太郎, 옥구의 개정면과 정읍 화호리를 중심으로 1,700정보에 이르는 방대한 토지를 소유했던 구마모토熊本利平, 그리고 미츠비시 재벌지주로 1,135정보를 장악했던 이와자키岩岐藤太郎 등이 그들이다.

조선에 진출한 일본인 지주들은 대략 두 부류로 나누어 볼 수 있다. 하나는 일본인 지주 대부분을 차지하고 있는 상인자본이고, 다른 하나는 일본인 귀족, 지방재산가 등의 자산가 부류이다. 상인자본은 주로 아무런 자산이 없이 빈손으로 조선에 와 군산에 진출하여, 미곡상·고리대금업·회조업(수출입을 위해 큰 배가 들어올 경우, 해안에 직접 닿을 수 없으므로 이를 다시 작은 배에 실어 나르는 사업), 잡화상 등을 운영하면서 자본을 축적한 집단이다. 이들은 이런 사업을 통해 모은 돈을 군산 일대 평야지역의 토지에 투자하였다. 일본인 상인들은 군산지역의 유통과정을 이미 장악하고 있었지만 이 지역에서 생산되는 쌀의 대일 수출 물량을 보다 안정적으로 확보하기 위해 그 생산기반인 땅을 사 모았던 것이다. 나카시바中柴, 구수다楠田, 사나다眞田, 미야자키宮岐, 사토佐藤 등이 그 대표적인 인물들이다.

1899년 군산이 개항되자 상품 경제가 발달했다. 자연히 화폐수요가 급증했지만 은행 등 자본 공급은 거의 이루어지지 않았다. 조선인들은 궁핍해지기 시작했고 자연히 사채 등을 빌려 쓰는 일이 허다해졌다. 사채는 주로 고리대금으로 이루어졌으며 업자들은 일본인들이었다. 이들은 토지를 담보로 조선 농민들에게 고리채를 제공했다. 빚을 갚을 길이 막막한 조선인들은 결국 저당 잡혔던 토지의 소유권을 포기해야 했다. 일본인들은 고리대를 이용, 토지를 매수할 수 있었던 것이다.

이들 상인자본이 주로 고리대금업을 바탕으로 토지를 매수한 경우라면 뒤에 진출한 자산가 계층은 상인층보다 수적으로는 적었지만 풍부한 자금력을 바탕으로 현금매수를 통해 토지를 사들이고 일정한 지역에 대농장을 형성하고, 본격적으로 농업을 확장해나갔다. 이들은 먼저 들어와 이미 적지 않은 토지를 장악하고 있던 상인층들을 일종의 모리배나 브로커로 앞세워 토지를 집중적으로 사들였다. 그리고 그들 중간에는 또 조선인 거간꾼들이 형성돼 토지를 사고 파는 끈을 대주고 구전을 챙겼다.

6. 양반·귀족들도 토지 팔아넘기기에 앞장서

일제 식민지 지배 하에서 조선에 진출한 일본인 대지주들의 토지 침탈은 단순히 경제적 수탈을 의미하는 것이 아니었다. 일본인 지주의 광범위한 토지 집적은 그 자체가 식민지 경제를 지배하는 과정을 통한 토지 점탈이었을 뿐 아니라 농업에 대한 일제의 통제가 직접적으로 가해지는 기반이 되었기 때문이다.

일본인의 토지 침탈에 대해, 서울대 사회학과 박명규 교수는 '일본인 대지주의 형성과 성격에 관한 연구'를 주제로 한 논문에서 "일본인 대지주는 단순히 경제적인 수탈뿐 아니라 식민지하에서 '일본적인 힘'을 농촌사회에 드러내고 '한국적인 것'을 열등한 것으로 파악하게 함으로써 궁극적으로는 일본의 식민지 지배를 강화하는 사회 문화적인 역할도 수행하게 되었다"고 강조했다.(『한국 근대국가 형성과 농민』, 1997) 그러면서 박 교수는 "이런 점에서 볼 때 식민지 지주제는 경제적인 성격 못지않게 정치적인 성격을 지니는 것이며 나아가 문화적인 식민지성의 형성과도 무관하지 않다"고 해석하였다. 일본인 대지주들의 토지 침탈은 경제적인 범주로서만이 아니라 정치적이고 사회적인 범주로서 이해될 필요가 있으며 식민지 지배 정책과의 총체적인 연관 속에서 그 성격이 해명되어야 한다는 것이다.

그렇다면 일본인들에게 토지를 판 사람은 주로 어떤 사람들이었는가? 군산 개항을 전후로 일본인들의 토지 점탈은 초기에는 주로 고리대금업자나 전당업을 통해 이루어졌으며 이후에는 일본인 대자본이 들어오면서 대농장이 문을 열었다.

개항 이후 조선은 상품·화폐경제가 확산되면서 격변을 겪게 되었다. 그동안 생산물로 납부되던 조세는 화폐로 대치되었으며, 가내수공업은 파괴되고, 생활필수품을 비롯하여 농사를 위한 기구와 밑천이 고갈되면서 화폐수요는 급증했다. 그러나 당시 조선에는 그러한 변화에 대응할만한, 이른바 근대적인 금융기관이 존재하지 않았다. 이 때문에 농민들은 자연히 고리대금에 생계 및 영농에 필요한 자금을 의존할 수밖에 없었다. 당시 조선인이 운용하는 고리대금도 있었지만 조선인 고리대업자보다 일본인 상인들은 자금이 풍부했다. 따라서 이들은 조선인보다 저당물에 비해 많은 자금을 빌려주었고, 대부기간도 길었다. 더욱이 일본인 고리대금업자들은 빌려 쓰는 사람의 신분에 대해서도 별다른 제약을 두지 않았다. 그래서 일본인들의 금리가 조선인 고리대금보다 높음에도 불구하고 농민들은 일본인 고리 대부를 선호했다.

전라북도 관찰사였던 이용직의 지시로 태인 군수 손병호가 조사한 바에 따르면, 토지 매입매수가 활발했던 1904년 8월 현재, 전북 14군에서만 일본인에게 토지를 판매한 농민은 1천 8백 명에 달했다. 토지를 저당 잡히거나 판 사람들의 대부분은 빚에 쪼들려 어쩔 수 없이 토지를 포기해야 했던 가난한 영세농들이었다. 이들은 조선인 부유층보다 시세 좋은 값으로 사들이는 일본인들에게 토지를 넘겼다. 토지를 판 사람들은 가난한 농민만이 아니었다. 그들 중에는 양반이나 왕족들도 있었다. 왕족인 이준용이나 1897년에 전라북도 관찰사를 지낸 이완용도 바로 그런 예에 속한다.

군산 지역의 일본인 대지주 중의 한 사람이었던 후지이藤井는 그의 자서전에서 "한일합방 이전에 경성의 귀족인 왕가의 일속은 소유지를 팔아 금괴로 바꾸어 중국이나 러시아로 밀반출하고 있다"는 기록을 남겼다. 일본인에 대한 토지 판매는 가난한 영세농부터 양반, 왕족에 이르기까지 광범하게 이루어졌던 것이다. 당시 양반층이나 왕족까지도 토지를 팔아넘긴 것은 구한말의 불확실한 정치상황 아래서 한국이 일본의 식민지가 되면 소유 토지가 어차피 무상으로 일본 정부에게 돌아가게 될 것이고, 그렇다면 그 전에 일본인에게 방매하는 것이 유리하다고 생각했기 때문이었다.

당시 일본인의 토지소유는 대부분이 불법이었다. 개항장이나 개시장 이외의 지역에서는 일체의 외국인 토지 소유가 허용되지 않았기 때문이다. 「형법대전 2호」에도 "개항장이나 개시장이 아닌 일체 지역에서 논밭, 가옥 등을 일본인에게 매각하거나 소유 명의를 빌려주거나 또는 이를 알면서 자기 토지를 매각하는 자는 사형에 처하고, 이를 허용하는 관할 관청의 관리도 사형에 처한다"고 되어 있었다. 그러나 이러한 법마저도 당시에는 별다른 효력을 갖지 못했다.

대부분의 지방관들은 중앙정부의 단속이 두려워 형식적인 경고나 퇴거령을 내렸지만 그것은 형식적인 절차에 불과했을 뿐 오히려 일본인 토지소유자에게 조세를 징수함으로써 사실상 공인하는 태도를 취했다. 특히 친청파, 친러파, 친영미파 등 중앙에서의 세력 분포가 급변하자 지방관들은 중앙관리들의 눈치 보기에 급급했다. 지방 관리들은 자신들의 거취가 불안정한데다가 매관매직으로 지방관이 쉽게 갈리는 등 어수선한 분위기 속에서 일본인의 불법적인 토지 및 가옥의 소유에 대해서 적극적인 조치를 취하지 못하고 거의 수수방관했다.

당시의 이러한 사회경제적, 정치적 조건들은 결국 일본인과 일본자본을 끌어들이게 되는 요인이 되었고, 나아가서는 일본인이 식민지 지주로 자리 잡게 되는 중요한 배경이 되었다. 토지를 일본인들에게 팔아넘긴 농민들은 소작농이 되어 일본인 지주와 새로운 지주·소작 관계를 형성했다. 일본인 지주는 소작료를 거둬들이면서 농지의 상품화를 강화하였다.

일본인 지주는 군산부근의 요소요소에 농장을 설치했다. 그리고는 농사개선, 소작미 품평회, 일본 품종의 도입, 부업장려, 신사참배, 풍속의 교정 등 여러 사업을 빌미로 군산지역의 마을과 농민을 경제·사회·정치적으로 지배하기 시작하였다. 호소카와細川의 대장촌(현재의 익산시 춘포면), 이와자키岩崎의 동산촌(현재의 전주시 여의동), 가와자키川崎의 서수촌(현재의 익산시 서수면) 등은 일본인 지주에 의해 지명이 만들어진 대표적인 지역이다. 이들 세 지역에서는 지금도 일본식 지명이 그대로 사용되고 있어 일제 식민지 잔재를 고스란히 보여주고 있다.

일본식 지명의 대표적인 예

대장촌大場村 - '넓은 땅' 뜻하는 일본말 표기

동산촌東山村 - 대지주인 이와자키의 아호를 따서 명명

서수촌瑞穗村 - '윤이 나고 싱싱한 벼이삭'이라는 뜻

대장촌, 동산촌, 그리고 서수촌은 일본인 대지주들이 농장을 설치해 조선 농민들을 지배했던 대표적인 곳이다. 이 지역을 관장했던 일본인 대지주들은 누구인가. 대장촌의 호소카와細川는 구舊 구마모토번熊本藩 번주藩主의 4남이다. 한때 구마모토 번은 일본 3대 번 중의 하나였으나 메이지明治 정부의 수립과 함께 정치권력의 주류에서 소외되었다. 호소카와는 일본의 권력 구조에서 소외되는 보상을 한국에 진출하는 것으로 만회하려 했던 듯하다. 그는 구마모토 현의 사람들을 일찍부터 조선에 진출시켰다. 구마모토 현 사람들이 조선 진출에서 가장 큰 인맥을 형성하게 된 것은 바로 이러한 사정과 관련되어 있다.

1904년 호소카와 후작은 그의 집사 츠다津田靜一의 권유를 받아 조선에 진출했다고 한다. 그는 자본금 1만원으로 토지를 매수하기 시작했다. 그의 토지 매집은 조선농사를 개량·발달시키되 감독은 일본인이 맡고, 소작은 종래의 조선인에게 위임시켜 진행하겠다는 의도로 추진되었다. 호소카와는 전주평야 3개 군의 100개 촌락에 걸쳐, 약 1천 정보에 달하는 대농장을 설립했다. 관리 사무소와 사택 등을 건립한 이 농장을 사람들은 넓은 땅이라 해서 '대장농장'이라고도 불렀다. 그리고 농장본부가 있던 지역은 대장촌이라 불리게 되었다. 농장본부가 들어섰던 대장촌에는 구마모토현 사람들의 크고 작은 농장들이 들어섰고, 일본의 지명을 그대로 따서 '비후촌肥後村'으로 불리기도 했다.

동산촌이라는 지명은 미츠비시 재벌의 총수인 이와자키의 아호에서 온 것이다. 이와자키岩崎久彌는 사위이자 당시 통감부 산업개발 책임자였던 농상공무 총장의 권유로 조선에 진출하였다. 조선에 처음 투자한 금액은 무려 150만원에 달했다. 그중 반은 경기도, 전라북도, 전라남도의 농업에, 나머지 반은 북부지방의 광업에 투자하였다. 전북에는 러일전쟁 당시 전주군 조촌면 반월리에 '동산농장'을 개설하고, 지명도 '동산촌'으로 바꿨다. 다시 1919년 전북의 동산농장과 수원의 농장을 합하여 '동산농사주식회사'를 설립한 이후 '동산농장'은 전북출장소가 되었다. 사설학교, 병원, 사설경찰서가 있었으며 면장이나 학교장을 취임시켜 지방행정을 장악하여, 마치 중세의 봉건영주를 방불케 했다.

가와자키川崎藤太郎는 일본 니가타新潟출신으로 일본에서 기모노 가게와 미곡상을 경영했으며 1895년에는 일본에 은행을 설립한 사람이다. 그는 1904년 일본공사관의 일등서기관으로부터 권유를 받아 충남 연산군과 전북 옥구군의 농지를 매수했으며, 1905년 4월 이곳에 농장을 개설하였다. 가와자키 농장은 윤이 나고 싱싱한 벼이삭을 의미하는 '미즈호촌瑞穂村'으로 지명을 바꾸었다. 농장 안의 6개 촌락은 소방조합을 결성해 서수소방조합이라는 명칭을 붙이기도 했다. 뿐만 아니라 농장을 설립한 후, 4년 후에는 자신의 고향인 니가타의 흙을 가져와 신사를 건립하기도 했다. 일본인들의 조선에 대한 식민지 지배와 일본적인 것의 이식 의지가 얼마나 투철했는지를 보여주는 예라 할 수 있다.

가와자키 농장은 1927년 같은 고향 출신인 은행가 시로세白勢春三와 다케야마竹山屯가 합동으로 개설한 이엽사二葉社 농장에 팔렸다. 1927년 2월에는 이 농장에서 소작쟁의가 일어났다. 수확량의 75%를 소작료로 내라는 통보를 받은 농민들이 지주와 경찰의 횡포에 대항해 나섰던 것이다. 당시 이 사건은 동아일보에 게재될 정도로 유명한 쟁의였다. 1995년 6월에는 군산 서수면 임피중학교 앞뜰에는 이 소작쟁의를 기념해 '옥구농민항일항쟁기념비'가 세워졌다.

1-6. 옥구농민항일항쟁기념비

1995년 세워진 서수면 임피중학교 교정에 세워진 농민항쟁기념비.

7. 군산으로 상권이 옮겨지다

군산, 개항 후 유통 중심지로 부상

개항은 조선의 정치, 사회, 경제 등 모든 영역과 조선인의 삶 구석구석에 영향을 미쳤다. 형식적으로는 한국사회가 세계자본주의체제에 문호를 개방한다는 취지를 내세우고 있었지만 실질적으로는 제국주의의 압력 아래에서 식민지적 상황을 앞당기고 심화시키는 결과를 가져왔다. 개항을 맞은 일본상인들에게 풍부한 물산의 산지를 배경으로 일찍부터 상품경제의 성장이 두드러져 있던 호남지방은 더없이 좋은 침탈 대상이었다. 개항으로 인해 지방사회의 상품유통구조도 변화했다.

18세기에 접어들면서 국내에서 상품경제가 발달하기 시작했고, 자연히 대량 화물운송이 필요하게 되었다. 지방에서 상품유통을 담당하는 새로운 거점으로서 포구의 경제적 기능이 확대된 것도 바로 이때부터였다. 포구가 새로운 상품 유통의 중심으로 자리 잡게 된 것이다. 원래 포구는 세곡이 운송되던 곳이었고, 따라서 당연히 국가의 관리대상이었다. 17, 8세기 이래 생산력의 증대와 상품 유통의 확대, 그리고 한양의 도시 기능이 성장하면서 한강을 중심으로 활동하는 경강 상인층이 성장하였다. 그리고 18세기 후반에 들어서면서 지방 중심포구의 경제적인 기능도 강화되기 시작했다.

이런 점에서 금강지역의 연안포구들은 상품 유통권의 적지로 꼽히기에 족했다. '삼남의 보고'라고 칭해질 만큼 최대 곡창지대였던 금강 유역에서는 18세기 이래 사회적인 분업이 이루어지고 생산력이 증가하면서 상품·화폐 경제가 빠르게 확대되었다. 이에 따라 연안의 각 포구들이 강경을 중심으로 서로 유기적으로 연결되면서 하나의 상품 유통권을 이루게 되었다. 특히 이 지역 유통권의 중심인 강경은 서울, 원산, 제주 등과의 교역에서 중심적 역할을 담당했다. 나아가 이 지역 유통권의 중심으로만이 아니라 '조선 후기 3대 시장'의 하나로까지 번성하기에 이르렀다.

이러한 환경을 배경으로 금강 지역은 자본주의로의 자주적 발전을 통하여 민족경제를 수립하고자 하는 조선의 요구와 제국주의 본국의 성장에 필요한 식량과 원료의 공급지를 확보하려는 일본의 요구가 서로 만나 충돌하는 지점이 되었다. 또한 일본 제국주의 자본은 자국 상품의 소비시장을 필요로 하였다. 남부 지역의 주요 유통망을 형성하고 있었던 금강 유역은 일본 자본이 찾는 상품시장으로서도 최적지였다.

그러나 군산이 개항하게 되면서 강경을 중심으로 한 상권은 해체되기 시작했다. 군산 개항은 그동안 호남 북부지방의 물산집결지로서 자생적으로 성장해왔던 강경포의 상권에 커다란 타격을 입히고 강경의 경제적 몰락을 가져오는 커다란 요인이 되었다. 날이 갈수록 강경은 대 시장으로서 면모를 잃고, 군산의 시장권에 흡수되어, 군산항의 무역품을 중개하는 '중계항' 정도로 전락하게 되었다.

일본이 군산을 개항장으로 선정한 그 자체가 이미 강경포의 경제적 몰락을 의도하고 있었다는 해석은 여러모로 설득력이 있다. 일제가 군산을 개항장으로 설정한 데에는 강경포라는 배후 경제지가 있다는 사실과 무관하지 않았다는 것이다. 즉 일제는 애초부터 군산을 중심으로 하는 경제권 속에 강경포를 포섭하겠다는 의도를 지니고 있었을 것이라고 짐작할 수 있다. 실제로 군산의 개항과 함께 중요한 경제적 소비지였던 전주가 강경의 유통망으로부터 떨어져 나와 군산을 통해 필요한 소비물품을 공급받기 시작했다. 또 전주를 위시한 이 지역의 생산물들의 판매도 강경장보다는 군산을 통해 이루어짐으로써, 강경의 상권은 점차 위축되고 상대적으로 군산의 상권이 확대되었다.

일본이 군산을 개항장으로 선정한 이유는 바로 이러한 점에서 보다 명확해진다. 군산은 목포와 함께 호남 곡창지대를 배경으로 한 항구로 이 지역에서 생산되는 곡물을 모아 쉽게 일본으로 이출할 수 있는 조건을 갖추고 있었다. 또 일본과의 거리가 가까워 일본에서 생산된 자본제 상품을 국내로 수입하기에도 매우 좋은 지리적 조건을 갖추고 있었다. 실상 군산은 개항 이전부터 상품 유통의 거점으로 부상하고 있었다. 일찍이 1876년 개항한 인천과 부산이 국제무역항으로 상업중심지의 기능을 담당하면서, 군산, 목포 등도 호남 일대의 유통 거점으로 지목되고 있었던 것이다. 그러나 본격적으로 상권이 발달하게 된 것은 물론 개항 이후부터이다.

군산의 개항으로 호남지방과 일본과의 직접적인 상품 유통로가 열리게 되었고, 이 지방의 물산이 신속하게 해외로 유출되는 통로가 되었다. 또한 호남지방 전체를 일본의 경제구조와 결합시키는 발판이 되었으며, 대신 지방사회의 전통적인 재래시장 중심의 상품 유통구조와 상권은 큰 변화를 겪게 되었다. 물론 군산 개항 직후에는 아직 일본과의 직통항로를 비롯한 제반 유통시설이 갖추어지지 않았기 때문에 군산항이 지역 시장권에서 차지하는 비중은 미약할 수밖에 없었다. 따라서 군산의 개항이 강경을 중심으로 하는 금강 유역의 재래시장 구조에 급작스런 큰 변화를 가져온 것은 아니었다.

러일전쟁이 일어나자 군수물자의 수송이 급증하면서 개항장을 통한 상품 유통은 비약적으로 성장했다. 러일전쟁 이전, 군산의 상권은 함열과 임피, 옥구와 만경의 4개 지역과 김제 및 익산의 일부 지역만을 포섭하고 있었으나, 러일전쟁 이후에는 전주와 동진평야 일대를 상권에 포섭할 정도로 성장하였다. 러일전쟁이 끝난 뒤 일제는 소위 통감부를 설치하고 각 개항장에 이사청을 두어 개항장의 사무를 보게 하였다. 일제는 통감부 부속기관으로 1905년에 도로영업소를 신설했으며 지방사회의 내부 시장 형성과 상품 유통의 확대를 위해 중요한 지역을 연결하는 근대적인 도로망을 정비하기 시작했다.

강경 중심의 상권이 군산으로 옮겨진 것은 단순히 상업중심지의 변화에 그치지 않는다. 당시의 개항장은 실질적으로는 일본인 세력의 거점으로서 소위 일본인들을 위시한 외국 상인들의 거류지였고, 그들에 의해 지배되고 있던 곳이라는 점을 유념할 필요가 있다. 군산과 목포의 상권을 장악하는 것은 바로 일본으로 대표되는 제국주의 자본이 한국의 상권을 장악하고 탈취하는 것을 의미했다. 이렇게 조선인 생산자와 상인층에 의해 만들어지고 성장하던 시장이 해체되고, 그 지배권은 일제의 자본과 권력 속으로 흡수되었다. 이것은 '개항 이후에 본격화된 제국주의 자본의 상품 유통구조에 대한 지배가 한국사회 내부의 자발적이고 독립적인 상품경제의 발전 가능성을 파괴하고 억압하면서, 한국의 상품경제 전체가 일본 자본주의의 체제 속으로 흡수되는 과정'이었다.

유통구조 개편과 주도권 대립

18세기 이후 각 지방에서 상업을 담당한 계층은 포구를 중심으로 발전한 여각과 객주, 그리고 장시를 중심으로 성장한 보부상이다. 이들은 조선 후기부터 전국적인 상품유통의 확대와 더불어 자생적으로 발전, 성장해오던 집단으로, 개항 이후 새로운 상황 아래서 상품 유통을 주도할 층으로 기대될 수도 있는 집단이었다.

이중 객주와 여각 집단은 주로 물품의 위탁·중개·알선을 하면서 동시에 지방의 상품 유통이나 그에 필요한 자금의 대여와 유통에 개입하고 있었다. 이들은 조선 초기 정부 통제 하에 있던 국가적 화폐 경제의 담당자이기도 했으며, 관변의 상인들과는 분명하게 구별되는 계층이었다. 이들은 전반적인 상품경제의 성장과 함께 등장했으며, 근대적인 사회적 분업을 반영하는 계층이었던 것이다. 이에 비해 보부상은 정부로부터 어떠한 보호나 상업상의 특권을 보장받지 못한 가운데서도 지방의 상품 유통을 담당하는 중요한 주체로 성장하고 있었다. 객주·여각 집단과 보부상은 이렇듯 각각 위상을 달리했지만 모두 관권에 의지하여 특권적인 상업단체로 존속하고자 했기 때문에 정부와의 결합으로 인한 여러 가지 폐단과 반동성을 드러냈다는 점에서는 공통점이 있다.

이러한 계층과는 별도로 지방관리 또한 상품유통 과정에 깊숙이 개입하고 있었다. 당시 지방 관리들이 상품유통 과정에 개입하는 방식은 이중적인 성격을 동시에 갖고 있었다. 그 하나는 목민관으로서 자기 인식에 기초하여 지방사회의 내적 갈등을 증대시키고 있는 상품의 유통, 특히 일제의 경제적 침탈에 강력하게 대응한 경우이다. 다른 하나는 점차 확대되고 있는 상품유통 과정에 봉건적 권력을 이용하여 개입함으로써 개인적 이익을 취한 경우이다. 특히 상품 유통 상황을 활용하거나 권력을 이용하여 자신의 이익을 추구하는 지방 관리들이 적지 않았는데, 이 지역에서는 그 대표적인 인물로 전주 진위대의 향관이자 전북 봉세관을 지냈던 백남신을 꼽을 수 있다. 백남신은 세곡이나 세전을 이용하여 경제적 이익을 취했으며 상품의 유통과정에도 참여해 전북 최대의 대지주로 성장한 인물이다. 또 이와 함께 당시 왕실의 재정을 담당하던 내장원 역시 지방의 수준에서는 봉건적인 수탈과 개인적인 이익을 추구했다. 이들은 특히 상인층에 대한 수탈을 강화했는데 바로 이러한 정부 통제 강화 과정에서 지방의 상인층과 봉건권력과의 대립과 갈등은 심화될 수밖에 없었다.

• G U N S A N •

100

제2부

개발과 수탈, 수난과 저항

1. 식민지 근대도시, 군산

식민도시로 개발된 군산

일제 강점기 조선의 모든 도시들이 그랬듯이 군산도 일본의 식민지 지배정책에 따라 개발되면서 성장한 인위적인 도시였다. 일본은 식민지 착취의 원활한 수행을 위해 조선에서 도시정책을 펼쳤다. 군산은 그러한 일본의 식민지 개척 전략 속에서 잉태된 대표적인 도시였다. 조선을 강제로 개국시킨 일본은 쌀 수탈 계획을 본격적으로 추진했고, 그들의 이러한 의도를 충족시킬 수 있는 지역은 역시 호남지방이었다. 특히 옥구, 김제, 익산, 부안에 걸친 비옥하고 넓은 김제·만경평야를 배후지로 삼고 있는 군산은 일본에게 곡물 유출의 주요한 통로로 가장 적절한 장소였다. 개항장과 개시장의 개설에 주력했던 것도 바로 이러한 지역적 여건 때문이었다.

당시 조선 전체의 경작 가능 경지 비율은 평균 21.3% 정도였고, 전북지역의 경지 비율은 평균 23%에 달했다. 그런데 김제, 만경, 옥구평야의 경작가능 농지비율은 그보다 2.5배~3.5배에 달할 정도로 여건이 좋았다. 일본은 이 지역에서 생산되는 쌀을 군산으로 모아, 본국으로 실어내기 위한 수탈 체제를 갖추기 위해 대단위 토목공사를 진행시켜 나갔다. 그리하여 1907년 신작로新作路가 만들어졌다. 길이 46.7km, 폭 7m의 군산-전주 간 도로(全群道路)가 바로 그것이다. 당시의 이 도로 교통량은 참으로 엄청나 일본의 쌀 수탈이 본격적으로 시작되었음을 그대로 알려준다. 이어 1912년에는 군산-전주 간 철도를 건설했는데, 일본의 대규모 농장이 위치한 곳에는 반드시 역을 설치했다.

일본은 전북지역뿐 아니라 충남·북 지역에서 생산된 미곡에까지도 눈독을 들였다. 이를 위해 일본은 군산항의 확장공사도 대대적으로 실시했다. 일본은 개항 이후부터 조선정부에 압력을 가해 강안매축공사와 고정 잔교시설에만도 당시 화폐로 무려 8만 6천원을 투자케 했다. 합병 이후에도 잔교설치, 화물전용철도, 도로, 기타 해륙연결시설 등을 완공했다. 1926년에는 물동량이 급증하자 군산항 개축공사를 대대적으로 실시하여, 3천 톤급 기선 3척이 동시에 접안 가능한 시설을 갖추었다. 이렇게 군산은 식민지 수탈체제를 실현하기 위하여 근대적 설비를 갖춘, 이른바 식민지 근대도시로 변모하게 되었다.

당시 군산항을 통해 유출된 미곡량은 1926년 137만 석, 1933년에는 179만 석으로 증가했으며, 1934년에는 무려 200만 석에 이르렀다. 이는 매년 조선 전체 쌀 생산량의 20%를 넘는 엄청난 규모였다. 이 같은 대규모 쌀 반출을 계기로 군산에는 일찍부터 정미업과 일본인 거류자들을 위한 조미료업, 양조업, 식료품업, 기타 생필품업 등의 경공업이 자리 잡아 발전하기 시작했다. 그러나 이는 일본의 본국과 경합되지 않는 부분에 한정된 것이었다. 그마저도 민족자본의 형성을 억제하려는 정책 때문에 군산지역의 상공업은 일본인의 손에 장악되어 있었고, 크게 성장하지도 못했다.

2-1. 군산항의 쌀 이출

사진 아래쪽에 "조선의 쌀생산액은 연간 1,500만석인데, 약간의 관개시설을 정비하면 황무지에서만 약 900만톤을 증수할 수 있다"고 적혀있다.

1920년대 이후 군산지역에는 일본인 기업들이 속속 설립되기 시작했다. 또한 이들 일본인들에게 기업자금과 상업자금을 조달해주기 위한 금융기관도 설립됐다. 특히 1930년대에 접어들면서 일본 내부에서 조선산 미곡의 중요성이 상대적으로 떨어지게 되자 군산항은 미곡 유출항으로부터 본격적인 자본제 상품의 유입항으로 점차 변모하게 됐다. 자연스럽게 군산지역은 호남지역의 금융 중심지로 부각되었다. 당시 군산에 소재하고 있던 금융기관은 식산은행, 조선은행, 상업은행, 저축은행, 조흥은행 등 5개에 이르렀으며 이들이 밀집된 '동영고개'는 은행거리로 불리기도 했다.

1930년대에 들어서면서 세계경제는 대공황기를 맞이하였다. 일본은 경제위기를 극복하고 새로운 이윤획득을 위한 방편으로 자유

경제에서 통제경제로 전환했다. 그러자 일본 국내 독점기업들은 식민지의 노동력 착취를 통하여 독점적 이윤을 창출하기 위해 집중적으로 조선으로 진출했다. 당시 중요한 상공업항이었던 군산에는 방적, 제화, 농기계, 고무, 연화, 제분, 제지업 등 일본의 산업자본이 본격 진출했으며, 미곡 유출항이었던 군산도 변모하기 시작했다. 일본의 식민지 정책의 변화는 1930년대 이후의 군산을 상공업 도시로 변화시켰던 것이다. 군산은 동시에 일본의 공산품 소비시장 기능을 담당하게 되었다.

군산은 이처럼 배후지역의 농민과 농업생산품을 침탈한 대가로 성장한 도시였다. 군산의 성장은 곧 군산의 인구구성과 공간구조까지도 크게 바꿔 놓았다. 1915년 1만 1천명에 불과하던 군산 인구는 해방 직전인 1944년에 5만 7천명으로 5배 이상이 증가했다. 순수 조선인 증가율만 비교해도 무려 10배 이상 증가하여, 일제 강점기 동안 가장 높은 인구 증가율을 보인 도시로 기록되었다. 군산의 인구증가 경향이 가장 두드러졌던 시기는 1935년 이전이다. 이 시기의 연평균 인구증가율은 4%~9.2%로 남북한 도시 총인구 연평균증가율 3.5%~7%보다 훨씬 높았다.

이러한 현상은 일제 강점기 동안 실시된 토지조사사업, 그리고 병참기지화 전략사업에 따른 공업화 정책 등과 밀접히 연관되어 있다. 1910년부터 1918년까지 실시되었던 토지조사사업은 당시 토지 소유에 대한 인식이 부족하였던 농민들로부터 토지를 빼앗고, 그들을 고향에서 내몰았다. 이에 따라 많은 농민들이 생계를 위해 도시로 이주하지 않을 수 없게 되었으며, 일부는 만주 등 해외로 옮겨가기도 했다. 한편 1930년대 이후 일본의 공업화전략은 도시의 성장을 한층 부추겼다. 식민지 수탈을 위해 개발된 군산은 이러한 일본의 식민지 지배정책을 통해 성장한 이른바 '식민지 근대도시'였다.

그러나 일제 강점기에 크게 성장하였던 군산의 사회경제적 집적도는 해방 이후 점차 쇠퇴하기 시작했다. 해방 후에도 군산은 일정 기간 일제 강점기의 번영이 지속됐지만 6·25를 거치면서 공장들이 경쟁력을 상실한 채 상당 부분 도산했다. 특히 1960년대 이후 추진된 국가의 근대화 정책에서 군산은 관심의 대상이 되지 못했다. 이로 인해 군산은 점차 쇠락한 도시로 전락하게 되었다. 근대화 정책이 본격화되기 이전인 1960년대 초반까지는 식민지 시대의 사회적 상황이 어느 정도 이어져서, 군산은 그나마 도시 면적에 비해 상대적으로 높은 도시집적도를 유지했다. 그러나 1970년대를 거치면서 경제, 인구, 문화시설 등 주요 도시집적 구성요인들의 집중도는 더욱 낮아졌고, 이러한 침체현상은 1980년대 중반까지 가속화됐다.

일본의 식민도시 개발정책

서구열강들이 동아시아 지역을 강제 개국·개항시키면서 설정한 거류지와 일본이 조선 내에 설정한 거류지와는 상당한 차이를 보인다. 서구열강들이 아시아 지역에 설정한 거류지는 순전히 거류 및 통상의 편의를 위한 공동거류지(외국인 공동 거주지역)의 성격을 띠고 있었지만 일본이 부산 등 3개 항구를 개항시키면서 조선 내 설정한 거류지는 조차지租借地에 가까울 정도의 독점성·배타성을 지닌 전관거류지專管居留地(단일 외국인, 즉 일본인 독점 거류지역)였던 것이다. 이는 일본이 장래 조선침략을 위한 전초기지로 이들 지역을 이용하겠다는 의도가 일찍부터 숨겨져 있음을 보여주는 것이다.

일본은 1910년 한일 합병 때까지 계속해서 목포(1897), 군산(1899), 마산(1899)을 직간접적으로 개항시키는 등 1876~1908년 사이에 15개 지역에 강압적으로 개항장과 개시장을 설정했다. 이들 지역은 1913년 단행된 일본의 행정지역 개편작업을 통해 부府(오늘날 시에 해당)로 승격되면서 식민도시로 성장하게 되었다. 일본이 이들 지역에 대한 개방을 요구했던 배경에는 복합적인 이유가 자리하고 있었다.

첫째로 군사적 이유를 꼽을 수 있는데, 그 대표적인 지역이 원산, 성진, 용암포, 청진 등이다. 청일 전쟁의 승리 후에도 러시아의 남진을 두려워했던 일본이 이를 경계하기 위해 이들 지역의 개항을 주도했다. 둘째는 통상·교통 및 장래의 식민지 경영을 목적으로 거류지를 설정하고, 개항 및 개시를 유도한 경우다. 한성, 용산, 부산, 인천 등이 이러한 곳으로 이들 지역은 본래부터 상권이 활발하게 형성되어 있어, 일본의 자본주의 상품 판매시장으로 기여할 수 있고, 식민지 경영의 중추관리를 담당할 중심지역으로 선정됐다. 셋째는 철저한 배후지의 수탈과 수탈한 자원의 본국 수송목적이다. 대표적인 곳이 군산·목포 등으로 이들 지역의 개항은 본래 나주평야와 김제·만경평야의 쌀을 수탈해 가기 위한 것이었다. 일제는 이들 지역을 개항함으로써 구한말부터 커다란 상권이 형성되어 있던 강경, 전주, 나주 지역을 점령하고, 자신들의 자본제 상품의 판로를 개척하는 성과도 거둘 수 있었다. 반면 일본은 조선시대의 전통적인 지역 중심도시였던 개성, 전주, 진주, 해주, 함흥 등의 지역을 거류지 조성 대상에서 제외시켰다. 이들 지역이 도시로 승격된 것은 개항 이후 30년대 후반이다. 이는 식민지배 목적을 갖고 있는 일본이 조선시대의 전통 도시지역의 성장을 더 이상 바라지 않았음을 의미하는 것이다.

2.전군도로

전군도로全群道路 건설

전주와 군산을 잇는 전군도로는 전북 근대화의 산 역사다. 일제에 주권을 빼앗기기 전 1908년 개통된 이 도로는 험난했던 20세기를 질주해 온 근대화의 역사와 함께 해온 전통을 지니고 있다. 전주-김제-익산-군산 4개시를 통과하는 약 48km에 이르는 이 길은 도로 기능 자체만을 따져서도 오늘날 도내를 통과하는 국도 중 그 중요도가 가장 높았다. 전주-군산 간 자동차전용도로가 개설되기 이전인 1990년대까지 전군도로는 전북의 산업화 과정에서 대동맥 구실을 해오면서, 도내를 통과하는 13개 국도 중 교통량이 가장 많은 도로였다. 1997년에는 한 해 동안 1일 평균 4만 2천여 대의 교통량을 기록하기도 했다.

산업화 도로로, 학생들의 통학로로, 직장인들의 통근길로 숱한 애환을 담은 전군도로가 오늘의 모습을 갖춘 것은 지난 1977년이다. 1974년부터 3년여에 걸쳐 2차선 7.9m이던 도로 폭을 17m의 4차선으로 넓혔다. 준공비 제막식(1977년 9월 15일)에서 당시 황인성 전북지사가 이 도로를 도민의 생명선이라고 말할 정도로 전군도로는 전북의 중심에 자리하고 있었다. 이처럼 전북 근대화를 상징하는 전군도로지만 그 탄생 배경에는 서글픈 역사가 담겨 있다.

조선말까지 본래 우리나라에는 길은 있어도 도로는 없었다. '신작로新作路'라는 이름으로 도로가 뚫리기 시작한 것은 일제의 식민지 개발이 시작되면서부터였다. 19세기 말 청일전쟁을 치르고 다시 러일전쟁을 겪으면서 개통된 것이 경의京義, 경인京仁, 경원京元선이었다. 그러나 이것은 군용도로였으며, 일반도로가 계획된 것은 러일전쟁 직후인 1905년이었다.

당시 전주와 군산 사이의 길은 대동여지도에도 나타나지 않을 만큼 좁은 '오솔길'에 불과했다. 전주-군산을 오가는 물동량이 많지 않았을 뿐 아니라 등짐과 봇짐에 의존하던 때여서 넓은 도로가 그다지 필요치 않았던 때문이었다. 그러나 군산의 개항과 함께 상황이 바뀌었다. 대장촌(현 익산시 춘포면), 동산촌(현 전주시 동산동)까지 진출해 농장을 경영했던 일본인들은 수확한 농산물을 군산항으로 실어 나르기 위해서 도로 개설이 절실했다.

한편 일본의 전군도로 개설은 군사적 측면에서도 이야기된다. 장명수의 『성곽발달과 도시계획 연구』(1994)에서는 전주에 주둔한 일본군이 일본에서 군산으로 배로 실어온 군수물자를 지원받기 위한 도로개설이 절실했다고 파악한다. 군사 통치와 쌀 수탈을 위해 도로개설의 필요성을 절감한 일제는 1905년 측량 기사를 파견해 측량을 완료했다. 공사 착수는 측량 후 2년 뒤인 1907년에 이루어졌다. 사업 집행은 대한제국의 국내부(지금의 내무부) 치도국治道局에서 맡았다. 전주에 일본인을 관리로 한 치도국 출장소가 설치됐다. 전북 최초의 근대적 토목공사라 할 전군도로 개설공사의 첫 삽을 뜬 것은 그 해 5월 1일이었다.

전주 유지들은 지맥이 끊긴다는 이유로 1910년 전라선 철도의 부설을 맹렬히 반대했다. 그러나 전군도로 공사가 진행되던 당시 도로 건설에 대한 조직적인 저항이 있었다는 기록은 없다. 다만 당시 공사 진행이 원만치 못했음은 몇 가지 기록과 전해오는 말에서 추정해 볼 수 있다. 『전주부사』(1943)에는 전군도로 개설이 '가옥 소유주를 강제로 납득시켜…' 진행되었다고 기록되어 있다. 이 대목은 가옥이나 구조물이 강제로 철거됐음을 보여주는 것이다. 해당 주민들의 반발이 컸을 것이다. 군산시 대야면 주민들의 도로 개설 반대 이야기는 지금까지 전설처럼 전해진다. 현재 대야면을 통과하는 도로는 면 소재지에 위치한 백마산을 절개해 이루어졌다. 말이 물먹는 형상의 백마산을 예부터 신성시 해 온 주민들은 산을 절개하여 땅의 기를 죽인다고 반대했다. 말의 목 부위에 해당하는 부분을 절개해서 도로를 냈을 때, 피 묻은 백마가 날아갔다는 전설도 전해져 온다.

일제의 치도治道사업은 사유지에 대한 보상을 제대로 하지 않고 이루어졌다. 도로 건설에 무보수로 인력을 강제 동원시켰던 점도 반발을 샀다. 우여곡절 끝에 전군도로는 2년여의 공기를 거쳐 1908년 10월 개통됐다. 전군도로 개설은 전북에 많은 변화를 일으켰다. 신작로가 뚫린 전주 서문 일대는 일본인들이 주로 사는 신시가지로 자리 잡았다. 군산은 전주, 이리(현재의 익산)의 물산이 몰리는 신흥 상업권으로 더욱 번성했다. 일본의 쌀 수탈도 더욱 가속화됐다. 도로 개설로 일본인 지주와 쌀 매매상인들이 전주권 내륙까지 손쉽게 진출할 수 있는 기반을 닦은 셈이다.

전군도로에 자동차가 처음 등장한 것은 도로가 뚫리고 5년여가 지난 뒤였다. 개통 후 전군도로를 오가는 운송수단은 처음에는 인력거, 자전거, 마차 등이었다. 이 같은 운송수단도 이용자 전부가 일본인이었고, 내국인은 여전히 '발'이 자가용이었다. 1913년 도내 최초의 버스 회사인 '전주 자동차 운수사'가 설립돼 자동차 시대를 열었다. 일본인이 주인이었던 이 회사는 처음 24인승 승합차 1대로 시작해 점차 그 수를 늘렸다.

그러나 전북의 자동차 보유 대수는 1960년대까지도 얼마 되지 않았다. 1960년 전라북도의 자동차 등록대수는 승용차, 승합차, 화물차를 포함해 고작 857대에 불과했다. 오늘날 90만대가 넘는 자동차 보유대수와 비교하면 격세지감이 있다. 1974년 4차선 확·포장 공사를 시작했을 당시 하루 평균 4천여 대이던 전군도로의 교통량은 1990년 약 10배 가까이 늘어났다. 출퇴근 시간엔 심한 교통 체증을 불러일으킬 만큼 전군도로의 교통량은 급증하였다. 이에 따라 군산-전주 간 새로운 도로건설 계획이 수립돼 1990년 착공에 들어갔다. 전주-군산 간 새 도로인 새만금북로는 자동차 전용도로로 건설되었다.

한 세기에 걸친 파란만장한 역사를 간직한 국도 26호선, 전군도로는 21세기 벽두 새 자동차 전용도로가 개통되어 그 기능의 상당 부분을 새 도로에 넘겨주었다. 그러나 일제의 침략과 우리의 근대화 동맥으로 역할을 해 온 엇갈린 명암 속의 전군도로는 앞으로도 숱한 애환을 만들며 전주와 군산 간을 질주하는 차량들을 묵묵히 받아들일 것이다.

백리길 벚꽃터널에 묻힌 수탈과 치욕의 역사

1977년 9월 15일. 전주-군산을 잇는 4차선 도로인 전군도로 입구에서는 포장도로 완공과 함께 새 이름을 얻는 명명식이 열렸다. 전주-군산 간 총 연장 33.1km, 도로 폭 16~24m의 이 포장도로에 붙여진 이름은 「번영로」였다. 이날 호남고속도로 인터체인지 옆, 전군도로 입구에는 준공을 기념해서, 당시 박정희 대통령이 이름을 짓고 직접 휘호를 써 돌에 새긴 준공비도 제막됐다. 전군도로가 이제 이른바 근대화 시대 전북 산업의 역사를 여는 도로로서 의미를 새롭게 열게 된 것이었다.

전군도로는 개설 이후 1911년 7개년 계획으로 확장되고, 1966년부터 부분 포장을 해오다가 1974년부터 4차선 확장 및 포장공사가 시작되었다. 이것은 1973년 9월 20일 박대통령이 이리공단을 시찰하면서 지시하여 이루어진 것이었다. 당시 전군도로의 확장·포장, 개통은 전주 공단과 군산 외항 개설, 그리고 양자를 연결하는 물동량 수송에 큰 역할을 할 것으로 기대를 모았다. 그뿐 아니라 전북의 생활권을 확장하여 도민 생활에 새로운 변화를 가져올 것으로 전망되기도 했다. 포장공사 이전 차량 통행량은 하루에 2,500대 수준이었다. 그러나 포장 이후에는 통행량이 7,000대로 늘어날 것으로 예상됐다. 소요시간도 크게 단축됐다. 당시 『전북일보』는 전주에서 군산까지 종전에 80분 걸리던 것이 40분으로 단축될 수 있게 되었다고 소개했다.

그로부터 21년이 지난 1998년, 다시 찾은 「번영로」는 전북의 산업화를 담당하는 중요한 혈맥으로 여전히 건재하였다. 그해 4월 초순, 여느 해보다 보름 정도 일찍 찾아온 벚꽃 만개로 이 길은 관광객들로 가득 차 있었다. 도로의 양 옆, 백리 길에 펼쳐진 벚꽃 터널이 과거의 치욕적인 역사를 묻어놓은 채 화려한 자태를 자랑하고 있는 까닭이다. 그러나 이 길이 어찌 아름답기만 할 수 있으랴. 이 길은 일제가 곡창 호남의 미곡을 실어 나르기 위해 대한제국 정부에 강요해 만들어 놓은 눈물겨운 수탈의 길이 아니었던가. 그런데도 다른 나무도 아닌 바로 수탈을 자행했던 일본의 국화인 벚꽃나무를 받아들여 그 화려함으로 이름을 널리 알리게 된 이 도로의 역사 또는 운명은 참으로 모순적이다.

이 벚나무는 재일관동지구전북인회가 지난 1975년 전군도로 가로수 조성사업비로 7백만 원을 기탁해서 식재가 이루어진 것이었다. 이 성금 기탁을 기념한 돌비 역시 번영로 조성비 제막식 이전인 10월 17일, 같은 장소에 세워져서 전군도로 역사의 일부로 기록되어 있다. 이 길을 지나면서 수탈과 눈물의 치욕적인 우리 수난사를 기억하는 사람은 얼마나 될까. 이제 전주-군산간 자동차전용도로에 산업도로의 기능을 대부분 넘겨준 전군도로는 한적한 외곽도로로 쇠락해가고 있다. 도로 양쪽의 벚나무도 거의 베어져서 전군도로에서 과거를 기억할 수 있는 흔적은 찾아보기 힘들게 되었다.

2-2. 만경교 옆 현재 남아있는 전군도로(2009. 4)

1930년대 군산의 도로망

1930년대 군산에는 전주-동산촌-목천포-지경-군산에 이르는 1등도로(현재의 국도에 해당) 전주-군산선을 비롯, 부안-동진-남포-죽산-김제-만경-시창-지경-군산을 잇는 3등도로(현재의 군도에 해당)인 군산-부안선, 임피-군산을 연결하는 군산-임피선이 개설돼 지역 간의 주요 연결 기능을 담당했다. 이외에도 군산-옥구선, 군산-불이선 등이 옥구와 군산 간을 잇고 있었다.

1932년 전라북도 조사에 따르면, 전주-군산 간 도로는 1년 동안 연인원 46만 명, 마차와 자동차는 9만5천 대가 이용했다. 군산-부안 간 도로는 연인원 26만 명, 마차, 자동차는 16만대, 군산-임피 간 도로는 각각 83만 명, 8만4천 대가 이용했다. 군산 시내 도로망은 본정통, 전주통, 명치정통이 골격을 이루고 있었으며 동서 간선도로축에 평행 수직한 격자형과 방사형 지역 간 연결도로가 조성되어 있었다.

군산을 연결하는 지역 간 승합자동차는 두 개의 정기노선을 운행하였다. 하나는 전주-군산선(약 40km)으로 하루 4회 왕복했다. 요금은 편도 1원40전이었고, 1시간40분이 소요됐다. 다른 하나는 이리(현재 익산)에서 함열, 임피를 경유하여 군산에 이르는 노선(약 31km)으로 하루 2회 왕복, 요금은 편도 1원60전, 1시간30분이 소요됐다. 운송수단은 승합차였다. 당시 도로를 이용한 운송수단은 자전거가 제일 많았으며 손수레, 우마차 등의 순으로 많이 이용하였다. 반면 당시 전북 전체가 보유한 자동차 총 대수는 300대도 채 안되었다.

3. 호남선과 군산선

쌀 수탈 노정이자 일본물자 유입통로, 철도

개항 이후 만들어진 신작로는 도시에서 농촌으로 그리고 다시 도시로 뻗어 나갔다. 전북 서부 평야의 길은 대부분 '군산'을 향해 있었다. 그리고 그 길 위로 바로 이곳 전북의 넓은 평야에서 생산된 엄청난 양의 쌀이 군산항 부두 창고로 실려 나갔다. 신작로뿐만이 아니었다. 호남선 철도의 김제-이리 구간이 개통된 1912년, 그리고 전라선 철도 전주-이리 구간이 개통된 1914년 이후 전라북도 내 철도 구간은 모두 쌀 수탈의 경로가 되었다. 전북에서 생산되는 중요 자원은 군산으로 모아졌다. 쌀이 실려 나간 철로와 도로를 따라 한국 시장을 겨냥한 일본물자들이 되짚어 실려 들어왔다. 이 길을 따라 정치와 경제, 그리고 생활권의 식민화가 이루어지고 있었던 것이다. 이를 위해서 호남선 전북 구간의 완공과 함께 이리에서 군산을 잇는 군산선이 개통되었다. 일제 강점기를 통해서 군산선은 그 화려한 시대를 보냈다. 그러나 수많은 화물열차와 여객열차가 숨 가쁘게 지났던 이 철도는 지금에 이르러서는 간신히 명맥을 유지하는 교통수단으로 전락해있다. 물동량도 엄청나게 줄어들었을 뿐 아니라 군산선 기차를 타려는 여객수도 날이 갈수록 감소하고 있다.

호남선 철도는 1910년 1월 대전-연산 간 공사를 시작으로 건설되었다. 1912년 3월에는 강경-이리 구간이 개통되고, 이와 동시에 군산선도 개통되었다. 그리고 그해 10월 이리-김제 구간이 개통되었다. 그로부터 2년 뒤인 1914년에 대전에서 목포에 이르는 호남선 전 구간의 공사가 완료되었다. 호남선 개통은 농수산물이 풍부한 호남지역의 자원을 일본으로 실어내고자 하는 일제 자본가와 상인들에게 엄청난 경제적 부가가치를 제공해 주었다. 그래서 철도부설권이 막대한 이권의 대상이 되었고, 일본 자본들은 서로 철도부설권을 차지하기 위해 갈등과 경쟁을 벌였던 것이다. 호남선 부설권은 1904년 5월에 경목철도회사가 철도 자력 건설권이라는 명목으로 획득하였다. 그러나 철도 부설권을 서로 차지하려는 일본인들 사이의 갈등이 표면화되면서 부설권 자체가 취소되는 사태를 겪고, 그로부터 6년이 지나서야 비로소 착공될 수 있었다.

2-3. 군산선 철도 부설

호남선 철도와 함께 시작된 군산선 철도 부설 모습. 전북 평야지역에서 생산된 쌀의 이출 통로가 되었다.

경목 철도회사의 호남선철도 부설권이 취소된 이후에도 호남지역 철도에 관한 일본인들의 관심은 가라앉지 않았다. 1906년에는 일본의 3대 재벌 중 하나인 '미츠비시三菱'가 호남 철도 부설의 기초 측량조사를 위해 은밀하게 측량 기사를 파견하기도 했다. 그러나 도중에 조사팀의 지휘자인 시라이시白石直次가 부상을 당해 측량을 중단하지 않을 수 없었다. 이듬해 다시 30여 명의 인력을 동원한 조사팀은 본격적인 철도 부설 측량을 위해 군산을 다시 찾았다. 이 소문은 삽시간에 퍼졌다. 그러자 토반의 기반이 뿌리 깊은 공주와 전주에서는 호남선 철도개설을 반대하고 나섰다. 반면 군산에서는 유치운동을 적극적으로 전개했다. 그 유치운동은 물론 군산에 진출한 일본인 지주와 상인들이 주동이 되었다.

군산에서는 철도 유치를 위해 「호남선철도 기성회」가 조직되고, 이들은 호남선 유치를 위해 「만인계」를 만들었다. 그러나 통감부와 농상공부의 일본인 관료들 사이에 개인적인 감정싸움이 벌어지는 바람에 이 유치운동도 허사가 되고, 미츠비시 재벌의 철도 부설을 위한 측량은 백지화되기에 이르렀다. 다시 수립된 호남선 계획에는 당초의 노선이 변경되어 있었다. 애초의 계획에서 분기점이었던 조치원이 대전으로 바뀌어 있었고, 공주를 거쳐 논산으로 이어지는 처음의 노선 대신 대전에서 두계-연산-논산으로 연결되는 것으로 계획이 변경되어 있었다. 그러나 그 후에도 호남선 철도는 첫 삽을 뜨지 못한 채 지지부진 하고 있었다. 그 와중에서 만인계를 이용하여 유치운동을 벌이면서 자금을 끌어 모았던 군산의 일본인들은 저희들끼리 책임을 전가하는 등 싸움을 벌이기도 하였다.

호남선 철도 부설 계획이 본격화된 것은 1910년, 한일합방으로 한국의 국권까지 일본이 차지한 이후부터다. 이 소식이 알려지자 일본인들은 다시 유치운동에 나섰다. 서로 주도권을 차지하려는 경쟁도 이전보다 더욱 심해졌다. 그 중심은 역시 일본인 대지주인 오오쿠라大倉와 이와자키岩崎였다. 오오쿠라大倉는 노선을 군산으로, 이와자키岩崎는 전주로 끌어오기 위해 경쟁하였다. 그것은 일종의 세력과시를 위한 자존심 싸움이기도 했다. 통감부로서는 팽팽하게 맞서있는 일본 굴지의 재벌 집단 사이에서 어느 한쪽의 요구만을 선택할 수 없는 노릇이었다. 그래서 택한 것이 그 중간 지점인 '이리'였다. 그리고 이리에서 군산에 이르는 지선을 놓기로 했다. 1910년 대전에서 목포에 이르는 261㎞와 이리에서 군산에 이르는 24.7㎞의 철도 부설 공사가 동시에 시작됐다. 이 두 공사의 총 예산은 1천2백53만6천29원이었다. 사업 기간 11년 계획으로 공사가 시작되었다. 이리에서 군산에 이르는 군산선은 이듬해 1912년 3월 6일 완공이 되어 개통됐다. 그리고 1913년에는 이리에서 전주 간 철도가 전북철도회사에 의해 착공돼 10개월 만인 1914년 11월 개통됐다.

1912년 군산선과 호남선 노선 중 대전에서 이리까지의 구간이 개통되면서 일본인들의 물자수송은 날개를 단 듯 활기를 띠게 되었다. 당시 군산선은 현재의 군산역에서 끝나지 않고 군산항까지 연결되어 있었다. 군산에는 군산역과 군산항역 등 두 개의 역이 있었다. 일제는 군산항 바로 코앞에까지 철로를 가설하고 호남평야에서 생산되는 수많은 미곡을 실어 날랐다.

군산 출신으로 향토사 연구를 해 온 김양규(1998년 당시 전주예고 교장, 73세)는 "소학교 시절엔 엄청난 쌀가마니를 싣고 통쾌한 기적을 울리며 기차가 지나갈 때 마냥 경이로운 눈으로 쳐다보곤 했는데, 그 철도가 바로 우리의 식량을 수탈해가던 치욕의 산물이었던 것을 알게 된 것은 그 후 훨씬 지나서였다"며 지금도 고스란히 남아 있는 철로를 지날 때면 그때의 치욕감을 떠올리게 된다고 말한다. 호남선 철도의 역사는 일본 제국주의 지배의 무겁고 어두운 역사를 이 지역 곳곳으로 퍼트리는데 중요한 역할을 한 셈이다.

1930년대 전북의 철도

전북의 철도는 이미 1910년대에 호남선, 경전북부선(후에 전라선), 군산선 등 세 갈래로 선로가 결정되었다. 호남선은 총 연장 약 260km에 이르고 있지만 전북에서의 간선은 총 60km로 북쪽의 함열에서 시작해 남쪽으로는 정읍에서 끝난다. 이 구간에는 함열, 황등, 이리, 부안, 김제, 신태인, 정읍 등 10개 역이 있다. 이리 이북의 선로는 1912년에 개통, 이남은 1913년에 개통됐다.

경전북부선(전라선)은 1914년 이후 전북철도주식회사가 운영해오다가, 1927년 10월에 조선총독부 철도국이 전주-이리 간 사설철도를 매입하면서 국유화되었다. 1929년 9월에 이리-전주 간 25km를 개수공사로 완공하고, 전주-남원 간 60.5km는 1931년 10월 개통되었다. 그리고 전라북도 내 나머지 구간인 남원-금지 간 13.8km는 1933년 10월에 개통하여 영업을 시작했다. 전북 도내에서 전라선을 지나는 역은 이리(익산), 삼례, 전주, 임실, 남원 등 17개 역이다. 그리고 군산선은 1912년 4월 개통된 호남선의 지선으로 이리에서 분기하여 서쪽으로 오산, 임피, 지경과 개정을 거쳐 군산항에 이르는 연장 24.7km의 철도이다.

1937년의 조사에 의하면 도내에서 1년 동안 이들 세 노선의 총 이용 승객(승·하차승객 포함)은 457만 명에 달했다. 그 가운데 호남선 이용객이 약 203만 명으로 가장 많고 그 다음은 경전북부선으로 약 158만 명, 군산선 이용객은 약 96만 명인 것으로 조사되었다. 그해 1년 동안 3개의 철도 노선의 화물량(도착화물 기준)을 보면 총 43만 2천 톤에 달했다. 그런데 군산선은 총 길이가 가장 짧은 데도 불구하고 전체 화물량 중 약 22만 톤(도착화물 기준 21만 6천 톤)을 차지하고 있다. 이것은 군산선이 전북에서 생산된 주요 자원을 군산항으로 모으는 식민지 수탈의 주요 통로였음을 보여준다.

군산역

현재의 군산역은 2008년 신축, 이전한 내흥동 역사이다. 옛 군산역은 6·25전쟁으로 불타 없어진 뒤, 1960년에 다시 지어 2007년까지 있었다. 옛 군산역사가 있던 현재의 대명동 역전광장에서는 새벽마다 도깨비시장이 열렸다. 언제부터 시작되었는지는 알 수 없지만, 철도가 놓이면서 인근에서 보따리를 짊어진 여인네들이 새벽기차를 타고 모여 광장에서 좌판을 열었다. 아침 8시 즈음이면 도깨비처럼 사라진다고 해서 도깨비시장이라 불렀다. 그 옆 골목으로는 양키시장이 이어진다.

군산역은 군산선의 종착역으로서 군산선의 영고성쇠와 운명을 같이 해왔다. 한때 통학생들과 상인들로 문전성시를 이루었던 이곳은 철도이용객의 감소와 함께 과거의 활력과 생동감을 잃다가, 2008년 군산역사가 이전하면서 그나마 기억만 남았다. 불행히도 군산을 여행하는 외지인들은 과거 군산역의 흔적조차도 찾지 못하고 발길을 돌리기 일쑤다. 1960년대까지 화물열차에 의자를 놓아 여객열차로 개조한 '곳간차'를 운행해야 할 만큼 열차 이용자가 많았다. 1960년대 이후 수십 년 동안 군산선은 군산-전주간 완행열차를 운행하면서 통근·통학생들의 발이 되어주었다. 그러나 1990년대 이후 하루 7회 왕복하는 3량짜리 열차 자리를 채우기도 힘들어하다가, 그마저도 이제는 운행이 중단되었다.

열차가 지닌 안전하고 편안한 특성은 단거리 운행에서 위력을 나타내지 못한 채, 승용차와 직행버스에 완전히 밀려났다. 역 풍경에서 그나마 활기가 느껴지던 때는 아침시간 정도였다. 익산역을 출발해 아침 7시 5분 도착하는 열차가 군산역에 들어와 다시 아침 7시 15분에 발차할 때쯤이면 대합실이 꽉 찼다. 1960~70년대에 흔하게 볼 수 있었던 아침 장을 보러온 보따리장수도 간간이 눈에 띄었다. 시골역의 정겨움이 아직도 살아있음을 느끼게 하는 유일한 풍경이었다.

옛 군산역은 역 본연의 기능과 상관없이 근래에 노인들의 쉼터로 각광받았던 적도 있었다. 매일 20~30명 정도의 이 지역 노인들이 역 광장의 벤치에 앉아 무료함을 달래는 모습이 새로운 풍속도로 자리 잡았다. 군산역 광장이 도심 공원 구실을 하는 데는 시장을 낀 지리적 여건의 영향이 컸다.

산업화와 함께 도시가 성장함에 따라 대부분의 도시에서는 도심 역이 시 외곽으로 옮겨졌다. 하지만 옛 군산역은 일제 강점기에 처음 개설된 때부터 2008년 새 역사로 이전할 때까지 90년 이상 원래의 대명동 위치에 자리 잡고 있었다. 여기에는 1960년대 이후의 근대화과정에서 군산 일대가 배제되었다는 정치적, 정책적 이유도 작용하고 있다. 군산선이 개설된 1912년에 지어진 군산 역사는 1950년 7월 1일 한국 전쟁 때

소실됐었다. 한옥 양식의 당초 건물 자리는 현재 수화물 청사가 위치한 곳이었다고 한다. 군산선은 1931년 군산항까지 연장되어 군산항역이 종착역이 되었으나, 1944년 군산항역이 폐지되면서 군산역이 다시 종착역 위치를 되찾았다. 군산역이 개설된 지, 96년만인 2008년 1월 1일, 군산선이 장항선에 통합되면서 군산역은 신군산역이라는 이름으로 군산외곽의 내흥동으로 옮겨졌다. 그리고 원래의 군산역은 군산화물역으로 이름이 바뀌었다. 그러나 그해 11월에는 화물 취급이 중단되고, 그 2년 후인 2010년 화물역이 폐쇄되었다. 2015년에는 역사 건물이 철거되고, 그 위로 도로가 뚫려, 과거의 흔적은 찾아볼 수 없게 되었다.

2-4. 1930년대 군산역

4. 쌀 수탈 통로에서 자동차 수출항으로

군산항 - '21세기 서해안 시대 관문'의 꿈

군산의 근대 역사는 곧 군산항의 역사다. 군산항에 드나드는 선박의 뱃고동 소리가 높았을 때 군산 경제는 꿈틀거렸고, 그 반대일 때 군산은 휘청거렸다. 일제 강점기의 한 때 부산항, 인천항과 함께 남한 3대항으로 일컬을 만큼 중요한 위치를 점했던 군산항은 시대에 따라 부침을 거듭했다. 일제 강점기 군산의 번성은 조선인은 전혀 누릴 수 없었던, 순전히 일본인의 몫이었다. 그렇다하더라도 해방 이후 군산이 긴 침체에 빠져 낙후된 항구도시로 전락한 것은 역사의 아이러니다.

해방 이후의 긴 침체기를 거쳐 1970년대 후반부터 외항 건설이 시작되면서 군산항은 무역항으로서 기능을 어느 정도 회복하고 활기를 되찾기 시작했다. 그리고 1990년부터 군장신항만 건설 사업이 본격적으로 추진되면서, 군산항은 21세기 서해안시대 관문으로의 부푼 꿈을 키울 수 있게 되었다.

군산항의 개항과 개발

군산항이 근대 항구로 건설되기 시작한 것은 1905년 대한제국 시절부터이다. 당시 8만 6천원을 투입하는 항만 건설계획이 수립되었는데, 당시 빈약한 정부 재정재원 사정을 감안할 때 이것은 매우 과감한 투자 계획이었다. 당시 시행된 군산항 건설 사업은 연안매립축조공사를 실시하고 고정잔교固定棧橋 1기를 설치하는 것, 그리고 옥상에 편익시설을 갖추는 것이었다. 접안시설인 고정잔교는 군산항의 기능을 한 단계 높인 계기가 됐다. 그러나 이 정도 시설로는 매년 늘어나는 화물량을 감당하는 데 한계가 있었다. 호남평야에서 생산된 쌀을 일본으로 대량 반출하기 위해서는 군산항의 시설을 확충하고 각종 장비를 현대화하는 것이 반드시 필요할 수밖에 없었다.

2-5. 군산곡물검사소

곡물검사소 군산지소 신축기념사진. 왼쪽 위에 관할범위가 기록되어 있는데, 전북, 충남, 그리고 충북과 경북 일부가 군산곡물검사소의 관할 범위에 포함되어 있었음이 확인된다.

일제는 이에 따라 1909년부터 1933년까지 지속적으로 군산항을 개발했다. 우선 1909년부터 1915년까지 7개년 계획으로 3만 2천원의 공사비를 들여 잔교棧橋 3기를 축조했고, 화물전용철도 인입선을 연안까지 연장했다. 그후 지속된 개발계획의 수립과 추진을 통해, 1933년 군산항은 3천 톤급 선박의 출입이 가능해졌고, 6척의 선박이 동시에 접안할 수 있게 됐다.

외항건설로 새로운 전기 마련

해방 후 몇 년 동안 군산항은 새로운 개발계획 없이 내항에 쌓이는 모래를 준설하고 기존 시설물을 보완·수리하는데 그쳤다. 한국전쟁 때 유엔군 폭격으로 파괴된 항만 부잔교를 비롯, 창고 등이 1953년 외국 기술진에 의해 재건된 정도가 항구 시설 공사였을 뿐이다. 그 후 1958년에 와서야 군산항은 8천 톤급 선박이 접안할 수 있도록 부잔교 확장공사를 실시했다. 그러나 기존의 군산항은 대형 선박이 접안할 수 있는 항구로서는 상당한 문제를 지니고 있었다. 토사매설과 암초 등으로 대형선박 출입이 용이치 못했던 탓이다.

1965년 외항건설계획이 본격적으로 검토되면서 군산항 개발은 전환점을 맞이하게 되었다. 한국사회가 공업 입국을 지향하는 상황에서 전주 팔복동의 제1공단과 이리자유수출지역 등 새로운 산업단지 조성이 가시화되면서 전북 도내에 외항 건설의 필요성이 제기되었다. 1974년 시작된 군산 외항 건설은 3단계에 걸쳐 1995년 완공됐다. 먼저 1단계 사업으로 1979년 제1부두가 완공됐고, 제2부두는 1990년, 제3부두는 1995년에 각각 준공됐다. 이들 외항 부두는 각각 최대 2만 톤급 선박이 접안할 수 있고, 9척의 선박이 동시에 접안할 수 있는 대규모 선석船席을 갖췄다. 여기에 외항 배후에 조성된 군산국가공단에 1996년 대우자동차가 입주하고, 1997년 2만 톤급 접안 능력의 제4부두(자동차 전용부두)가 새로 만들어졌다. 군산항은 여기서 더 나아가 서해안 시대 도래에 맞춰 대규모 국제항으로, 국제복합운송의 거점항으로 성장해 가고 있다. 즉 2000년 10월 2만 톤급 8선석 규모의 제5부두가 완공되고, 2년 후인 2002년 12월에는 1만5천 톤급 1선석 규모의 국제여객부두가 준공되었다. 그리고 2004년 5월에는 5만 톤급 2선석, 2천 TEU급 2선석 규모의 컨테이너, 양곡 전용부두인 제6부두가 완공되었다.

쌀 수출에서 자동차 수출로

식민지 시기 군산항은 쌀 수출항으로서의 역할을 톡톡히 했다. 1933년 국내 쌀 총생산량의 53.4%가 일본으로 반출됐으며, 그 중 20.5%가 군산항을 통해 나갔다는 사실이 이를 말해준다. 내항 완공년도인 1933년 출입항 선박이 920척에 수출입 화물은 75만 톤에 이르렀다. 미곡 수출항으로서 역할을 했던 군산항이 해방 후 대일통상이 차단되면서 급격히 쇠퇴한 것은 당연한 일이었다. 1960년대 이르러 원목 수입과 합판 수출로 겨우 명맥을 유지했다. 1968년 기준으로 1930년대와 비슷한 71만 톤에 불과했고, 10여 년 뒤인 1977년에는 화물 운송량이 2백만 톤을 갓 넘었을 뿐이다.

외항 건설, 임해공단 건설에 이어 군산공단이 조성되면서 군산은 서해안권의 공업도시로 발돋움하기 시작했다. 1990년대 중반, 군산은 기아특수강, 대우자동차 등이 입주한 전북의 대표적인 기계·금속산업 도시가 되었다. 이에 따라 1996년 군산항의 화물수송량이 처음으로 1천만 톤을 넘어섰다. 1997년에는 목재, 펄프, 사료 등을 중심으로 화물운송량이 1천2백만 톤에 이르렀다. 특히 이 해에는 처음으로 군산국가공단에서 생산된 대우자동차 6만7천대가 군산항을 통해 수출되기도 했다.

영고성쇠의 군산항

군산내항 주변은 쌀 수출항으로서 명성(?)을 날리던 식민지 시대부터 줄곧 군산의 상권을 좌지우지했다. 각종 주요 도로와 철도 궤도가 항구를 향해 뚫렸고, 주요 관청과 상가도 내항 주변에 집중됐다. 구 시청에서 군산역으로 이어지는 '중앙로'가 군산의 중심도로였고, 항만 인접지역 거리를 주민들은 아직도 '본정통本町通'이라 부른다. 내항건설이 완성된 1930년대 본정통에는 세관과 우체국 등 여러 관청을 비롯, 은행과 포목점 등 주요 상점들이 밀집해 있었다. 미곡검사소나 미두장이 항만에 위치했고, 특히 창고 건물이 많았던 점이 군산항 주변의 두드러진 특징이었다. 전체 건물의 절반이 창고 건물이라 할 만큼 집중적으로 자리 잡았던 미곡 창고는 당시 쌀 수출항으로서 군산항의 위상을 말해준다.

"일제 시대 군산항에는 남부여대로 전국에서 많은 사람이 몰렸어요. 부두 하역이나 막노동을 할 수 있는 일거리가 많았기 때문이죠. 길거리에 판 하나만 놓아도 장사가 될 만큼 경기가 좋았습니다." 군산 역사의 산증인 고 이병훈 시인은 군산 내항 주변이 일제 때 가장 경기가 좋았다고 말한다. 그러나 활성화된 경기와 무관하게 조선인 대부분은 부두 막노동 일꾼이었고, 거리에서 목로판을 깔고 감자. 고구마. 떡장수 등 밑바닥 생활을 했다고 기억했다. 일제는 농토만이 아니라 바다의 자원도 수탈의 대상으로 삼았다. 서해 연안의 고래잡이 기지였던 어청도를 비롯, 주요 어장 대부분이 일제 자본의 손에 들어갔다. 이러한 이유로 어청도는 일찌감치 상수도가 개발됐고, 지금까지도 일본식 집이 남아있다.

오늘날 군산의 명물로 자리 잡은 내항 연안 횟집단지의 역사는 그리 오래되지 않았다. 1960년대 초 해망동에 '고창집'이 횟집으로 첫 선을 보인 이후 하나 둘씩 늘어나, 오늘날의 횟집단지로서의 모습을 갖췄다. 횟집단지 내의 가게들은 일부 새로 지어진 현대식 건물을 제외하고는 대부분이 기존의 건물을 개조한 것이다.

외항 건설과 함께 무역항으로서 기능을 잃은 내항은 오늘날 장항을 오가는 여객선과 조그만 고기잡이배만이 과거의 아픈 역사를 간직한 채 한가롭게 떠다닌다. 특히 근래 군산시청까지 옮겨감으로써 번화가로서 내항 주변의 명성은 크게 퇴색했다. 대신 외항 배후에 지방·국가산업단지와 군산자유무역지역, 그리고 새만금으로 연결되는 신도시가 조성되어 미래 군산을 열어가고 있었다. 최근까지 넓게 트인 간선도로와 굴뚝에서 솟아나는 공장연기, 힘차게 울리는 뱃고동 소리가 군산항의 역사를 새로 만들어가고 있었다.

그러나 최근 몇 년 사이에 군산의 경제는 다시 위기로 빠져들고 있다. IMF 경제위기 직후 기아특수강이 부도를 맞고, 2017년에는 조선업 불황으로 현대조선이 가동을 중단했다. 2018년에는 군산 경제의 거의 1/4을 차지하던 GM자동차 공장이 문을 닫았다가 2019년 3월 엠에스오토텍이 참여하는 자동차부품업체 컨소시엄이 OEM 방식 전기차 생산을 위해 한국GM군산공장을 인수하는 협약을 맺어 향후 결과에 대한 기대를 갖게 하고 있다. 군산은 다시 미래의 전망을 세워야 하는 숙제를 떠안게 된 셈이다.

군산항 부두노동자들의 생활

1920년대와 30년대 지역 농민들 중 상당수는 소작료를 감당하지 못해 파산에 이르렀다. 부채를 이기지 못한 농민들은 농촌을 떠나 도시에서 임금노동자가 되거나 만주, 일본 등지로 일자리를 찾아 떠나야 했다. 군산에서도 노동자 수가 급격히 늘어났다. 철도며 제조업, 어업, 선박 및 운수 등 화물 취급 업종 등에서 많은 노동자를 필요로 했기 때문이다. 그러나 도시 노동자들의 생활도 참담하고 피폐하기는 마찬가지였다. 이에 따라 1920~30년대에 군산지역 노동운동은 극렬하게 이루어졌다. 노동자들의 생존을 위한 요구와 저항 의지가 모여 휴업과 파업 동맹으로 이어졌지만, 호구지책을 잃은 노동자는 수천 명에 이르렀다.

1930년대에 들어서 군산항 축항으로 각지에서 몰려든 부두 노동자가 급격히 증가했다. 농민들이 생계가 힘들어지면서 도시로 밀려드는 이농민들이 점점 늘어났다. 군산항 부두는 이미 자리 잡고 있던 노동자들과 일거리를 찾아 새로 밀려온 이농민들로 넘쳐났다. 자연히 이들 사이에는 일자리를 차지하기 위한 경쟁과 분쟁이 끊이지 않았다. 상황이 여기에 이르자 부두에서 일하는 노동자들에게 증명서를 발급하고, 증명서가 없으면 부두노동을 할 수 없게 하는 제도를 만들기도 했다.

1935년 9월 당시 군산경찰서가 조사한 군산 부두의 단체 소속 인부는 3천 명에 달했다. 단체에 소속되지 않은 소위 자유노동자들을 통제하기 위해 노동자증을 발급했다. 그러나 늘어나는 노동자 수에 비해, 부두 하역 노동자들의 처지는 조금도 나아지지 않았다. 회사령이 폐지된 이후 밀려오는 일본 자본은 극심한 노동 착취를 통해 이윤을 불렸기 때문이다. 조선인 노동자들은 노동조합을 결성하여 자신들의 경제적 지위를 보호하고자 하였다. 1924년 4월 조선인 노동자와 농민이 모여 「조선노농총동맹」을 결성하고, 1927년 9월에는 여기에서 노동조합이 분리되어 「조선노동총동맹」이 만들어졌다.

군산항에서는 1920년대에 주요한 부두노동자들의 시위가 발생했다.

2-6. 군산항 부두노동자들

쌀을 운반하는 부두노동자들. 모두 지게에 쌀을 지고 있다.

부두노동자들의 항쟁은 주로 임금을 비롯한 정당치 못한 대우로부터 비롯됐다. 1925년 12월에 일어난 「군산철도노동회의 동맹파업」은 균등치 못한 임금에 불만을 가진 노동자들의 항의였다. 이들은 당시 해안 세관 부근에서 25대의 트럭에 적재된 곡식 1만 2천여 석을 하차하지 않고 시위하는 등 격렬하게 저항했다. 다음해 12월에 일어난 「군산우마차조합群山牛馬車組合(군산하마차조합)의 동맹파업」 역시 임금인상을 요구하는 노동자들이 주도했다.

그러나 이들의 노동분쟁은 업주에 대한 임금인상 요구뿐 아니라 화물 쟁탈전 등 노동조합끼리의 경쟁과 반목 등으로 이루어지는 경우도 많았다. 그 대표적인 사건은 석유 하역업을 둘러싼 「스탠다드석유 회사 사건」이다. 노동자들끼리 난투극을 벌이는 물리적 충돌로까지 이어졌던 이 사건은 당시의 상황을 짐작케 해주는 예다. 그러나 중요한 것은 이러한 노동분쟁에도 일제의 철저한 식민지 지배정책이 반영되고 있었다는 점이다. 당시 일제의 자본은 가능한 한 조선노동자들과의 직접적인 충돌을 피하는 대신, 조선 노동자들끼리 경쟁하는 노동권 확보투쟁을 통해 이권을 장악했다. 일자리를 차지하기 위한 노동자들 사이의 경쟁이나, 일감을 확보하기 위한 노동단체 간 대립을 활용하여, 일제 자본은 조선인 노동자들을 통제하고자 하였다. 부두노동자들의 노동쟁의 역시 예외가 아니었다. 조선 제일의 미곡 이출항으로 경기가 좋다는 군산항의 이면에서 벌어진 노동쟁의에도 이처럼 일제의 철저한 식민정책이 자리 잡고 있었다.

5. 계산된 물 관리 시스템

수리조합 - 증산·수탈을 위한 일제의 계산된 물 관리

쌀농사가 중심인 우리 농업에서 물 관리는 매우 중요했다. 수리시설이 비교적 잘 갖춰진 지금도 강우량이 적을 경우 가뭄 피해가 적지 않지만, 근대적 수리시설이 없었던 개항 당시와 비할 바는 아니다. 역사적으로 항상 한국 농업의 중심부에 자리하고 있던 전북의 농업은 수리시설 면에서도 선구적 위치에 있었다. 우리나라의 농토에서 본격적으로 근대적 수리시설이 갖추어지기 시작한 것은 옥구, 익산 지역을 중심으로 한 수리조합이 설립되면서부터였다.

현재의 군산 서남부지대를 중심으로 한 옥구서부수리조합이 1908년 처음 설립되었다. 이를 시작으로, 임익臨益, 임익 남부, 전익全益 수리조합이 잇따라 설립됐다. 오늘날 국내 최대 곡창을 이루는 호남평야가 안정적으로 물을 확보할 수 있었던 데는 이들 수리조합이 추진한 관개灌漑사업의 덕이 컸다. 그러나 수리조합은 우리 농민들의 축복 속에서 태어난 것이 아니었다. 이것은 철저히 계산된 일제의 조선농업 침탈을 위한 계획을 배경으로 출발했다. 수리조합이 처음 설립된 1908년 당시 일본 이주민은 12만여 명에 달했고, 이 중 약 4천 8백여 명이 농업에 종사했다. 1905년을 전후해 전북에는 일본인 농장들이 대거 등장했고, 특히 일본인들은 옥구, 임피, 익산, 김제 등 만경강과 금강, 그리고 해안 인접지역에 대규모로 토지를 매입했다.

2-7. 익옥수리조합평면도

완주군 대아리의 대아저수지에서 군산의 옥구저수지까지 연결되는 익옥수리조합 사업개요가 상세히 기록된 평면도이다.

본래 전북 지방은 더위와 추위의 차이도 적고 강우량도 많아 미곡 생산에 좋은 환경이었지만 늘 물 관리에 어려움을 겪고 있었다. 전북의 서쪽 지역은 광활한 평야지대이긴 했지만 수리시설도 빈약했고, 특히 연이은 한발旱魃로 많은 농지가 황폐해 있었다. 만경강 연안은 유역의 굴곡이 심하고 강폭이 좁아 강물이나 바닷물 범람 피해가 잦아서 미경지와 황무지가 많았다. 일본인들은 이 같은 악조건의 땅들을 헐값에 집중적으로 사들였다. 1906년까지 옥구, 익산, 김제 등지의 토지 약 7천 6백여 ha가 이미 일본인의 수중에 들어갔다.

1906년 대한제국 탁지부령으로 공포되어 수리조합 설립의 근거가 된 「수리조합 조례」는 황무지를 많이 소유한 일본인들의 입김으로 이루어졌다. 수리시설로 많은 혜택을 보게 될 일본인 대농장 혹은 대지주들이 앞장서 수리조합을 설립하게 된 것이다. 수리조합 설립 초창기인 1908년부터 1919년까지 설립된 수리조합은 모두 15개였다. 그중 호남평야 일대에 전체 1/3인 5개가 설립됐으며, 수리조합의 수혜면적 비율 면에서 호남평야는 전체 농지의 절반이 넘었다.

초창기 수리조합은 일본의 산미증식계획에 의해 1920년대 들어 그 기능과 권한이 더욱 강화됐다. 1910년대부터 일본은 심한 식량난에 부딪혀 많은 쌀 수입에 의존해야 했다. 1917년 650만 섬, 이듬해 950만 섬의 쌀을 수입했던 일본은 한국에서의 쌀 증산을 식량문제 해결의 열쇠로 생각한 것이다. 당시 한국의 쌀 수확량은 일본에 비해 단위수량이 반 정도에 불과했는데, 일본은 그 원인을 수리시설이 갖추어져 있지 않고 농사기술이 낙후된 때문으로 분석했다. 이런 배경 아래 일제는 1920년부터 1934년까지 1차 산미증산계획을 수립했다. 관개시설을 갖춘 토지개량에 중심을 둔 1차 계획은 42만여 ha의 관개 개선과 개간, 간척 사업을 벌인다는 야심찬 목표로 출발했다. 그러나 이 계획은 지지부진하다가 1926년 '산미증식갱신계획'으로 수정되었다. 그렇지만 이 갱신 계획도 1930년대부터 쌀값 하락이 계속되면서 4년여 만에 중지되고 말았다.

산미증식계획이 추진되면서 수많은 수리조합이 만들어졌다. 1920년 25개에 불과했던 수립조합 수가 1933년에는 196개로 급증하였다. 무리하게 설립된 조합들은 쌀값 하락과 사업부진 속에 운영난에 봉착해 결국 수술을 받게 되었다. 1935년 부실조합 정리가 단행되어 5개 조합이 폐지되고 갱생수리조합연합회를 만들어 63개 조합을 총독부가 직접 관리하는, 국가통제 체제에 들어갔다. 그러나 적어도 이 시기에 전북에서는 중요한 사업 하나가 진행되었다. 대아저수지 건설 계획의 수립과 완공이 그것이다. 1920년 공사가 시작되어 1923년 완공된 대아저수지는 이후 호남평야에 안정적으로 물을 공급하는 젖줄이 되었다.

1930년대 후반 중일전쟁이 시작되고, 일제가 전시체제에 돌입하면서 쌀 증산의 필요성이 다시 부상하였다. 이에 따라 중단되었던 산미증식계획은 1940년 '증미增米 계획'이라는 이름으로 다시 시행되었다. 전시산업체제에 들어가면서 옥구·익산에서 단일 수리조합이 탄생하게 되었다. 옥구서부, 임익, 전익, 임옥(임익남부와 임옥조합이 1920년 통합된 조합)이 합쳐져 전북수리조합이 된 것이다. 이것이 오늘날 전북농지개량조합(이후 「농업기반공사」, 「한국농촌공사」 등으로 명칭이 변경되다가 현재는 「한국농어촌공사」가 됨)의 모태가 되었다.

일제가 조선농민의 복리증진과 조선사회의 근대화를 이룰 수 있다고 대대적으로 선전하며 벌였던 산미증산계획과 그에 의한 수리조합 건설 사업은 당시 농민들의 호응을 얻지 못했다. 수리조합 사업 자체가 처음부터 대농장을 소유한 일본인 농업자본가와 조선인 대지주에 의해 주도됐고, 생산 증가를 통해 얻어지는 이익도 모두 이들의 몫으로 돌아갔기 때문이다. 영세 소작농이었던 대다수의 조선인 농민들은 오히려 소작료 부담이 가중되어 빈곤 속으로 더욱 깊숙이 빠져들게 되었다. 수리조합이 만들어지면서 자금력이 약한 소지주는 무거운 조합비 부담을 견디지 못해 토지를 매도해 버리게 되는 경우도 적지 않았다. 이 때문에 수리조합 사업을 둘러싸고 계급·계층 간, 민족 간 갈등이 심각해졌다. 수리조합의 수혜구역이 일본인 대지주들의 토지를 중심으로 편성됐고 수원 개발 또한 이들의 이익에 의해 계획되고 추진되었다. 심지어 수리조합 사업이 관개가 잘된 양답을 희생해서, 일본인 소유의 가장 좋지 않는 논에 관개하는 경우가 생겨 기존 관개답 소유주들의 반발을 사기도 했다.

1921년 익산군 내 농민 5천여 명이 농지를 침해하는 수리조합의 수로를 매몰할 것을 요구하며 전북 도청에 항의하고, 군중 시위를 벌인 것이 대표적인 수리조합 반대운동으로 기록되고 있다. 1920년대 중반부터 옥구·익산지역에서 격렬한 소작쟁의가 발생한 것도 수세 부담이 소작료에 전가된 데 따른 결과였다. 1979년 정년퇴임하기 전까지 30여 년간 전북 농지개량조합에서 근무한 이동기 옹(조사 당시 77세, 익산시 거주)은 "수리시설이 잘된 수혜구역에 살던 많은 사람들이 수세를 빙자한 비싼 도조賭租를 내야 해서, 그 부담을 견디지 못하고 만주 등으로 떠났다"고 회고했다.

완주군 동상면 대아저수지

완주군 동상면 대아리의 대아저수지의 연원은 일제의 조선 침탈사의 출발점에 놓여 있다. 대아저수지가 우리 농업 근대화의 기반이 된 것은 틀림없는 사실이다. 그러나 그것이 만들어진 이유는 일본인 대지주들이 소유했던 군산 일대 대농장의 농업용수로 사용할 수원을 확보기하기 위한 것이었다. 전국 오지 중에서도 오지로 꼽혔던 동상면 물줄기는 고산, 삼례, 춘포를 거쳐 군산평야로 흘러들었다. 이 물은 결국 일본인 농장주들의 막대한 이익을 보장해주고, 일본이 직면했던 식량난을 해결해주는 젖줄이 된 셈이다.

대아저수지는 1920년 2월에 착공됐다. 당시 군산평야를 아우르고 있던 수리조합은 다섯 개였다. 그 중 1908년에 설치된 옥구서부수리조합은 우리나라 수리조합의 효시였다. 그 외에 임익수리조합, 전익수리조합, 임익남부수리조합, 임옥수리조합 등이 군산평야에 물을 공급하고 있었다. 이 중 전익수리조합과 임익수리조합은 수원이 풍부해 해마다 풍부한 물을 수혜구역에 공급할 수 있었다. 그러나 임옥수리조합과 임익남부수리조합은 만경강 하류에 위치해 있었기 때문에 독립된 저수지를 갖지 못했다.

수원 확보와 배수 관리가 필요했던 임옥수리조합과 임익남부수리조합이 의기투합해 만들어 낸 것이 대아저수지 건설계획이었다. 댐을 쌓는 실질적인 공사는 착공 이듬해인 1921년 10월부터 시작됐다. 댐을 건설하는데 투자된 예산은 217만7천9백 원에 달했다. 당시로서는 상상을 초월하는 대규모 공사가 벌어졌다. 그리고 2년 후인 1923년 고산천 상류에 유역면적 12,000ha, 저수량 20,160,000t, 수혜면적 6,110ha에 이르는 거대한 댐이 완공됐다. 제방 높이 32.72m, 제방 길이 254m에 달하는 아치형 콘크리트 댐이었다. 대아댐은 당시 일본정부로서도 주목하고 있던 사업이었다. 조선총독 사이토齊藤實는 준공식에 참석해 댐 건설을 축하하면서, 가득해도 넘치지 않고 퍼내어도 다하지 않는다는 뜻의 '만불일작불갈滿不溢酌不竭'이란 휘호를 남겼다.

2-8. 대아저수지

완주군 대아저수지 댐 전경. 시찰단이 입구에 서서 기념사진을 찍고 있다. 사진 아래에는 조선 4대 수리조합 중 하나라고 적혀있다.

그러나 대아댐은 세월이 흐르면서 내구 연한이 경과되어 안전도 문제가 제기되었다. 또 한편으로는 농업용수뿐 아니라 식수 등 다목적용으로 활용할 수 있는 댐을 건설하자는 의견도 커졌다. 그래서 추진된 것이 신新댐이다. 대아신댐은 1982년에 착공해서 1989년에 완공됐다. 원래의 구舊댐에서 300m 하류인 완주군 고산면 소향리에 건설되었다. 신댐 건설로 수혜면적이 8,125ha로 늘었으며 저수량도 5,464톤으로 불어났다. 농업용수의 단일목적으로는 국내에서 가장 큰 대아신댐은 필요에 따라 다목적 개발이 가능한 활용도를 갖추고 있다. 진안 용담댐이 건설되기 이전까지 대아리 저수지의 물은 하루 1만 톤 정도씩 전주시 인후동 일대 주민들의 식수로 공급되기도 했다. 신댐은 행정구역상 대아리가 아닌 소향리에 위치해 있지만, 이름은 예전대로 대아리 저수지이다.

구댐은 역사적 가치를 고려하여 철거하지 않고 수몰 보전하고 있다. 저수량이 신댐의 만수위에서 약 15m 내려가면 구댐의 상부가 드러난다. 구댐 준공 당시 일본 총독이 남긴 휘호는 대아댐 입구 벽면에 새겨져 있었으나, 신댐 건설로 구댐이 물에 잠기게 되자 그 면만을 그대로 옮겨 사업소 앞에 설치해 놓았다.

6. 일본인의 이상향 불이농촌

군산시내에 들어서기 직전 철길을 건너 나운동을 가로지르는 길을 군산공단 쪽으로 달리다보면 군산 비행장으로 곧게 뻗은 널찍한 도로가 왼쪽으로 뻗어있다. 그 길의 중간쯤에 이르면 얼마 전까지만 해도 2차선 좁은 도로였던 가로수 길과는 별도로 6차선 넓은 도로가 시원하게 뚫려있다. 그 양쪽에 넓게 펼쳐지는 들판. 예전에는 옥구군 미면 관내였지만 옥구가 군산으로 통합되면서 행정구역이 개편돼 지금은 군산시 산북동으로 흡수되었다. 이 일대의 너른 들판이 일제가 대단위 간척사업으로 농토를 조성해 일본인을 이주시켰던 간척농장 '불이농촌'이다.

3월 말, 파릇한 보리 물결이 그득한 산북동 일대 너른 들판은 부드러운 봄바람과 햇살로 더욱 눈부시다. 이 평온한 땅, 농민들이 겨우내 얼었던 땅을 갈고 북돋아 싹을 돋우어 내는 그 땅에도 일제 식민정책의 역사는 예외 없이 숨 쉬고 있다.

남의 땅에 '신일본' 이상농촌 건설

'불이농촌'. 일제가 신일본 이상향을 건설하기 위해 간척했던 이 땅의 역사를 아는 사람은 이제 많지 않다. '불이농촌'은 일제 강점기,

일본의 식민정책이 기승을 부리던 1920년대, 토지 침탈을 목적으로 추진한 간척사업으로 조성된 땅이다. 자그마치 1천 ha에 이르는 '불이농촌'을 건설한 것은 불이흥업주식회사不二興業柱式會社이다. 조선에 수리시설을 도입·정착시켜 일본에서는 '조선의 수리왕'이라고 평가받는 후지이藤井寬太郎가 1914년에 만든 회사이다.

1920년대에 일본은 한국 토지 침탈의 한 방법으로 대규모 간척사업을 추진했다. 그 결과 1930년대 중반에 이르러서는 약 7만 정보에 이르는 땅이 일본인들에 의해 간척되었으며 그 대부분은 서남해안에 집중되어 있었다. 그 중에서 1천 정보 이상의 대규모 간척지는 모두 8개소였는데, 그 중 두 곳이 전북지역에 속해 있었다. 군산의 불이농촌과 김제 광활 지역이 그곳이다. 특히 불이 간척지는 일본이 벌였던 간척사업 중 가장 성공적인 땅으로 꼽혔다.

'불이 간척지'는 1926년에 발간된 『군산안내』라는 책자에 명소로 소개되어 있을 정도로 유명했다. 이처럼 호남평야 일대에서 빼놓을 수 없는 명소로 꼽혔던 불이간척지는 조선총독이 전북을 순시할 때면 어김없이 들르는 곳이었다. 일제 관료와 투기 자본가들은 남의 나라 땅을 간척해 만들어 놓은 농토를 돌아보며 자신들의 우월성을 과시하는 한편, 식민지 정책의 야욕을 더욱 굳게 다짐했던 것이다

일제의 투자자들에게 군산 일대의 토지를 소개하고 안내하는 역할을 한 『군산안내』에서는 불이농촌을 "불이흥업회사가 경영하고 있으며 군산에서 4km정도 떨어진 옥구군에 있다. 사업지 총면적은 2,500ha에 이르며 중앙에 300ha의 큰 저수지가 있다. 땅이 비옥하고 바람과 빛이 좋으며 풍광이 좋아 다른 땅과 비교할 수 없을 정도"라고 소개하고 있다. 또 "불이흥업회사는 300호 정도의 일본인

농민을 이곳에 이주시킬 계획을 갖고 있으며 구마모토, 야마가타, 후쿠오카, 니가타, 도쿠시마, 오이타, 히로시마, 이시카와 등 각 촌으로 나누고, 설비에 만전을 기하여 농민들의 영주터전으로 만들었다. 촌내 기풍은 근검절약하고 따뜻하고 정이 넘치며 단란하여 진실로 이상적 농촌으로서 타他에 과시하기에 충분하다"고 기록해 일본인들의 관심을 끌었다.

불이흥업주식회사는 1920년 임옥臨沃수리조합으로부터 허가를 받아 이 일대의 간척사업을 시작했다. 당시 간척사업은 조선인이나 일본인이나 모두 제약없이 할 수 있었다. 그러나 워낙 큰 자본이 소요되는 까닭에 조선인에게 간척사업은 엄두도 내기 어려운 일이었다. 불이흥업이 이 사업에 들인 사업비는 모두 224만 3천원이었는데, 대부분의 자금은 일본정부로부터 지원받았다. 불이농촌의 간척사업이 마무리된 것은 1923년 말이었고, 그 이듬해부터 일본인 이주자들이 찾아들기 시작했다.

불이흥업주식회사는 간척지 한 가운데의 저수지(옥구저수지)를 기준으로 '불이농촌'(북대지)와 '옥구농장'(남대지·불이소작지)을 나누어 운영했다. 북대지의 '불이농촌'은 일본인 이주자들을 위한 땅이었고 남대지의 '옥구농장'은 한국농민들을 대상으로 한 소작지였다. 간척사업에 의해 개간된 같은 땅이었지만, 북대지와 남대지를 각각 불하받는 형식이나 조건에는 엄청난 차이가 있었다. 북대지의 일본인 이주자들에게는 호당 논 3ha와 주택이 제공됐으며 25년 연부상환을 하면 땅을 소유할 수 있는 자작농의 혜택이 주어졌다. 이때의 일본인 이주자들은 대부분이 하층민들이었다. 일본은 당시 식량 문제와 빈농구제 등의 사회문제를 해결하기 위해 적극적인 이주정책을 펼쳤다. 불이흥업주식회사도 직접모집의 형식을 갖추어 이민자를 끌어들였지만 내무성을 거쳐 일본 안의 각 부와 현에 의뢰하는 절차를 거쳤기 때문에, 실상은 일본의 이민정책이 뒤를 받쳐주고 있었다.

공사가 종료된 후 최초로 이주자를 모집하기 시작한 1924년부터 1926년까지의 초반기에는 110호 정도가 이주해왔다. 1925년부터 시작된 2기 모집 때는 96호, 그리고 1927년부터 1930년 사이에 이루어진 3기 모집 때에는 135호가 이주했다. 이주해오는 일본인들은 출신지별로 마을을 이루었다. 야마카타촌, 히로시마촌, 미나미사가촌, 나라촌, 나가사키촌 등 일본 각 현縣지역의 이름을 붙인 마을이 불이농촌 안에 생겨났다. 대략 촌 당 가구수는 10호 정도였다. 가옥은 기본적으로 일본인들의 생활양식에 기반을 두었지만 한국의 기후 등을 감안해 집 구조를 전통적인 일본식 건축과는 다르게 바꾸어지었다. 일본인 이주자들은 각 촌에 들어올 때 내무대사로부터 회사를 경유해 3백 원 정도의 보조금을 받았으며, 정착 후에는 5백 원 이내의 영농자금을 대부받았다. 또 간석지의 여건을 감안해 이주자들은 가구당 3백 원의 제염수당을 제공받았다. 각 촌에는 집회소를 두었으며 애국반장을 겸한 구장을 선출했다. 이들은 불이농촌의 행정을 관할하는 실질적인 역할을 맡았다. 이주자들은 불이농촌 앞쪽에 역시 간척 사업으로 군산에 편입됐던 팔이도八耳島에 신사를 짓고 1년 두 차례의 참배를 지냈다. 또 재향군인분회, 의료공제회, 대일본부인회 등 각종 단체 분회를 두었다.

2-9. 옥구저수지와 불이농촌 간척지

군산 서쪽을 간척하여 건설한 불이농촌과 옥구저수지. 대아저수지에서 흘러나온 물이 약 50여 km를 흘러 옥구저수지에 모여 불이농촌의 농수를 공급하였다.

이에 비해 한국농민을 수용한 남대지의 불이옥구농장은 철저한 소작농 체제로 운영되었다. 당초부터 이곳에 살고 있던 인근 마을 사람들 중 장남이 아닌 2남과 3남 중 한 가구에 1ha씩의 논과 가옥이 주어졌다. 그러나 소작료를 내면서도 일본인 이주자들처럼 일정한 기간 동안의 상환을 통해 자작농이 될 수 있는 혜택(?)은 제공되지 않았다. 남의 나라 땅을 개간해서 제 나라의 식량난을 해결하는 한편, 먹고살기 힘든 하층민들까지 이주시켰던 일본은 이곳, 쌀 생산의 보고인 군산 땅에 신일본 이상농촌을 건설하려는 야욕을 꿈꾸며 철저한 식민정책을 펼쳤던 것이다.

오늘날의 '불이농촌'

불이농촌은 지금의 산북동 일대 군산비행장까지 펼쳐지는 들판을 이른다. 당시 불이농촌에 이주했던 일본인들이 다녔던 소학교는 문창초등학교가 되었고 불이농장사무소가 있던 자리에는 해성교회가 웅장하게 들어섰다. 큰 도로를 사이에 두고 양쪽으로 펼쳐지는 산북동 일대의 너른 들판은 옛 불이농촌의 모습을 그대로 갖고 있다. 히로시마촌, 미나미사가촌, 나라촌, 사가촌 등 일본인 이주자들을 위해 조성했던 각 마을은 대부분 개조돼 가옥 자체의 옛 모습을 찾기 어렵지만 마을 단위의 구조는 옛 그대로다.

김선규 씨(조사 당시 70세)는 "이 마을이 일제 때 조성된 곳인데도 젊은 세대들에게는 일제의 역사가 잊혀진지 오래다"고 말한다. 그가 살고 있는 마을은 일제 때 '나라무라(나라촌)'라 불렸던 곳이다. 이사한 지 40여 년이 되었지만 그의 집은 당시의 가옥 구조를 크게 바꾸지 않았다. 인근에 4천 5백 평 정도의 논을 짓고 있는 그는 "15년 전, 식민지시기에 이 집에 살았었다는 일본인들이 다녀간 뒤 일본인들에게는 한국 침략의 역사가 여전히 깊은 추억과 향수를 주고 있다는 것을 알았다"고 말했다. 30여 개의 촌이 조성되어 있던 불이농촌은 오늘에도 마을 구성이 그대로 남아있는데, 예전 '히로시마촌'과 '미나미사가촌'이라 불렸던 마을 뒤쪽으로는 현재 군산공업단지가 길게 늘어서있다. 군산시 산북동 일대, 일본이 이상향 농촌으로 건설하려 했던 불이농촌의 한 중심에는 이제 아메리칸 타운이 들어섰고 그 끝에는 군산비행장이 닿아있다.

전북의 간척사업

일제 하 간척사업은 1920년대 산미증식계획 이후 본격적으로 추진되었다. 그 이전에도 간척사업은 허가를 얻으면 할 수 있었으나 사업시책이나 기구가 전혀 마련되지 않았고 정책 지원이라야 토지세 감면(5년 동안 최열등지 지세의 1/3) 정도에 불과해 실제 준공 면적은 미미하였다. 1920년 이후 일제는 식량부족 문제를 해결하기 위해 산미증식계획 등 미곡증산정책의 일환으로 토지 개량사업과 함께 법령과 제도를 정비하였다. 특히 국고보조금 교부, 저리자금 알선 등 간척사업에 대한 정책적 지원책을 마련하여 본격적으로 사업 추진에 나섰다.

간척사업이 토지개량사업의 하나로 중시됐던 이유는 식민지 조선의 간척사업이 일본에 비하여 기술적으로 쉽고, 비용도 저렴하였기 때문이다. 특히 조선의 간석지는 육지에 근접한 것이 많고 길이가 길고 수심이 낮아서, 높이가 낮고 구조가 간단한 방조제만으로 간척할 수 있는 이점이 있었다.

1940년까지 전북에서 진행된 크고 작은 간척사업은 총 14건으로 기록되어 있다. 총 간척면적은 5,829ha로 조선 전체 간척 면적의 3%에 불과했다. 그러나 그 대부분이 산미증식계획 기간 중 각종 지원을 받아 이루어진 것이었다. 해방 후 대부분의 간척 농지는 농지개혁 때에 농민들에게 분배되었지만 일부 간척지는 농지 소유권분쟁의 진원지가 되기도 했다. 1985년부터 1987년까지 고창군 심원면 해리면과 간척농지에서 벌어졌던 삼양염업사와 소작농민 사이의 소유권 분쟁이 그 대표적인 예이다.

<전북의 간척사업(1940년 말 현재)>

기업명	간척지역	사업면적(ha)		공사기간
		총면적	개답면적	
동진농업주식회사	김제군 성덕면	1,830	1,448	1919~1932
다기(多木久米次郎)	김제군 진봉면	30	23	1925~1931
	김제군 진봉면	20	18	1929~1930
불이흥업주식회사	옥구군 미면	1,957	1,957	1919~1934
야기(八木正治)	옥구군 회현면	423	385	1919~1931
동아공업주식회사	고창군 상하면	397	263	1920~1937
마츠오카(松岡郁雄)	부안군 동진면	138	102	1922~1932
배인기	부안군 산내면	51	32	1923~1930
박학종	부안군 산내면	66	44	1926~1930
히로다(弘田政治郎)	옥구군 옥구면	36	24	1924~1930
이형승	고창군 상하면	64	48	1924~1930
삼양사(김연수)	고창군 심원면	706	525	1930~1939
이인식	부안군 산내면	54	50	1931~1934
모리야마(森山喜右衛門)	고창군 흥덕면	32	21	1931~1934
오카모토(岡本剛)	부안군 보안면	25	18	1933~1934
		5,829	4,958	

자료: 『조선토지개량사업요람』(1940)에서 작성.

7. 여의도의 14배에 달하는 구마모토 농장

일본인 농장의 규모

1936년을 기준으로 전북 도내에는 1천 정보(3백만 평)이상의 농장을 소유한 대지주가 14명이나 있었다. 그중 구마모토熊本농장은 농지가 가장 많을 때이던 1932년에 무려 3천 5백여 ha, 즉 1천만 평을 넘는 규모에 달했다. 이것은 여의도 면적(2.9㎢, 약 75만 평)의 14배에 달하는 규모였다. 이들 14명의 거대지주 가운데 13명이 일본인이었다.

전북에서 대토지를 매입한 일본인 농장주들은 대개가 대자본가들이었다. 특히 오오쿠라大倉喜八郎나 호소카와細川護立는 일본의 귀족으로, 이들의 토지 매입은 다른 토지자본가들을 자극시켰다. 구마모토熊本利平, 미야자키宮崎佳太郎, 오오바시大橋與市, 가와자키川崎藤太郎 등 주요 대지주들은 막대한 자금을 끌어들여 조선에서 토지를 사들였다. 무차별적으로 토지를 매입한 일본인 토지자본가들의 농지 관리 방식은 개인 관리와 농장 형태의 2가지 방법이었다. 1936년 도내에서 1백 ha 이상의 농지를 소유한 일본인 농장은 29개, 그 중 개인이 관리하는 농장은 13개소로 기록되어 있다.

농장 형태로 농지를 경영한 사례가 많은 데는 그만한 이유가 있었다. 많은 경작 면적과 여러 지역에 흩어진 농지를 효율적으로 관리하기 위해 조직적인 관리가 필요했다. 소작 쟁의가 발생했을 때, 소작인들의 집중적인 화살을 피할 수 있다는 점도 이유로 작용했다. 이러한 경영방식은 단순히 소작인들에게 토지를 경작시키는 일뿐 아니라 미곡생산을 증대시키는 기술도입과 생산된 쌀을 일본으로 가져가는 업무 등 종합적인 관리시스템이 필요했던 것이다.

농지 경작은 전적으로 소작인에 의존했다. 1936년 옥구, 익산, 김제, 완주, 정읍, 고창, 부안에 걸쳐 농지를 갖고 있던 불이不二농장에는 4천 7백여 명의 소작인이 있었다. 옥구를 중심으로 김제, 익산, 정읍, 부안 등지에 농지가 있었던 구마모토熊本 농장에 딸린 소작인도 2천 6백여 명에 이르렀다. 도내 1백 정보(3만 평) 이상 일본인 농장에 매달린 소작인이 무려 6만 7천여 명에 달했다. 도내 전체 농가 23만 8천여 호의 27%에 이르는 농가가 일본인 농장에 매달린 셈이다.(주봉규·소순열 저, 『근대 지역농업사 연구』, 서울대학교출판부, 1996)

광범위하게 산재된 농지관리를 위해 대부분 농장들은 분소, 지소를 두었다. 소작인 관리 기구는 물론 그 정점에 지주가 위치하고 있었지만 소작인 관리는 본장장本場長, 지분장장支分場長의 지휘 감독 아래 사업부 직원이 실질적으로 소작인을 통제했다. 사업부 직원이 소작인을 감독하는 데 사음舍音이 디딤판 역할을 했다. 마름으로 불리기도 했던 사음은 소작인 중에서 지주의 신임을 받는 사람이 임명됐다. 지주들은 사음을 선택할 때 개인 재산이 있고 신용이 있는 자나 친분이 있는 자, 토착농, 지방 유력자 등을 기준으로 삼았다. 사음은 그 대가로 일정율의 소작료를 감면 받았다.

실질적인 감독권을 행사했던 농장 직원들은 대부분 엘리트 출신이었다. 농장과 소작인 간의 재배 계약은 문서에 의해 계약서로 작성됐다. 증서 계약을 통해 소작료나 계약 조건에 대한 말썽을 원천봉쇄하려 했다. 계약 기간도 1년이 대부분이었으며 짧게는 1기작까지 계약도 있었다. 농장 지주들의 관심은 물론 소작료를 최대한 확보하는 데 있었다. 구마모토 농장의 경우 매년 '증산경진회'를 열어 우수 직원에 보너스를 주고, 경우에 따라서는 성과급으로 토지를 지급하는 경우도 있었다. 또한 양질미를 확보하기 위해 도입한 것이 소작미 품평회다. 품평회 결과 쌀에 등급을 매겨 상품을 주고, 연회를 열어 경쟁심을 부추기는 데 이용했다.

농장 지주가 소왕국을 거느리며 배를 불린 데 비해 소작인들의 생활은 비참했다. 전체 수확량의 60%, 많게는 70%까지 소작료로 지불했던 소작인들에게 남는 것은 한숨뿐이었다. 『동아일보』(1927년 2월 23일자)는 이 같은 사실을 생생하게 기록하고 있다.

"관내(김제 죽산면) 총 경지면적은 약 2만 4천 정보에 달하지만 일본인 소유가 80%며, 조선인 소유는 20%에 불과합니다. 농가호수는 1천 호지만 자작농은 4호에 불과하며 대부분이 소작농가로 실로 비참하기 이를 데 없습니다. 특히 작년(1926년)은 소작료가 고율이어서 초근목피 상태에 있는 농가가 허다합니다."

소작증서

일본인 농장에서 지주의 소작인 지배를 규정하는 가장 기본적인 것은 소작증서이다. 조선시대 대부분의 양반지주는 소작기간을 정하지 않고 구두로 소작인과 소작계약을 하는 것이 일반적이었다. 계약문서가 있다하더라도 소작인명, 소작지주소, 소작료액 등을 간단하게 기입한 각서형식의 문기文記정도이다.

이와는 달리 처음부터 일본인 지주들은 소작미의 상품화를 위해서 생산, 분배, 유통에 철저한 일방적 규제를 가하는 소작증서로 조선인 소작농과 문서계약을 하였다. 전북의 경우 일본인 지주가 많은 까닭에 문서계약은 타도에 비해 월등히 높았으며, 발 빠른 일부 조선인 지주들도 이러한 문서계약 형식을 채용하였다.

소작증서의 내용은 지주와 시기에 따라 약간의 차이는 있으나 경운에서 묘판, 이앙, 제초, 수확에 이르기까지 전 생산과정을 강제하고, 소작료 납입도 품질, 용·중량, 포장까지도 엄격한 규제를 가하였다. 소작인은 지주의 일방적인 결정에 따라 소작료의 납입조건 충족이 안되면 다시 규격에 맞추어야 하였으며, 소작료를 미납할 경우에는 연체기간을 따져 연체료를 물어야만 했다. 뿐만 아니라 일본인 지주들은 소작증서의 이행, 농장직원들에 대한 불온한 언동 내지 반항 금지, 도박금지, 소작쟁의 단체의 불가입 등의 소작인 의무조항을 두어 소작인에 대해 주도면밀한 관리를 하였다. 더 나아가 일본인 지주들은 이러한 소작계약 내용을 보다 확실히 보장받기 위해 이중 안전장치로 보통 5인의 연대보증을 둠으로써 소작인의 계약 사항을 공동으로 책임지게 하였다.

이처럼 일본인 지주가 조선인 소작농과 맺은 소작계약 하나하나가 소작료의 안정적 확보와 수취의 극대화, 그리고 소작미의 상품화를 위한 것과 관련되지 않는 내용이 없다. 소작증서는 바로 근대적 계약관계와 봉건적 예속관계를 결합한 수탈증서이다.

구마모토 농장

일본인 대지주 구마모토熊本利平가 운영했던 구마모토 농장은 전북에서 가장 많은 땅을 소유했던 농장이다. 옥구의 개정면과 정읍 화호를 중심으로 3천 정보(1천만 평)에 이르렀던 그의 땅은 당시 1부 5개군 26면에 걸쳐 있을 정도로 방대했다. 구마모토는 여기저기 흩어져 있는 이 방대한 땅을 관리하기 위해 농장을 개설, 농지를 경영하고 소작인들을 관리했다. 개정의 본장, 지경·대야·화호의 지장, 그리고 전주의 분장이 바로 구마모토가 효율적인 농장경영을 위해 운영한 농장이었다.

구마모토는 다른 일본인 지주들 중에서도 경영능력이 탁월했던 인물이었던 것으로 꼽힌다. 체계적인 운영방법으로 영농과학화를 이루어낸 덕분이다. 그는 농장에 회계업무를 보는 경리부, 농사지도와 소작인 관리를 전담하는 사업부, 그리고 소작인의 무료진료를 담당하는 진료부 등의 관리조직을 갖추어 놓고 곳곳에 흩어져 있는 땅과 소작인들을 감독하고 관리했다. 농장에 채용됐던 관리직원은 49명. 구마모토 농장경영의 효율성을 극대화시킨 이들은 대부분 교토제국대학, 규슈제국대학을 비롯한 명문대 출신 일본인들이었으며, 한국인 직원들도 이리농림고, 정읍농림고 등 출신으로 전문 엘리트들이었다. 중간관리인인 이들 농장 직원은 당시 소작료를 결정하고 징수 감면 등의 권리를 악용해 중간에서 이익을 착취하여, 소작인들로부터 지탄을 받고 있었던 '마름'의 격을 낮추고 그들의 권한을 통제하는 역할도 했다.

구마모토 농장의 경영비법은 이들 중간관리인들과 지주-직원-마름-소작농이라는 중층적 조직체계에 있었던 것이다. 이런 체계를 통해 구마모토는 농사경영을 선구적으로 개척해나갔다. 물론 그의 최대 관심은 소작료를 많이 확보하고 질 좋은 쌀을 거둬들이는 것이었다.

구마모토 농장의 소작농들은 다른 농장보다 많은 소작료를 물어야 했다. 풍흉에 관계없이 소작료를 일정한 기간 안에 완납해야 했으며, 만약 기일을 어기면 소작지를 몰수당하거나 연체료를 내야 했다. 지배인(관리인)으로 하여금 농장일지를 기록하게하고, 일일보고를 통해 일본에 앉아서도 한국 농장의 실상을 샅샅이 꿰뚫고 있었던 구마모토는 주도면밀하고도 교활하게 소작농들을 지배함으로써 고도의 지략으로 수탈에 성공했던 것이다.

2-10. 구마모토 농장 군산 가옥

옥구군에 있던 구마모토 농장 가옥의 모습. 구마모토 농장은 전북에서 옥구와 태인의 대농장을 경영하고 있었다.

8. 쌀 찧는 공장이 들어섰다

양질의 미곡수탈을 위한 창구, 근대적 정미소의 등장

조선시대 말까지 낫으로 베어 수확한 벼를 쌀로 만드는 방법은 절구나 디딜방아, 연자매, 물방아질이었다. 절구에서 디딜방아로, 그리고 연자매나 물방아가 등장하면서 다소 품을 덜 수 있게 되었지만 수공에 의한 이러한 방법으로는 한꺼번에 많은 양을 생산하는 데 한계가 있었다.

1910년대 일본은 식량 고갈상태가 지속되면서 쌀값이 폭등, 마침내 대대적인 쌀 파동까지 일어났다. 일본 정부는 쌀 수출을 금지하는 대신 식민지의 쌀을 들여다 식량난을 해결하는 정책을 폈다. 식민지 나라에 대한 이른바 산미증식계획이었다. 이들은 이 정책이 앞으로 증가할 조선의 쌀 수요량을 대비하여 농가 경제를 성장시킬 수 있다고 장담했다. 그러나 실상 가장 중요한 목적은 엉뚱한 데 있었다. 자신들의 식량난 해결이 가장 큰 목적이었던 것이다. 이는 곧 쌀 수탈의 본격적인 시작이기도 했다.

1910년대 후반의 한국 쌀 수출량은 224만여 석이었다. 그러던 것이 1920년대 초에는 338만 석, 그리고 후반에는 586만 석으로 늘어났다. 그리고 1930년대 이르러서는 최대 737만 석에 달했다. 일본 정부가 내세웠던 것처럼 전체 쌀 생산량은 별스럽게 늘어나지 않았으나 수탈해가는 쌀이 갈수록 많아지자 일 년 내내 땅을 갈아 농사를 지어낸 조선의 농민들은 엄청난 굶주림과 생활고에 시달려야 했다. 이들의 수탈은 양적으로만 이루어진 것이 아니었다. 좋은 쌀은 실어가고 한국인들에게는 품질 나쁜 쌀을 남겨놓았다. 이를 위해 한꺼번에 많은 쌀을 가공하고 그 중에서 좋은 쌀을 가려 실어 나갈 수 있는 시설을 갖춘 정미소가 등장했다.

1920년대와 30년대에 집중적으로 앞다퉈 문을 연 정미소는 대부분 일본인 소유였다. 한국인의 정미소도 더러 있었으나 워낙 소규모인데다 투자 정도도 낮아 생산량은 미미했다. 일본인들은 이제 땅과 소작료에 의한 벼의 착취, 그리고 쌀의 가공에 이르는 공정과 정까지를 모두 장악할 수 있게 된 것이었다.

군산에도 예외 없이 대규모 정미소가 앞서거니 뒤서거니 문을 열었다. 1926년 자료에 의하면 군산에 있는 정미공장은 12개나 되었다. 이 가운데 1년에 만석이상 생산하는 대규모 정미공장은 11개였다. 1년에 5만 석 이상의 쌀을 생산하는 대규모 정미공장은 가등加藤정미소, 조일朝日정미소, 낙합落合정미소, 육석陸石정미소, 조선朝鮮정미소, 화강花岡정미소 등 6개소였다. 이들 정미소들은 쌀을 가공해 곧바로 배에 실어 나를 수 있도록 철도변이나 항구에서 가까운 곳에 자리 잡고 있었으며 가공시설을 갖춘 정미공장과는 별도로 대량의 쌀을 보관할 수 있는 거대한 창고도 함께 갖추고 있었다. 이들 창고들이 부두 일대는 물론 현재의 군산시 중앙로 오거리까지 즐비하게 늘어서 있었다고 하니 얼마나 많은 쌀이 쌓이고 실려 나갔는지를 짐작할 수 있다.

일본인이 운영하는 정미소에서는 쌀을 가공하는 도정기 외에도 미선소米選所를 갖추고 있었다. 미선소는 좋은 쌀을 가려내는 곳이었다. 미선작업에는 조선의 부녀자들이 동원됐다. 정미소와 미선소에서 일하는 사람들은 조선사람들, 그들을 감독하고 관리하는 사람들은 일본인들이었다. 미선공들은 일하는 양에 따라 임금을 받았다. 일본인들은 철저한 기준으로 임금을 통제했다. 조선 사람들을 믿지 않았던 일본인들은 시간단위로 책정하면 놀면서도 돈을 받아갈 수 있다며 일하는 양에 따라 임금을 주는 방법을 썼다. 일용직으로 고용된 조선 사람들은 실적제로 임금을 받았다.

정미소 인부들과 미선공들은 동맹 휴업이나 태업으로 이 부당함에 맞섰다. 당시 군산 정미소의 파업은 동아일보 등 각 신문에 보도되기도 했다. 첫 파업으로 알려진 사건은 1924년 3월 17일의 〈군산 낙합정미소 매가리 직공파업〉으로 이름 붙여진 항거이다.

당시 『동아일보』는 '군산 낙합정미소에서 삯을 내리자 인부 32명이 16일부터 동맹 휴업에 들어갔으며, 주인과의 교섭이 원만하게 진행되지 못해 다른 정미소 인부들도 그들을 응원하기 위해 일시 동맹휴업을 할 형세'라고 보도하고 있다. 그 후에도 34년까지 10여 건의 정미소 인부들의 노동운동이 이어졌다.

현재 군산 시내에 있던 정미소들은 길이 새롭게 뚫리고 새로운 건물들이 들어서면서 대부분 헐렸거나 고쳐져 없어졌다. 가장 오래까지 가동되었던 가등정미소는 10여 년 전까지만 하더라도 PVC 반제품을 생산하는 한화종합화학 군산공장 건물로 그대로 남아있었다. 2017년 선정된 문재인정부 '도시재생뉴딜' 시범사업지에 포함된 이 일대는 2018년부터 2022년까지 총 303억6000만원을 투입해 개발할 예정이다. 이 공장의 전체 면적은 2,370평. 이 중 1,100평이 가등정미소 옛 건물이었다. 많은 부분이 새로 지어지고 보수되었지만 옛 건물의 형태는 고스란히 남아 있어 당시 가등정미소의 규모가 얼마나 컸었는지를 가늠할 수 있었다. 현재 남아 있는 건물은 당시 창고로 사용되던 것이다. 이 가등정미소는 오랫동안 정미소로 건재하다가 1966년 우풍화학이 인수하면서 공장으로 바뀌었다. 쌀 수탈사의 흔적은 반세기가 지난 지금에도 군산시 금암동 73번지에 그렇게 살아있다.

일본인들이 세운 정미공장

구한말에는 통상 낫으로 베어 수확한 벼는 거의 대부분 방아, 절구, 연자매로 빻아 반백미(조선백으로 불림)를 생산하였기 때문에 일본 시장에서 상품적 가치는 별로 없었다.

일본인 상인들은 상품적 가치를 가지기 위해 수확한 벼 껍질을 벗겨 현미로 만들고(도정업), 현미의 겨층과 배를 깎아 백미(정미업)로 만들지 않으면 안 되었다. 식민지기 초기에 일본인 상인들은 마치 제사업에서 누에고치를 생산하는 것처럼 미곡 집산지에 도정공장을 세워 독립된 가공업으로 발달시켰다. 그러나 원료 벼의 확보가 유리해지자 일본인 상인들은 인천, 부산, 군산 등 주요 무역항에 도정업과 정미업을 겸하는 정미공장을 설치하였다.

이 정미공장에 일본인 상인들은 대규모 시설을 갖추어 현미 혹은 백미를 대량 생산하여 일본시장에 내다 팔았다. 특히 이출미의 반을 차지한 백미는 저장에 곤란한데도 불구하고 생산단가가 일본에서 생산한 쌀보다 무척 저렴했기 때문에 일본 시장에 곧 소비되고 결과적으로는 일본

미곡 시장을 압박하는 요인이 되었다. 이처럼 조선에 세워진 정미공장은 조선 내 일본 상인이 벼 생산 이후 조제·가공·유통단계를 장악하면서 대규모 도시 공업으로서 시가지에 집중, 발달하였다. 이는 농민 또는 소매상인이 유통 단계만을 담당하면서 소규모 전원 공장으로서 주로 농촌 지역에 발달 되었던 일본과 크게 다른 점이었다.

2-11. 정미소

군산에 세워졌던 일본인 정미소. 정미시설 뿐 아니라 보관을 위한 창고도 갖추고 있었다.

설 땅 잃은 정미공장

쌀 가공방법은 금세기 초 일제가 정미기를 들여오면서 일대 혁신이 이루어졌다. 석유를 동력으로 사용한 당시 일제의 정미기는 대량 쌀 가공의 길을 텄지만 오늘날의 정미기술에 비하면 보잘 것이 없었다.

정미공장에 얽힌 민족의 아픔을 대변하는 군산에 오늘날 최첨단 RPC(미곡 종합처리장)이 만들어져 격세지감을 갖게 한다. 1996년 11월 준공된 옥구농협 RPC가 일제에 의해 만들어진 정미소 역사를 청산하고 힘차게 가동되고 있다. 수확한 벼를 곧바로 이곳으로 옮겨 이물질을 분리해 내는 선별 작업에서부터 건조, 저장, 정미, 포장에 이르기까지 전 공정에 걸쳐 사람의 손이 필요 없다. 자동제어시스템을 갖춘 기계가 모든 과정을 알아서 척척 해낸다. 군산지역 RPC는 옥구농협에 앞서 1993년 대야농협에 처음 설치됐고, 이어 회현농협, 옥구농협에서도 첨단의 RPC(미곡종합처리장)을 완공하였다. 대야에 있는 제희 RPC는 해방이후 최초로 철새도래지 쌀을 미국에 수출하였다. RPC(종합미곡처리장)이 들어서면서 군산에서는 정미소라는 이름과 함께 그 역사적 의미와 역할이 사라져 가고 있다.

9. 가져간 쌀에 시달렸다

미곡 수출, 쌀을 공출당하고 잡곡으로 끼니 이어

매년 농민들이 자급자족이 가능할 만큼 생산하는 데도 쌀은 늘 부족했다. 이것이 당시 우리나라 농촌의 현실이었다. 제 나라의 부족한 식량을 우리나라로부터 해결하려 했던 일본의 속셈이 있는 한 조선 사람들은 먹을 것으로부터 자유롭지 못했다. 자유롭기는커녕 굶주림에 지친 생활고를 단단히 치러야 했다. 쌀 생산이 부족하면 부족한대로 늘어나면 늘어나는 대로 정작 쌀을 생산하는 조선 사람들의 식량을 해결하는 일과는 무관했다. 오죽했으면 그 당시 개항장들을 통해 일본으로 실어 나갔던 쌀들을 일컬어 '미곡 기아수출'이라는 말이 붙었을까?

소순열의 자료(『근대 지역농업사 연구』, 1996)에 의하면 조선이 일본의 식민지가 된 이후 1912년부터 1944년까지 이른바 공출이란 이름의 강제수매를 통해 일본으로 가져간 쌀은 모두 1억9천21만4천 석에 달했다. 그야말로 천문학적인 숫자였다. 연 평균으로 치면 해마다 576만4천 석이 실려 나갔던 셈이다. 이는 우리나라 쌀 생산량의 36%에 해당했다. 공출이 극에 달했던 시기는 1938년이었는데, 이 해에는 생산량의 거의 50%에 이르는 1,100만 석이 일본으로 실려 나갔다.

그럼 당시 조선 사람들은 어떻게 식량을 조달했을까? 당시 우리나라 미곡 자급률은 96%에 달했다. 그러나 많은 양을 일본에 빼돌린 탓에 부족해진 식량은 주로 만주에서 잡곡을 들여와 충당했다. 일본으로 쌀을 실어내던 1915년부터 1944년까지의 기간 동안 만주에서 들여온 잡곡의 총량은 7,159만 석이었다. 해마다 약 238만5천 석의 잡곡을 수입한 셈이다. 만주에서 들여온 잡곡이란 다름 아닌 조였다. 수입된 조는 전국의 시장을 통해 조선 사람들의 주식이 되었던 것이다. 일본이 시혜적 산업정책으로 내세웠던 산미증식정책은 쌀의 생산량을 크게 늘렸다. 1910년 당시 쌀 생산량은 1,040만 석, 1945년에는 그 두 배가 훨씬 넘는 2,360만 석이었다.

그러나 쌀 생산이 늘어나면 늘어날수록 일본으로 빼앗기는 양은 더욱 큰 폭으로 늘어날 뿐이었다. 국내 쌀 생산량의 증가가 조선 사람들의 식량문제를 해결하는 일과는 관계가 없었던 것이다. 조선은 합병 이전에도 일본에 쌀을 수출했다. 그러나 식민지 기간에 비하면 그다지 많은 양은 아니었다. 1890년 이후 일본으로 수출된 쌀의 양은 흉작이나 조선 내부 사정으로 다소 기복은 있었지만 많은 해에도 30만~70만 석 정도였다. 그러던 것이 1914년에는 1백만 석을 넘어섰고 1921년에는 3백만 석을 돌파하였으며 공황기의 일시적인 감소를 제외하고는 일관된 증가추세를 보였다. 이와 같은 쌀 이출량의 증가율이 생산량의 증가율을 훨씬 앞지르는 것이었음은 물론이다. 그 결과 쌀 생산량의 증가했음에도 불구하고 조선사람 한 사람당 평균 쌀 소비량은 오히려 감소하였다.

일본은 농업뿐 아니라 조선 안의 모든 시장의 개폐와 변경, 그리고 전통적인 상거래의 자율성마저 박탈함으로써 경제 질서 전체를 장악했다. 조선 내의 시장규칙은 1914년부터 1931년까지 네 차례나 일본의 편의에 따라 수정·보완되었다. 이를 통해서 일본은 조선의 모든 시장을 완벽하게 탈취했다. 이 때 만들어진 시장규칙 및 조선거래소령에 의해 일제는 경성주식현물거래시장과 인천미두거래소를 합병해 주식회사(조선거래소)를 설립하고 본점은 서울에, 지점은 인천에 각각 두었으며 회원조직 법인으로 군산, 목포, 대구, 부산, 진남포 등 다섯 개 시에 미곡 거래소를 두었다.

미곡의 유통과정도 자연히 변화했다. 1910년부터 1930년까지는 쌀의 유통이 재래시장을 중심으로 이루어졌지만 1931년부터 조선거래소령에 의해 미곡거래소를 통해 이루어졌다. 그러나 일제는 쌀의 착취를 위해 보다 효과적인 규칙이 필요했다. 그래서 제정된 것이 1939년 '조선미곡시장주식회사령'이었다. 물론 정미시장과 미곡거래소는 폐지됐다. 조선미곡주식회사는 일본 정부와 일본 민간인이 각각 반액씩 출자해 설립했다. 그리고는 이 회사로 하여금 조선 전역에 걸쳐 미곡 거래를 주로 하는 미곡시장을 독점적으로 경영토록 해 조선에 있어서의 미곡배급통제의 중추기관으로서 역할을 담당케 했다. 미곡의 자유 시장은 완전히 폐쇄됐으며, 그 대신 식량배급체제로 전환했다.

조선의 농민은 자신들이 생산한 미곡의 일부를 자가소비하고 일부는 상품화했다. 상품화된 쌀은 국내 도시 주민들의 식량이나 공업용 원료 등으로 판매되거나 일본으로 이출되었다. 시장으로 나오는 쌀은 산지부근의 도읍, 철도역, 하구포구에 일차로 모아져서, 하천이나 연안항로, 철도편, 우마차, 트럭 등을 이용하여 대도시 또는 개항장으로 집중됐다. 모여진 쌀은 조선 안에서 소비되기도 했지만 대부분 일본으로 이출되었다.

거래방식도 생산자와 소비자 또는 상인 사이의 상호거래는 거의 이루어지지 않았다. 집산지에는 정미공장이 있어 벼를 현미나 백미로 만들었다. 조선 안에서의 거래는 각 미곡취인소에서 행하는 '청산거래', 정미시장에서 현물거래가 이루어지는 '시장거래', 거래기관에 의하지 않고 임의적으로 시간, 장소, 방법을 정해서 이루어지는 '시장외거래'가 있었다. 조선 각지에 광범위하게 퍼져있는 재래시장거래나 도시공설거래는 허가를 맡아 시장에서 이루어진다는 점에서 일종의 시장거래라고 볼 수 있지만 농가 미곡상점의 판매와 같은 데다 취인소나 정미시장 거래기관의 거래와 방법이 다르기 때문에 시장 이외의 거래로 볼 수 있다.

군산의 미곡취인소는 1932년 1월 1일 문을 열었다. 본정통 26번지에 설립된 미곡취인소는 전라북도 일원의 쌀을 담당했다. 이사장은 모리키쿠 고로우森菊五郎였고, 회원은 15명이었으며 당초 출자금은 1만 5천원이었다. 군산항을 통해서 실려나간 쌀도 물론 엄청나게 많았다. 1924년 한 해 동안만 해도 군산항을 통해 일본의 각 항구로 실려나간 쌀은 104만6,841석이었다. 그 중에서도 오사카항으로 실려나간 쌀의 양이 74만909석으로 가장 많았다.

일제의 미곡검사

일제강점기 최초의 미곡검사는 1907년 군산 일본인 상업회의소에서 행한 미질검사이다. 물기를 많이 품은 쌀을 방지하기 위한 목적으로 각 생산지의 포구들에서 군산항으로 들어오는 미곡에 대하여 임의적으로 실시한 것이다. 1915년에 가서야 조선총독부는 미곡검사규칙을 제정하여 도지사의 감독 하에 상업회의소 또는 곡물조합으로 하여금 수이출 현미에 대한 도영검사道營檢査를 실시하였다. 1922년에는 동 규칙의 제정에 의하여 검사대상에 백미가 추가되고 1932년에는 조선곡물검사령을 만들어 조선총독이 지정하는 곳에서 현미와 백미를 반출할 경우 반드시 총독부곡물검사소의 검사를 받게 하는 국영검사國營檢査가 시작되었다.

이 때 곡물검사소 관제를 공포하여 경성에 본소를 두고 검사구역을 미곡생산과 거래 상권을 고려하여 전 지역에 대해 수이출항구를 중심으로 6구역으로 나누어 검사구역으로 하였다. 그리고 지소에서 검사한 미곡은 항구지명을 일본어 발음으로 표기하여 인천(仁), 군산(ク), 진남포(ナ), 목포(木), 부산(フ), 원산(元)으로 정하였다. 조선총독부 곡물검사소 군산지소는 전북 일원, 충남 3개 군을 제외한 전 지역, 충북의 3개 군을 관할구역으로 하고 지소 산하에 40개 출장소를 두었다.

총독부가 말하는 미곡검사의 목적은 벼의 건조, 조제의 철저화와 규격통일을 통하여 농민의 이익을 꾀한다고 하였으나, 실제로는 대다수의 농민들은 팔 수 있는 쌀이 적어서 이익이 거의 없었다. 오히려 지주가 소작미 납입 규격을 까다롭게 만들어 부담만 가중되었다. 1935년부터 반출미에 대한 강제검사가 시행되었다. 처음에는 산지농민이나 미곡상인들이 검사를 기피하기도 하였으나, 조선총독부가 공동판매의 장려, 수검조합의 설립 등의 보완조치를 취하면서 검사를 독려하여 검사량은 계속 증가하였다. 저렴한 생산비로 조선에서 생산된 현미, 백미는 대규모 정미공장에서 대량으로 가공되고, 곡물검사소에서 규격이 통일되어 일본으로 수송판매 되었다. 미곡검사제도는 일본으로 반출된 조선쌀이 일본미곡시장에서 우수상품으로 등장하게 하는 중요한 요인이 되었다.

시장체계를 장악하고 규격을 통일시킨 일련의 조치로 유통비용이 절감되어 조선쌀이 일본에 싼 가격으로 공급될 수 있었다. 이는 일본의 식량문제 해결에 크나큰 도움이 되었을 뿐만 아니라 일본의 쌀값 안정에 기여하였다. 또 조선쌀이 들어가면서 외국쌀 수입이 감소하여 일본의 국제수지악화도 상당히 완화시켰다. 그러나 조선에서는 미곡생산량이 2배 정도 증가함에도 불구하고 일본으로 이출되는 양이 약 4배 정도 증가함에 따라, 1인당 곡물소비량은 1910년 0.70석에서 1935년에는 0.38석으로 약 절반가량이 줄어들었다. 일본인 1인당 미곡소비량이 이 기간 동안 약 1.1석 내외로 일정한 것과는 대조적이었다. 이로 인해 많은 조선에서의 농민들은 봄에 쌀이 떨어지는 일이 연례행사처럼 상례화 될 수밖에 없었다.

소작농 생활, 늘어가는 빚더미에 눌려 신음소리도 못 내고 굶어죽어

19세기 가장 어려웠던 시기로 일컬어지는 1920~1930년대 우리 농민의 삶, 그 중에서도 최악의 조건에 있었던 소작인들의 삶은 구체적으로 어떤 모습이었을까. 당시 농민의 80%에 이르던 소작인들의 삶은 바로 우리 농촌의 모습이기도 했다. 곤궁한 삶을 상징적으로 나타내는 것이 빚 때문인 것은 개인이나 국가나 마찬가지며 예나 지금이나 변함없는 것 같다.

1930년대 도내 소작인 총 호수는 16만여 호였으며, 그 중 81.7%인 소작인이 부채를 안고 있었다는 한 조사에서 보듯 당시 소작인들은 그야말로 빚에 억눌려 신음소리조차 내기 힘들었다. 빚이 없는 농민들도 풍족해서가 아니라 상환능력이 없어서 빚을 얻을 수 없는 경우가 대부분이어서, 실제 농촌에서 빚 없이 살 수 있었던 농가는 거의 없었던 것으로 추정된다.

당시 금융조합의 이자율은 10%였으나 대부분의 소작농은 금융조합에서 대출받을 수 있는 조건이 안됐다. 낮게는 40%에서 높게는 80%에 이르는 고리 사채를 써야 했던 대부분의 소작농은 빚의 악순환에서 사실상 헤어나기 힘들 수밖에 없었다.

수확량의 60%까지의 높은 소작료를 부담해야 했던 소작농의 부채가 갈수록 쌓여가며 농촌 빈민은 계속 양산됐다. 조선총독부가 조사한 자료에 따르면 1925년 초근목피로 연명해야 했던 궁농窮農은 전국적으로 전체 농민의 6.2%로 나타나고 있다. 특히 전북은 쌀 생산의 중심지였음에도 궁민 비율이 11.2%로 전국에서 가장 높았다. 이 같은 궁민 비율은 1928년 17.4%, 1930년 62.2%, 1933년 64.3%로 계속 높아져 갈수록 소작인들의 삶이 궁핍해졌음을 보여준다.

전북경찰부가 1932년 비밀리에 조사한 '세민細民의 생활상태'는 소작인들의 비참한 삶을 실감나게 드러내고 있다. 조사보고서에는 정읍군 입암면 천원리에서는 통나무 밭에 비료로 콩깻묵을 시비施肥했는데 누군가 식량으로 쓰려고 대부분을 파서 훔쳐갔다. 남원군 동면 서곡리에서는 나무껍질을 식용으로 쓰기 위해 20년생 소나무 5그루가 벌채 당했다. 장수군 계북면 임평리에서는 산에서 나는 백토白土를 식용으로 사용하다 마을 사람 다수가 변비가 걸렸다는 실례가 기록되어 있다.

식량이 없어 농민들이 배를 곯고 있다는 사실을 보도한 동아일보 기사는 충격적이다. 1924년 고창군 빈민생활을 조사한 결과, 총 인구 10만여 명 중 하루 세 끼를 먹는 인구는 전체 23.6%에 불과했다. 두 끼 먹는 인구가 42%였으며, 하루 한 끼 먹는 수가 31.1%나 됐다. 초식목피草食木皮하는 인구도 전체 4.6%인 4천 7백 99명에 이르렀다.

농촌 빈민의 어려운 실정은 자녀교육에서도 잘 드러나고 있다. 전북경찰부 기록에 의하면 1931년 도내 149개 공립보통학교 모집 인원은 8천 4백여 명이었으나 실제 입학한 수는 1천 1백여 명이 적은 6천 6백여 명에 불과했다. 이듬해는 모집인원을 7천 8백여 명으로 줄였으나 역시 85.5%밖에 채우지 못한 것으로 나타났다.

취학한 학생들 또한 수업료를 체납하는 경우가 많았고, 이로 인해 자진퇴학이나 퇴학처분을 받는 일이 잦았다. 1930년 한 해 수업료 체납으로 학교를 떠난 학생 수가 전체 9.6%인 3천 1백 명에 달했다. 전북경찰부는 재학생 중 점심을 굶는 학생 수에 관한 실태도 기록하고 있다. 1932년 6월 보리수확기에 들어갔지만 점심을 휴대하지 못한 학생이 전체 25%나 됐고, 춘궁기에는 4할에 이르렀다.

학교 다니는 학생들이 점심 굶는 정도의 이야기는 당시로서는 오히려 사치에 가까웠다. 끼니 때우기조차 힘들었던 많은 소작인들은 당장 먹고 살 호구책 마련이 아득했다. 호구책을 위한 당시 농민들의 생존투쟁은 그야말로 눈물겹다. 김제에서는 먹을 양식이 없어 고의로 자동차, 자전거에 부딪혀 얼마간의 치료비를 받아내는 일이 있는가 하면, 전주에서는 일가족 5명이 아사를 기다리며 공복만 채워주면 어떤 일이라도 하겠다고 호소했다는 사례도 경찰 기록에 담겨 있다. 또한 무주에서는 56세 노인이 땔나무 짐을 지고 읍내까지

40리길을 점심도 굶은 채 가서 20전에 팔고 오다 배가 고파 졸도했다는 일도 보고됐다.

실제 기아에 허덕이다 죽는 사람도 속출했다. 경찰 기록에 의하면 1931년 한 해 116명이 굶어 죽었고, 1932년 4개월 간 56명이 기아와 병 때문에 길에서 쓰러져 죽었다. 생활고를 비관해 자살하는 경우도 많았는데 이 기간 24명이 스스로 목숨을 끊었다.

생활고와 빚에 시달리던 소작농들은 결국 걸인이 되거나 고향을 등져야 했다. 『동아일보』 1929년 10월 13일자에 따르면 두 해에 걸친 가뭄으로 가산을 모두 팔고 남부여대로 집을 떠나는 걸식군이 격증해 밥을 먹을 수 없는 집들이 늘었다. 이에 전주경찰서의 한 보고서는 시내 거리에 방황하는 걸인군들이 총 집합해, 80여 명을 전주지방 밖으로 쫓았는데 사람으로서는 차마 볼 수 없는 처참한 광경이었다고 기록하고 있다.

옥구군 미면 경장리에는 이농한 소작인들이 모여 빈민굴을 형성했다. 약 120호에 500명에 이르는 빈민들은 이곳에서 낡은 목재와 짚, 거적때기 등으로 비도 피하기 힘든 움집을 만들어 일가 여러 명이 함께 살았다. 그 중 건강한 사람은 해안통이나 부내府內를 배회하며 쓰레기통을 뒤져, 버린 어류나 야채 등을 주워 호구로 삼았다.

농토를 떠난 소작인들의 삶은 이처럼 처참할 수밖에 없었다. 1925년에만 도내에서 1만 3천여 명이 농촌을 떠났다. 이농민들의 행선지는 대체로 인근 도시지역이지만 일부는 일본이나 만주 등 해외로 나가기도 했다. 도시지역으로 나간 이농민들의 경우 대부분 품팔이꾼이 됐지만 안정적인 일거리가 없었던 데다 품삯 또한 낮아 형편은 나아지지 않았다.

높은 소작료와 부채 이자를 갚은 뒤 탈곡한 볏짚과 벼 껍질만 남는 비참한 상황이 반복되면서 소작농들은 참다못해 결국 생존권 투쟁에 나섰다. 1920년대 후반 전국을 뒤흔든 소작쟁의는 이 같은 조선 농민의 참담한 생활과 식민지 농업정책의 구조적 모순에서 이미 싹이 자라고 있었던 것이다.

한 소작농의 1년 살림살이 - 1937년 강진가 씨의 경우

식민지 시대 농가의 살림살이를 구체적으로 파악하기란 어려운 일이다. 그러나 작관 보좌역이었고 시모노세키下関대학 학장을 지낸 야마다山田龍雄가 1937년에 조사한 자료를 통해 농가가 어떻게 살림살이를 꾸렸는가를 어느 정도 가늠해 볼 수 있다.

조사 대상자는 부안군 백산면 금판리에 사는 강진가 씨(52세)로, 가족은 머슴 1명을 포함한 8명(남자 5, 여자 3)이었다. 강진가 씨는 고부수리조합 내 동양척식회사의 소작지 3.7정보를 경작하고 있는 소작대농이었다. 당시 호당 경영 면적이 1.6정보라는 것을 생각하면 강진가 씨의 경우는 상층 농가에 속한다.

강씨의 1년 간 수입 총액은 1,223원이고 지출 총액은 1,574원 77전으로, 1년 간 농가수지는 마이너스 351원 77전으로 완전히 적자이다. 수입은 벼 85석, 보리 13석에서 얻은 영농수입 1,193원, 소를 대여해주어 얻은 대여료 30원이 전부이다. 지출은 농사를 위해 쓴 영농 지출이 전체의 약 82%를 차지하고 있다. 그 가운데 소작료 지출이 약 반절이 넘는 675원, 소작료와 함께 수확 후 지주에게 낸 비료대가 386원 62전이다. 세금으로 9원 20전을 내고, 가계비는 식량으로 180원, 이외에 의복을 구입하거나 제례 등에 총 278원을 썼다.

결국 강진가 씨의 한 해 농사는 총 벼 85석, 보리 13석을 수확하여 우선 소작료로 60%인 50석을 지주에게 낸 뒤 벼 30석, 보리 4석을 팔아 생활에 꼭 필요한 가계비를 지출하였다. 그리고 남은 벼 11석, 보리 9석을 가족의 식량으로 사용하였지만 그것으로도 식량이 모자라 지주로부터 벼 7석(시가 94원 50전)을 다시 꾸었다.

지주한테 차용한 것은 식량만이 아니다. 농사를 위해 강진가 씨는 연 이자율 10%인 비료대 364원 42전, 연 이자율 23%인 농사 자금으로 130원을 빌렸다. 강진가 씨의 부채는 개인이나 금융조합에서 차용한 것을 합하면 수입의 절반이 넘는 691원 12전이다. 나날이 부채가 늘어날 수밖에 없는 농가의 재생산 구조이다.

이 조사 자료를 보면 농가 살림을 꾸려나가기 위해서는 소작료 등의 지출을 줄이거나 부업내지 겸업에 종사하여 수입을 늘리는 길밖에 없다. 그러나 당시의 지주 힘이 강해 소작료는 쉽게 내릴 수 없고, 겸업기회가 적은 상황에서 수입을 늘리기 어렵다. 오직 유일한 방법은 더 많이 일하고 덜 쓰는(과잉노동과 과소소비) 길 밖에 없었다. 그러나 그것은 한계가 명확했기 때문에, 농민들의 살림살이는 빚에 기대서 지탱될 수밖에 없었다.

10. 소작쟁의 – 소작농민의 저항

일본지주 수탈에 맞선 항일운동 - 군산의 소작쟁의

우리의 농촌 사정은 예나 지금이나 어렵긴 마찬가지이다. 일 년 내내 제대로 숨 돌릴 틈 없이 일해도 먹고살기 힘든 농가가 아직 부지기수다. 지금의 농촌현실이 이럴진대 식민지 시기의 농민 생활은 어떠했을까?

나라 잃은 서러움에 땅마저 빼앗긴 상황에서 이들의 삶이 얼마나 처참했을 것인가는 짐작 하고도 남음이 있다. 수확량의 상당부분을 소작료로 물어야 하는 농민들의 삶은 그야말로 처참했다. 일본인 지주들이 턱없는 소작료를 강요해도 한국 정부는 뒷짐만 지고 있었고, 오히려 그들의 수탈을 뒤에서 지원하는 일이 허다했다. 빚에 눌리고 굶주림에 지친 농민들이 살기 위해 할 수 있는 방법은 기본적인 권리를 찾는 일이었다. 소작료를 현실적으로 조정해달라는 것은 생존을 위한 정당한 요구였다. 그러나 일본인 지주들은 이것마저도 외면했고 오로지 수익증대에만 혈안이 됐다.

마침내 농민들이 일어섰다. 소작쟁의는 농민들이 최소한의 생존권을 유지하기 위해 일어선 항쟁이었던 것이다. 일제강점기의 농민들은 일제의 침략과 지주들의 참혹한 수탈에 항쟁하면서 농민의식과 민족의식을 높였으며 이러한 민중의식은 결국 3·1운동 등을 통해 조직적 기반을 다져냈다. 그런 점에서 소작인 단체를 결성하여 집단적으로 저항했던 농민들의 소작쟁의는 단순히 소작료 인상에 항의하는 차원을 넘어서, 일제의 지배에 대한 항일운동으로까지 발전하였다.

1920년대에 들어서 확산된 소작쟁의는 1930년을 전후해 최고에 이르렀다. 1922년에 발생 건수 24건이었던 것이 1923년 176건, 1925년 204건, 그리고 1928년에는 무려 1,590건으로 늘어났다. 1930년에는 쟁의 건수는 726회로 줄었지만, 참가인원은 13,012명으로 역대 가장 많은 참가자 수를 기록했다. 이렇게 소작쟁의가 늘어나고 대규모화되자 조선총독부는 「국가총동원법」(1938년)과 「소작료통제령」(1939년)을 공포하였다. 그리고 그 이듬해인 1940년에는 「국민총력조선연맹」을 결성해 소작쟁의를 원천적으로 봉쇄했다. 일본정부가 미작농업의 최적지로 선정한 전북지역, 특히 군산(옥구) 일대의 농장들에서도 소작쟁의가 빈번하게 일어났다. 전북의 소작쟁의는 1928년에 급격히 늘었다. 그 해 한 해에만 1,381건이 발생한 것으로 기록되어 있다. 그 이듬해에는 38건으로 눈에 띠게 줄었다가, 다시 늘기 시작해 1935년에는 무려 5,500건의 쟁의가 발생했다.

전북에서의 대표적인 소작쟁의는 옥구에서 일어났던 이엽사二葉社 농장 소작쟁의다. 당시 옥구군에는 대규모 일본인 농장이 20개 있었다. 이 중에서도 옥구군 서수면에 설립된 이엽사 농장은 니가타현新潟縣 출신 일본인들이 일본인 지주들의 자본을 끌어들여 주식회사 형태로 설립한 농장이다. 이엽사에 참여한 일본인 지주들은 수단과 방법을 가리지 않고 이익 추구와 일본화에 급급했다. 이엽사 소작쟁의는 바로 이러한 과도한 수탈과정에서 빚어진 쟁의였다. 이엽사 농장은 1927년 11월 20일경 조선인 소작인들에게 무려 생산량의 75%를 소작료로 현물 납부하라고 통고했다.

이에 옥구농민조합 위원장인 장공욱을 비롯한 조합간부들은 농장사무소를 수차례 방문해 45%로 감면해줄 것을 요구했다. 이엽사 농장이 이를 거부하자 24일 소작인들은 감면이 있을 때까지 소작료를 납부하지 않겠다는 뜻을 통고했다. 소작인들의 이러한 강경한 태도에 서수면 경찰관 주재소는 다음날 새벽 옥구농민조합 서수면 지부장인 장태성을 붙잡아갔다. 이 사실을 안 서수면지부 김행규, 장공욱, 박상호 등 간부 36명이 서수면 경찰관 주재소에 몰려가 지부장의 석방을 요구했다.

그러나 어처구니없게도 군산경찰서는 고등계 형사를 총동원하여 지부장의 석방을 요구하는 간부 36명을 전원 검거하기에 이르렀다. 이에 500여 명의 소작인들이 11월 25일 밤 서수면 경찰관 주재소와 임피면 주재소를 습격해 구금된 임원들을 꺼내왔고, 군산경찰서는 다시 직원 모두를 출동시켜 구금자 전원을 검거해 군산경찰서에 이송시키는 한편, 이들의 석방을 요구하는 소작인 중 80여 명을 추가로 검거하기도 했다. 검거자 중 34명이 기소되어, 1928년 2월 1일 오전 10시 전주지방법원 군산지청에서 공판이 열렸다. 당시 이 재판에는 서수면뿐 아니라 전주와 이리 등지에서 수백 명의 방청자들이 몰려들었다고 한다. 이 날 공판은 무려 12시간이나 계속되었다. 2월 29일 선고공판에서는 34명의 피고들에게 길게는 1년에서 짧게는 4개월의 유죄판결이 선고되었다. 1920년대 군옥지역의 농민운동은 주로 조직 결성으로 나타났지만, 후에는 야학 등과 결합해서 대중운동이 성장하는 발판이 되기도 했다.

이엽사 농장

2-12. 전주 이엽사농장 본사 정원

소작쟁의의 중심부에 자리 잡았던 이엽사 농장은 1905년에 설치된 가와자키川崎 농장이 모태가 됐다. 가와자키 농장주는 일본 니가타현新潟県 기타칸바라군北蒲原郡 출신의 가와자키川崎藤太郎였다. 옥구군 서수면 일대 900여 두락의 토지를 배경으로 설립된 가와자키 농장은 당시 옥구, 군산에 있던 다른 일본인 농장과 태생부터 차이가 있었다. 이는 가와자키가 일본공사관의 권유에 의해 농장을 설립하게 된 배경과 관련된다. 이미 일본인 농장의 밀집지대였던 옥구군을 완벽한 일본인 농장 지배지역으로 완성시키려는 일본공사관의 전략에 국수주의자였던 그가 적격이었기 때문이었다. 농장을 설립한 가와자키는 일본공사관의 의도에 맞게 일본화 계획을 착착 진행시켰다.

1926년 가와자키가 죽은 뒤 그의 농장은 이엽사二葉社에 넘어갔다. 이엽사 농장은 가와자키가 끌어들여 조선에 진출한 동향의 지주와 일본 동향에 있던 지주 자본을 도입해 1911년 주식회사 형태로 처음 설립됐다. 전주에 본점을 둔 이엽사는 전주군 삼례에 처음 농장을 설치했다. 이후 익산 황등과 옥구 서수 농지를 매입해 3개 군에 걸쳐 1,700여 명의 한국인 소작인을 거느리는 대농장으로 발전했다. 순전히 일본 니가타현 기타칸바라군 출신 지주들의 자본으로 만들어진 이엽사 농장에서는 자연히 그들 방식의 농장 경영이 이루어졌다. 이곳에서 일본인 농장주들은 봉건영주처럼 군림하고 한국 소작인들을 최대한 착취했다.

옥구沃溝 농민조합 서수지부

전라북도 자료에 의하면 전북의 농민단체는 1922년 12개 군, 12개 지회가 있었으며 회원은 약 2만 3천여 명에 달하고 있었다. 1926년 조선노동총동맹의 노조와 농조와의 분리 방침에 따라 기존에 창립된 소작인 조합을 자작농을 포함한 범농민적 농민조합으로 개편해 갔다. 전북에서도 이때 고창, 옥구, 부안, 김제, 정읍 등 10개의 농민조합이 창립되었다.

옥구농민조합은 이러한 과정에서 1926년 3월 27일 창립되었고, 이엽사 쟁의를 주도한 서수지부는 장공옥 씨를 지부장으로 하여 1927년 8월경에 창립되었다. 회원은 여러 가지 정황자료들을 참고하면 약 5백여 명으로 추측된다. 옥구농조 서수지부의 구체적인 내용을 알 수 없으나 1927년 11월 17일자 동아일보의 임시총회의 기사를 보면 어느 정도 파악할 수 있다. 이에 따르면 장공옥 씨가 의장이 되어 회의를 진행했는데 조선농민총연맹 김익두, 오오사카 조선노동조합 강철, 군산노동청년회 이태로, 지경청년회 신현기의 축사가 있는 것으로 보아 옥구농조 서수지부는 각지의 노동단체와 청년단체들과 연계, 서로 지원하는 관계를 맺고 있었던 것으로 보인다. 또한 이때의 결의사항이 소작료 감하운동, 소작료 포장 및 납입, 조합비 징수 등인 것으로 보아, 지주에 대한 요구사항을 실현하기 위해 조직적으로 대중적 시위 행동까지를 염두에 두고 있었던 것 같다.

옥구농조 서수지부는 1927년 11월 이엽사 쟁의의 사건으로 장공옥 씨 등 조합원 간부 30여명이 검거되자 서수주재소를 습격하여 구금된 간부를 탈환하였다. 그러나 이엽사 쟁의의 사건으로 51명이 검사국에 송치되고, 34명이 소요 및 구속자 탈환 등의 죄목으로 기소됨에 따라 서부지회 조직은 크게 와해되었다. 결국 1920년대 조선에서 가장 대규모 시위를 주도했던 옥구농조 서수지부는 경찰의 계속적인 해산명령, 집회금지 등의 탄압으로 조직이 다시 복원되지 못하고 해체되었다.

11. 군산의 항일운동

호남지역 독립만세운동 점화 - 군산3·5만세 운동

해방 후 군산지역이 민중운동사 측면에서 크게 주목받은 일은 별로 없다. 1970~80년대 민주화운동이나 미군 문제, 혹은 노동문제로 전국이 들썩거릴 때도 군산지역은 변방에 있었다. 해방 후 현대 민중운동사에서 중심부에 놓인 일이 거의 없는 군산이지만 일제강점기 저항의 역사는 어느 지역 못지않게 치열했다. 특히 군산은 3·1운동 당시 도내 최초로 민족 독립을 외치며 민중들이 떨쳐 일어났던 자랑스러운 역사를 갖고 있는 지역이다. 또 지주의 수탈에 맞서 일어났던 군산·옥구 지역의 소작쟁의 운동이나 정미소 파업 등도 그 강도나 규모 면에서 당시 민중운동사에 뚜렷이 기록될만한 의미를 지니고 있다. 그렇다면 일제 하 군산지역이 이 같은 저항운동의 중심에 설 수 있었던 사회·경제적 배경은 무엇일까.

개항 도시인 군산에는 일찍부터 일본인이 들어와서 토지와 시장을 장악하였다. 그리고 일제강점기 내내 군산의 경제권은 이들 일본인에 의해 장악되어 있었다. 3·1운동 당시에도 전체 1만 3천여 명의 군산 인구 중 일본인 수가 절반이 넘는 6천 8백여 명에 이르렀다. 일본인 대농장에서 대부분 소작농으로 생활해야 했던 조선인으로선 민족과 계급적 모순을 직접 경험하면서 일제에 대한 저항의식과 민족의식을 자연스럽게 싹틔웠을 것이다. 여기에 종교와 교육

면에서 타 지역에 비해 상대적으로 앞선 사회 여건도 저항운동을 조직적으로 펼 수 있었던 중요한 요인이 됐다.

실제로 군산에서 호남 최초로 3·1운동의 불을 지핀 것도 기독교 학교였다. 미션 스쿨인 영명학교 교사들이 주축이 돼 군산에서 처음 독립만세 시위를 벌인 것은 1919년 3월 5일이었다. 3월 1일 서울에서 시작된 3·1운동은 북부지방을 중심으로 일어났고, 남부지방에서는 5일부터 봉기했는데 그 발화점이 군산이었던 셈이다. 광주와 전주는 이보다 늦은 각각 11일과 12일이었다.

군산의 '3·5독립만세운동'은 본래 군산 장날인 3월 6일로 계획됐다. 시위 주도 인물은 영명학교 교사 박연세朴淵世였다. 박연세는 영명학교 출신으로 당시 연희전문학교 의학부에 다니던 김병수로부터 서울의 3·1운동 거사계획과 함께 독립선언서를 전달받고 군산에서 거사계획을 수립했다. 박연세는 동료 교사들과 기독교 교인 등과 상의해 군산 장날을 기해 만세시위를 벌이기로 하고, 학교 기숙사 2층에서 선언서를 등사하고 태극기도 만들었다. 그러나 거사 하루 전인 5일 새벽 군산경찰이 급습해 거사 준비의 핵심이었던 박연세, 이두열, 김수영 등을 연행해버렸다. 핵심들이 연행되면서 무산될 뻔했던 거사는 김윤실金倫實 교사의 주도로 다시 살아났다. 김윤실은 학생들과 긴급회의를 갖고 거사일까지 기다릴 것 없이 즉일로 결행키로 했다. 1백 명의 학생들을 중심으로 시작된 시위 대열은 군산보통학교와 기독교 신도들이 합세해 5백 명으로 불어났다. 영명학교에서 출발한 이들 시위대는 군산 설애시장을 거쳐 군산경찰서까지 진출했다. 경찰은 자체 인력으로 시위대를 해산시키지 못해 이리 주재 일본 헌병대까지 동원, 시위대를 진압했다. 이 날 시위로 90여 명이 검거돼 이중 64명이 구속 송치됐다.

군산의 일제에 대한 저항은 '3·5독립만세시위'에서 끝나지 않았다. 3월 14일 군산보통학교 학생 70여 명은 동맹 퇴학원을 제출해 일제에 항거했다. 이남율李南律, 김수남金壽男 두 학생은 일본인 교장 등 학교측의 설득으로 대부분 학생이 복교하자 친일학교를 불태우기로 하고 3월 23일 학교건물을 전소시켰다. 군산에서 만세시위운동은 이후에도 일본인 주거지역에 대한 방화 등으로 이어지며 4월 초순까지 간헐적으로 계속됐다.

전북지역 독립운동추념탑 건립추진위가 발행한 『전북지역독립운동사』(1994) 자료는 도내에서는 군산·옥구지역에서 벌어진 3·1운동이 가장 치열했음을 보여주고 있다. 횟수 면에서 29회로 가장 많고, 참가 연 인원 수도 3만여 명으로 전주에 이어 두 번째다. 3·1운동 관련 사망자 수 53명, 실종자 72명 등 많은 희생자도 나왔다.

군산에서 3·1운동은 이후 1920년대 소작쟁의와 노동자파업을 통해 계승되면서 이 지역 농민운동의 밀알이 됐다. 일본인 지주의 횡포와 수탈에 맞서 1920년대 초반부터 후반까지 조직적이고 지속적으로 전개된 소작쟁의와 정미소·부두 노동자들의 파업투쟁은 군산지역에서 활발히 이루어진 일제에 대한 생존권 차원의 또 다른 저항운동이었다.

현재 군산에는 영명길 29(구암동)에 3·1운동 역사공원이 있다. 세풍아파트 바로 옆에 있는 역사공원은 만세운동의 시발점이 된 장소이다. 군산시가 2007년에 매입하여 군산 3·1운동 기념관을 조성한 곳이다. 기념관 앞에는 구름모양의 커다란 군산 3·1운동 기념비가 있다. 좀 더 올라가면 새롭게 지은 군산 구암교회 앞에 군산 3.1

독립운동 기념비가 보이고, 그 위에 2018년에 개관한 「군산 3·1운동100주년기념관」이 있다. 기념관은 교사와 학생이 주도적으로 3.5만세운동을 이끈 영명학교를 재현해 3층 규모로 조성되었다. 부근에 있는 군산 3·1만세운동 기념탑에는 "세계사에 길이 빛나는 우리 민족 운동인 3·1운동, 자랑스런 한강이남 최초의 군산3·1만세운동의 발상지이며 당시 신문화를 주도했고 군산팔경 중 한 곳 궁포귀범弓浦歸帆인 이 곳, 구암동산을 후손들에게 살아 숨쉬는 역사의 교육장으로 성역화하여 애국애족의 숭고한 깊은 뜻을 높이 기리며 계속 받들고 이어 나가고자 한다. 2015년 3월 1일 국가보훈처(익산보훈지청)·군산시·군산3·1만세운동기념사업회"라고 적혀 있다.

2-13. 군산3·1운동기념관

옛 구암교회를 보존하여 3·1운동기념관으로 활용하고 있다.

군산민중운동사 사건

군산민중운동사 사건은 1925년 2월 7일 군산경찰서가 민중운동 간부 5명을 보안법 위반으로 제소한 것이 당시 일간 신문에 보도됨에 따라 세상에 알려지게 되었다. 군산민중운동사 사건은 그 당시 군산부 영정 56번지에 사무소를 둔 「민중운동자동맹」이 기관지인 『민중동맹』을 간행할 것으로 계획하여 소속회원들로부터 원고를 수집하고 교정하는 과정에서 적발된 사건이다.

출판하려고 했던 잡지의 내용을 보면 '미국 공산당으로부터 조선동지들께(장일환)', '중국 동란과 금후의 태평양(김영휘)', '최근 로서아의 국가조직(조용관)' 등의 원고로 구성되어 있었다. 이를 군산경찰서는 정치변혁과 사회개조를 목적으로 다수의 무산자계급을 선전·선동하고 이를 교사하여 지방의 안정을 해치는 것으로 보고 관련자 검거에 나섰다.

이 사건을 주도했던 민중운동자동맹은 1924년 10월경에 군산노동운동의 중심인물이었던 조용관, 김영휘가 설립한 단체로 회원은 약 70명 정도였다. 김제, 부안, 임실, 익산, 전주 등 전북지역의 회원이 중심이 되어 있지만 군산경찰서 형사가 회원을 체포하기 위해 경성에 출장 간 것으로 보아 경성에까지 회원이 분포되어 있었던 것으로 판단된다. 같은 해 2월 초 체포된 민중운동자동맹 회원은 일주일 후에 거의 방면되었지만 민중운동자동맹의 핵심인물 9명은 기소되었다. 기소된 사람은 조용관, 김병주, 임종환, 김영휘, 장일환, 임영택, 임혁근, 이봉길, 이희영 등이었다. 이들은 이 해 3월 공판을 거쳐 열린 4월 8일 선고공판에서 전원 무죄를 언도받았다.

그러나 이 사건의 주모자였던 김영휘, 조용관 등은 이후 신간회 군산지부의 설립을 주도하였다. 일제가 조선 민족의 사상과 독립운동을 강압적으로 탄압하는 가운데서도 군산의 지식인 청년, 노동자들은 끊임없이 민족주체를 확립해가면서 민족해방운동과 독립투쟁을 전개해나갔던 것이다.

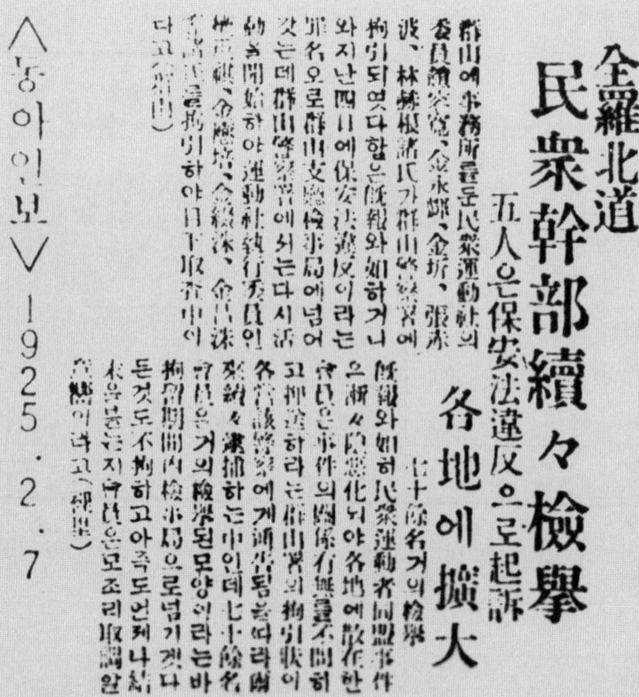

全羅北道 民衆幹部續々檢擧

五人은保安法違反으로起訴

各地에擴大

七十餘名거의檢擧

群山에事務所를둔民衆運動社의委員顔[illegible]寬、金永[illegible]、金圻、張泰俊、林勝根諸氏가群山警察署에拘引되엿다함은旣報와如하거니와지난四日에保安法違反이라는罪名으로群山支廳檢事局에넘어갓는데群山警察署에서는다시活動을開始하야運動社執行委員인林[illegible]、金[illegible]、金[illegible]洙[illegible]氏를拘引하야目下取調中이다고(群山)

旣報와如히民衆運動者同盟事件으漸々險惡化되야各地에散在한會員은事件의關係有無를不問히고押送하라는群山署의拘引狀이各[illegible]警察에게通告됨을따라關係者[illegible]々逮捕하는中인데七十餘名會員은거의檢擧된모양이라는바拘留期間內檢事局으로넘기겟다든것도不拘하고아즉도언제나結末을볼는지會員은모조리取調할[illegible]이라고(群山)

〈동아일보〉 1925.2.7

2-14. 전라북도 민중간부 속속 검거(동아일보 1925.2.7.)

당시 동아일보의 민중간부 검거 기사. 이 기사는 민중운동사의 회원이 약 70여명에 이른다고 적고 있다.

<전북지역 출신 독립유공자 시·군별 훈격勳格 현황(2019.1.20.)>

훈격 / 시군	대한민국장	대통령장	독립장	애국장	애족장	건국포장	대통령표창	합계
전주시 완주군			1	16	33	7	21	78
군산시 옥구군			4	10	26	10	34	84
이리시 익산군			1	24	19	8	19	71
남원시 남원군			1	22	35	5	16	79
정주시 정읍군			2	7	28	6	18	61
김제시 김제군			3	9	17	4	14	47
진안군			1	9	10	3	9	32
무주군			2	10	8		3	23
장수군		2	3	4	7	2	12	30
임실군		1	2	32	65	13	33	146
순창군			9	28	45	6	5	93
고창군			4	22	36	9	3	74
부안군			1	10	19	8	5	43
계		3	34	203	348	81	192	861

1. 본적을 기준으로 한 것임.
2. 기타 101명, 미상 11명과 당시 전라북도 행정지역으로 되어 있는 금산군(2명)은 제외함.

• GUNSAN •

100

제3부

달라진 군산의 생활세계

1. 이사청이 폐지되고 부청이 설치되다

일제강점기 군산의 행정

우리나라 행정의 전개과정은 수난과 굴곡의 역사로부터 자유롭지 못하다. 일제 식민지와 해방 이후의 미군정 시대, 그리고 분단의 역사를 거쳐 오늘날에 이르는 동안 행정은 수시로 정권과 정치적 필요에 의해 재단되고 구속되어 온 까닭이다. 하물며 일제 식민지 치하에서는 오죽했을 것인가. 일본의 노골적인 침략 야욕은 본격적인 내정간섭으로부터 시작됐다. 이른바 일본이 설치한 조선통감부는 보호정치란 명분을 내세워 한국정부의 내정과 외교를 일일이 지배하고 나섰다. 한국사회의 운영과 행정에 관한 일체의 실질적 권한을 통감부로 귀속시켰고, 그를 위한 행정기구로서 이사청을 신설했다.

당초 우리 정부는 13도제의 행정구역을 두었지만 일본이 통감부 관할 하에 이사청과 그 지청을 각 지방에 설치해 한 국가에 두 개의 정부가 생긴 격이 됐다. 더욱이 문제는 우리나라 정부의 지방행정 조직은 형식적이었을 뿐이고, 실질적인 통치기관은 조선통감부였다는 사실이다.

군산에 통감부의 실질적인 행정기관인 이사청이 설치된 것은 1906년이다. 일본은 호남지방 농산물의 집산지이자 반출의 전략기지였던 군산을 일찌감치 전관지역으로 만들었다. 당시 군산이사청은 전주지청과 공주지청 등 두 개의 지청을 관할구역으로 두고 있었다. 이사청은 주로 개항장이나 주요지역에 설치되었다. 당시 이사청 관내에 2개의 지청을 설치한 곳이 경성과 부산, 군산 정도에 불과했다는 사실을 감안한다면, 일본이 군산을 얼마나 중요한 지역으로 여겼는지를 짐작할 수 있다.

이사청 청장인 이사관은 대개 일본인들이 되었다. 군산이사청에는 이사관 1명, 부이사관 2명, 기타 속관, 경부, 통역생, 판임 등이 배치되었고, 전주지청와 공주지청을 관할했다. 초대 군산이사청장(이사관)은 스즈키 에이사쿠鈴木榮作가 재임했다. 실질적인 지방행정을 담당했던 이사청은 통감統監의 지휘감독을 받아 그동안 한국주재 영사가 맡았던 사무와 조약 및 법령에 의한 정무를 집행했다. 또한 긴급한 사태가 발생했을 때는 안녕·질서를 유지한다는 명분으로 통감의 명령이 없어도 해당지역의 지방주재 일본군 대사령관에게 출병을 요청할 수 있는 권한을 갖고 있었다.

군산은 거의 일본인의 전관조계처럼 된 상태였으므로 실제 모든 행정권은 거류민단이 장악하고 있었다. 1907년 설치된 군산의 일본거류민단은 다른 지역의 거류민단이 그랬듯이 형식상은 자치제로 이루어져 있었지만 자신들의 편익을 도모키 위한 각종 역할을 해내는 기관이었다. 군산에는 3천 명이 넘는 일본인들이 거주하고 있었다. 당시 우리 정부는 옥구부를 군산에 설치했으나 1907년 경찰사무마저도 이사청에 넘겨주었다. 군산경무서가 신설되면서 군산의 행정은 아예 일본인들의 손에 넘어가게 되었다. 설상가상으로 거류민단법까지 제정되어 공포되면서 대부분의 행정 업무는 이들 거류민단의 편리를 제공하는 데에 맞추어졌다. 이사청은 1910년 한일합방이 되자 통감부 대신 조선총독부가 설치되면서 폐지되었다. 그

대신 부제府制가 실시됐다. 본격적인 식민통치가 시작된 것이다.

군산이사청도 폐지되고 군산에는 독립된 부府가 설치됐다. 부府의 업무는 교육을 제외한 일반 공공사무였으나 국가 관리로 임용되는 부윤府尹이 학교조합의 관리자 직무를 겸했다. 또 부윤을 의장으로 한 부府협의회를 두고 부의 예산 및 공공에 관한 사항에 대하여 부윤의 자문에 응하도록 했다. 그러나 이들 단체와 학교조합에서 들어오는 예산이 쓰이는 데에도 한국인과 일본인 사이에는 차별이 있었다. 일본은 한국인 교육을 위한 경비 등을 처리하는 사무를 제2부 특별경제로, 일본인 교육에 관한 사무를 제1 특별경제로 구분해 취급했다.

그러면 당시 군산행정의 재정은 어떠했을까. 통감부시절 일제는

3-1. 군산이사청

1905년 통감부가 설치된 이듬해인 1906년 설치된 이사청은 실질적인 일제의 통치기구였다.

행정조직을 이중화시킨 것과 마찬가지로 각 주요지역에 세무관을 배치하고 각 군에 세무주사를 파견시켜 실제로 세무집행을 담당케 했다. 조세행정에 대한 이중감독체제를 갖추고 세수입을 최대한 빈틈없이 확보하려 했던 것이다. 일제강점기 시절 군산의 재정은 매우 윤택했다. 개항 이후 일본인들의 군산 진출이 급증하면서 부세府勢가 신장된 데다 군산을 호남제일의 일본상품시장의 기지로 삼고 있는 배경으로 경제활동이 활발하게 이루어졌다.

3-2. 군산부청

합방 이후 총독부가 설치되고, 부제가 실시되면서 군산부청이 설치되었다. 부청 건물은 1980년대까지 군산시청으로 이용되었다. 이후 개발 바람이 불면서 철거되고, 군산시청은 현재의 자리로 새 건물을 지어 이전하였다. 이로써 군산은 중요한 근대문화유산 하나를 잃었다.

당시 군산부는 부府 재정 이외에도 학교조합비 등을 확보했다. 소유한 재산도 막대했다. 시내의 중요한 시설은 거의가 부의 소유재산이었으며 이들에 대한 높은 수수료로 재산은 더욱 늘어갔다. 통감부 시절 군산의 사실상 행정권은 거류민단에서 장악하고 있었으므로 여러 가지 공공편익시설의 개발 사업은 그들의 편익을 위해서 이루어졌다. 군산어시장개발이나 군산병원설립 동부해안 매립 축항, 군산도살장 시설, 군산유아원 설립 등 대표적인 공공사업들은 모두 그들의 편익을 위한 것이었으며, 1910년 총독부시대로 넘어오면서 그러한 상황은 더욱 심화됐다. 해수면 매립, 어항 축조, 항만시설 확장, 군산공원 조성, 해망터널 개설, 군산공회당 상수도 시설, 간척 농장, 금강대교 가설계획 등도 실상은 일본인들의 수탈과 이익증대를 위한 사업이었던 것이다.

군산경찰서의 업무

1936년 군산 경찰서는 산하에 파출소 4개소, 주재소 10개소, 출장소 1개소를 두고 있었다. 군산경찰서는 이 당시 1부군 1경찰서의 설치를 원칙으로 하였으나 지역관계상 군산부와 옥구군 일대를 관할구역으로 하고 있었다. 경찰업무에 종사하는 인원은 경사 1명, 경부 2명, 경부보 3명, 순사 94명 등 모두 1백 명이었다. 이 가운데에는 경부 1명, 순사 39명 등 모두 40명의 조선인 경찰도 있었다. 조선인 순사가 많았던 것은, 3·1운동을 겪은 이후 한민족 분단정책의 일환으로 경찰에 조선인을 많이 채용했기 때문이다. 순사는 1인당 약 1,500명의 인구를 담당하였는데, “순사가 오면 어린 아이가 울음을 그친다”는 말이 생길 정도로 민중 생활을 직접적으로 통제하였다.

3-3. 군산경찰서

1922년 세워진 옛 군산경찰서 건물은 1991년 경암동으로 신축 이전할 때까지 군산경찰서 청사로 사용되었다.

조선총독부는 1919년 8월 경찰제도 개혁과 더불어 경찰에 대하여 법령·어학·실무 강습, 무도 등 각종 교육을 실시하였다. 특히 어학 교육을 최우선으로 하여 정기 시험을 실시하여, 성적우수자를 포상하였다. 그 결과 일본인 경찰관은 약 70%이상이 조선말을 하고, 조선인 경찰관은 거의 다 일본어를 할 정도였다. 그들은 치안 유지라는 경찰 본래의 업무 이외에 각종 행정업무를 대행하였다. 도로보수, 임야보호, 징세산업 장려, 부업 및 저축 장려, 청년회의 지도, 불취학 아동의 교양 등 일반 행정기구나 행정관이 필요 없을 정도로 다양했다.

그러나 이 당시 경찰 학력은 초등학교 졸업자가 70%에 달했다. 이러한 점을 생각하면 경찰이 이처럼 광범위한 업무, 권한에 대응하는 능력을 가졌는가는 의문이며, 지방행정에 문외한이었던 이들에 의한 행정업무가 얼마나 자의적이고 전횡적이었던가를 쉽게 추측할 수가 있다. 이러한 경찰을 총독부는 조선인과 직접 접촉하는 지배의 최말단기관으로 활용하여, 민중을 탄압·회유하고 동화정책을 펴나가면서 민족해방투쟁을 저지하는데 주력했다.

군산부청의 조직과 행정

일제강점기 행정조직은 지극히 단순했다. 행정에 대한 수요가 다양하지 않은 탓도 있지만 당시 행정이 갖는 의미는 오늘날과 많은 차이가 있다. 풀뿌리민주주의로 일컬어지는 지방자치가 실시되면서 오늘날의 행정은 철저히 주민을 위하는 서비스·복지행정이 중심을 이루지만 일제강점기의 행정은 규제와 통제에 중심이 맞추어져 있었다.

이 같은 차이는 지방 행정기구를 보면 알 수 있다. 군산은 1914년 옥구군에서 분리되어 일제강점기 내내 '군산부'라는 이름을 유지했다. 행정의 집행부는 군산부청이었다. 일제하의 중반시점인 1934년 당시 군산부청은 최고 책임자인 부윤 아래 재무과, 내무과, 서무과 등 3개과로 조직됐다. 재무과에는 징세계, 도세계, 호별세계, 토지영업세계 등 6개 계가 있었고, 내무과에는 부정계, 학무계, 사회계, 위생계, 호적계 등 8개 계, 서무과에는 문서인사계, 국도비 회계계, 부비 회계계 등 3개 계가 설치되어 있었다.

부청의 기능은 세금 징수가 행정의 핵심이었고 나머지는 내부관리 정도에 그치고 있었다. 주민의 삶과 밀접한 복지·서비스 행정과는 거리가 있었다. 1931년 당시 부청직원 수는 총 66명이었다. 이들 중 일본인은 40명으로, 조선인 직원 26명보다 많았다. 국비로 운영되는 직원 20명보다 자체부 예산으로 월급을 지급하는 부비 직원(45명)이 많았던 점도 특징적이다.

2. 전북 최초의 금융기관, 제일은행 군산출장소

군산의 금융기관 - 식민통치의 보조기관, 일본인에 의해 구축된 일본인만의 은행

금융의 발달 정도를 보면 한 국가나 한 지역의 경제수준을 가늠할 수 있다. 국가가 경제 위기에 처했을 때 가장 민감한 반응을 보이는 분야가 금융이고, 경제 위기 극복의 선봉에 금융 개혁이 자리하는 것도 국가 경제에서 차지하는 금융의 중요성을 보여주는 대목이다.

일본이 조선의 정치적 식민지화에 앞서 관심을 가졌던 분야도 금융 산업이었다. 1910년 정치적 합병에 앞서 일본은 이미 조선의 금융을 좌지우지할만한 위치에 있었다. 근대적 의미의 우리 금융제도가 우리의 의사와 상관없이 일본의 야욕에 의해 구축됐다는 점에서 민족 비극의 씨앗은 잉태되고 있었던 셈이다.

일본 금융기관의 조선 상륙은 개항 직후에 이루어지기 시작했다. 가장 먼저 조선에 진출한 일본은행은 제일은행이었다. 강화도 조약 체결 2년 뒤인 1878년 부산에 제일은행 지점이 설치되면서 일본은행의 조선 진출이 본격화됐다. 일본 제일은행은 부산에 이어 이후 원산(1880년), 인천(1883년), 서울(1887년), 목포(1898년), 군산(1903년), 평양·대구·개성·함흥·마산·경성(1905년) 등 개항지를 중심으로 주요 도시에 잇따라 출장소를 설치해 거점을 구축했다. 일본 상업은행인 제일은행은 처음 조선 진출 당시만 해도 조일무역에 관계하는 일본인과 일본회사를 상대로 단기 상업금융만을 취급했다. 그러나 그 후 일반 상업은행 업무 외에도 관세 징수, 우편자금 보관사무 등 국고 사무취급에서 나아가 은행권까지 발행하기에 이르렀다. 서울의 제일은행 총지점은 1909년 한국은행이 설립되기 전까지 중앙은행으로서 기능을 담당한 것이다.

제일은행에 이어 두 번째 조선에 진출한 일본은행은 나가사키에 본점을 둔 십팔十八은행이었다. 1880년 인천에 첫 지점을 개설한 십팔은행은 원산(1894년), 부산(1897년), 서울(1905년), 목포(1906년) 등지에 지점 또는 출장소를 설립했다. 한일합방 이전 1908년 당시 조선에 진출한 일본은행의 지점 및 출장소는 29개에 이르렀다. 일본은행이 대거 들어와 개항지 상권을 잠식하는 데 대해 국내 조야에서도 근대적 금융기관 설립의 필요성을 절감하게 됐다. 그러나 조선 정부의 재정 상태로는 은행 설립을 지원할 만한 능력이 없었고, 민간에서도 고율금리의 대금업이 지배하는 실정에서 근대적 은행 설립에 자금을 투입하려는 사람을 찾기 어려웠다.

민족자본에 의한 은행 설립은 1890년대에 이르러서야 비로소 빛을 보게 된다. 갑오년 이후 한선은행, 한흥은행, 제국은행 등이 연이어 설립됐으나 개점 후 곧 폐점되고, 1897년 설립된 한성은행(현 신한은행과 합병된 조흥은행 전신)과 1899년 설립된 대한천일은행(현 우리은행의 전신)이 여러 차례 명칭과 경영자를 바꾸면서 오늘날까지 명맥을 이어오고 있다. 1910년 당시 민족계 은행은 이 두 은행과 1906년 창립한 한일은행을 합쳐 모두 세 개였다. 그러나 이들 민족계 은행은 자본금이 적을 뿐 아니라 일본 통감부의 간섭을 심하게 받게 돼 민족금융으로서 실효를 거둘 수 없었다.

전북에 설립된 근대적 금융기관의 효시는 1903년 문을 연 제일은행 군산출장소다. 전국적으로 여섯 번째 출장소로 설립될 만큼 군산지역에 제일은행이 일찌감치 진출한 데는 군산이 미곡수출의 중요한 전지기지였고, 군산에 거류한 일본인이 많았던 때문이었다. 1909년 당시 제일은행 거래내역을 보면 거래액 1만 원 이상인 '큰손'이 36명으로 전국 6위를, 그리고 보통거래 계좌 수 129개로 전국 1위를 기록했다.

1907년 군산에 지점을 개설한 십팔은행도 1911년 기준, 예금액 3천 3백여만 원을 기록하여 전국 6위 지점에 올랐다. 일본인을 중심으로 한 군산지역의 은행거래가 당시 상당히 활발했음을 보여주고 있다. 그러나 이들 일본은행들은 대부분 무역금융과 일본인 지주들을 상대로 한 금융이어서 일반 조선인들과는 거리가 있었었다.

조선이 일본 식량의 주요 공급 기지였던 만큼 농업발전을 위해서는 소농을 위한 금융기관을 설립할 필요성이 대두되었다. 조선의 식량기지화를 목적으로 한 「지방금융조합규칙」이 1907년 공포되고, 이후 「옥구금융조합」과 「군산금융조합」이 각각 1909년과 1919년에 설립됐다.

이들 금융조합이 지역에 본사를 둔 최초의 금융기관인 셈이다. 금융조합은 이후 급속히 세력을 확장시키며, 식민통치의 보조기관으로서 역할을 담당했다. 조선총독부는 이 조직을 통해 농산물의 수집, 농업용품의 판매, 알선, 전시물자의 조달, 강제저축 등을 강요했다.

금융조합과 함께 지방에 본사를 둔 대표적 금융기관으로 농공農工은행이 있었다. 농촌지원의 기치를 건 농공은행은 1906년 한성, 평양 등 전국 11개 주요도시에 설립됐다. 전북에서는 당시 전주 유지였던 박윤상·박기순 등이 중심이 돼, 1906년 「전주농공은행」을 발족시켰다. 수권자본금이 10만원이었지만, 실제 저축액은 3분의 1도 안 돼 정부의 도움을 받지 않을 수 없었다. 전주농공은행은 이후 남원, 이리, 고부, 김제 등에 지점을 설치하는 등 한때 세력을 떨쳤으나 적자를 면치 못하고, 1918년 결국 조선식산은행에 병합되고 말았다. 특이할만한 점은 당시 도내 금융 1번가라 할 수 있는 군산지역에 전주농공은행이 진출하지 못했다는 사실이다. 이는 기존에 진출한 일본인 은행이 이미 군산 금융을 완전히 장악한 상태에서 열악한 자본의 농공은행이 파고들 여지가 없었기 때문으로 분석된다.

3-4. 조선은행 군산지점

1909년 설치되었다. 2008년 보수, 복원을 거쳐 현재는 군산근대건축관으로 활용되고 있다.

1934년 편찬된 『군산부사』에 따르면 당시 군산지역 금융기관은 일본은행 지점을 포함 10개에 이르렀던 것으로 기록되고 있다. 여러 은행의 난립 속에서 일제강점기를 통틀어 군산지역 금융은 일본은행인 제일은행(1910년 조선은행으로 개칭)과 십팔은행, 식산은행에 장악되어 있었다. 최소한 군산에서 나머지 금융기관은 이들 일본은행 지점의 보조역할밖에 못했다.

일본 지주와 상인들에 의존했던 군산지역 금융기관은 일본의 패망과 함께 사실상 거의 문을 닫았다. 당시 위세를 떨쳤던 십팔은행 군산지점이 대한통운 건물로 이용되는 등 유물로 남았을 뿐이다.

<1930년대 전북의 은행>

은행이름	지점설립시기	대부금(천원)	예금(천원)
조선식산은행 전주지점	1906년 7월	4,763	1,513
조선식산은행 남원지점	1908년 3월	1,854	830
조선식산은행 정읍지점	1910년 4월	6,229	1,462
조선식산은행 이리지점	1917년 1월	7,931	4,294
조선식산은행 김제지점	1917년 8월	9,694	1,415
조선식산은행 군산지점	1909년 8월	2,436	3,028
조선은행 군산지점	1909년 11월	7,774	1,589
조선상업은행 군산지점	1907년 5월	2,845	981
조선상업은행 전주지점	1920년 3월	1,268	801
조선상업은행 이리지점	1924년 4월	1,054	482
동일은행 군산지점	1922년 10월	1,034	463

자료: 『전북요람』(1936)

십팔은행 군산지점

1930년 초 군산에는 특수은행으로서 중앙은행인 조선은행과 부동산 및 각종 산업금융기관인 조선식산은행, 상업금융은행으로서 조선 내 본점을 둔 조선상업은행과 동일은행, 그리고 일본 나가사키에 본점을 둔 일본계 십팔十八은행의 다섯 개 지점이 있었다. 이들 다섯 개 지점은행은 1936년 당시 대출 총액 2천 3백만 원, 예금 총액은 약 7백 5십만 원에 달했다.

개항 이래 군산에 진출한 일본계 지점은행은 두 개, 그 하나는 1902년 11월에 전북 최초로 개설된 제일은행 군산출장소이고 다른 하나는 1907년 4월에 개설된 십팔은행 군산지점이다. 그러나 제일은행 군산출장소의 경우, 1909년 일제의 중앙은행화 정책에 따라 조선은행에 흡수되었기 때문에 십팔은행 군산지점이 합병 이후부터 1936년 2월, 식산은행 군산지점에 업무를 넘겨줄 때까지 30년 동안 군산에 있었던 유일한 일본은행의 지점이다.

십팔은행은 본래 1870년 일본 나가사키에 있었던 유력상인층의 출자를 기반으로 유사사립은행으로 출발한 은행이다. 무역항으로서 나가사키항이 쇠퇴함에 따라 이 은행은 1878년 국립십팔은행을 설립하여 무역·상업에 대한 금융이익을 얻기 위해 조선에 진출하였다. 1890년 인천지점을 개설한 것을 시작으로 군산지점은 조선 안에서 일곱 번째로 십팔은행 지점으로 개설되었다.

십팔은행 군산지점은 주로 무역대부업무를 담당하였다. 이것은 주로 당좌대월, 화물어음, 어음대부등으로 행해졌다. 대부의 대상은 상공업자, 지주였으며 일본인 무역상이 가장 많았다. 대부금은 미곡수출이 많은 11월과 다음해 5, 6월에 집중되었다. 판매시장과 직접적으로 연결된 식민지적 금융기관이었던 것이다. 이런 의미에서 일본대장성 감독 하에 있었던 십팔은행 군산지점은 식민지로 뻗어나온 제국주의 금융 그 자체로써, 유통과 자본 유출을 보증·강화해 나가는 경제지배체계의 기초적인 역할을 담당하였던 것이다.

소작농과 금융기관 대출

서민들이 은행에서 대부를 받는 일은 예나 지금이나 어려웠던 모양이다. 자국의 식량난을 덜기 위한 일본의 농업구조 정책으로 조선의 농민들은 자작농이나 소작농이나 할 것 없이 늘 적자에 허덕이는 어려움에 처해 있었다. 갈수록 늘어나는 부채를 감당할 수 없게 된 농가들은 빚을 얻고 또 얻다가 갚을 능력이 없어지면 파산을 하거나 야간도주를 할 수밖에 없었다. 이렇게 고향을 등지고 유랑민이 되거나 심지어는 도시의 걸인으로 전락하는 일이 허다했다.

전국 통계에 의하면 1930년을 기준으로 전국의 소작농 및 자소작농은 2백24만7천194호였는데. 이 중 부채를 가진 농가는 1백73만3천797호로 전체 농가의 74%에 달했다. 1933년 말 자료에 의한 전국 소작농의 호당 평균 부채액은 64원. 전라북도의 경우는 1930년에 전체 소작인 16만여 호의 약 81%에 달하는 13만800여 호가 부채를 지고 있었으며, 평균 부채액은 61원이었다. 특히 군산의 경우는(1932년 자료) 전체 소작농 6,012호 중에서 부채를 안고 있는 농가는 5,714호로 전체의 95%에 이르렀다.

이 당시 토지를 지닌 농민들은 금융기관을 통해 빚을 얻어 쓸 수 있었다. 연 이자율은 10% 가량이었다. 그러나 소작농의 경우는 대부분 금융조합에서 제공하는 대부를 받기 어려웠다. 동양척식회사, 식산은행, 상업은행, 금융조합 등이 농사자금 융통의 길을 열어 놓고 있었지만, 대출조건이 소작농들에게는 맞지 않았기 때문이다. 당시 대출조건은 주로 도내 지주 3,000호, 자작농 1만6천여 호, 자작겸 소작농 5만여 호에 한정되어 있었다. 정작 대부를 필요로 하는 소작농들에게는 이들 금융기관의 대부가 '그림의 떡'에 불과했던 것이다. 결국 금융기관을 이용하지 못하는 소작농들은 대신 개인 고리대금업자들로부터 돈을 융통해 써야 했다. 그 이자율는 무려 연 40%나 되었다. 빈농들은 결국 더욱 가중되는 부채로 엄청난 고통을 감수해야만 했다. 더구나 이들 농가들의 부채는 비단 고리대금업자 때문만이 아니라 소작인에게 가혹한 부채 상환방법을 적용했던 동양척식주식회사를 비롯한 금융기관에 의해 눈덩이처럼 불어났다.

3. 군산의 교육

보통의 지방도시가 대부분 그렇지만, 군산에서 오늘날 학교교육이 차지하는 비중 역시 매우 높다. 이는 군산지역 학교 관련 통계에서 확인할 수 있다. 2016년 현재 학생 수 6만 5천여 명에 교직원 수 4천 2백여 명을 합쳐 학교 교육에 직접 참여하는 숫자만 6만 9천여 명에 이르고 있다. 전체 군산 인구의 4분의 1에 육박하는 수가 교직원 혹은 학생인 셈이다. 그러나 해방 전까지만 해도 군산지역 학교교육 관련인구는 그리 많지 않았다. 학교 수가 손가락으로 꼽을 정도였기 때문이다.

군산 최초의 학교

개항장으로서 군산은 타 지역보다 신문물 도입에서 상대적으로 앞섰지만 교육 분야에서는 그렇지 못했다. 도내 첫 신식 학교는 전주에 만들어졌다. 1897년 설립된 전북공립소학교가 도내 신식학교의 효시다. 군산에는 이보다 10년 정도 뒤에 공립학교가 등장했다. 1906년 설립된 군산공립보통학교가 최초였다. 군산공립보통학교는 일제강점기 내내 한국인을 대상으로 초등 교육을 담당하는 유일한 공립학교였다. 군산보통학교는 몇 차례 명칭변경을 거치며 현재 군산중앙초등학교로 명맥을 이어오고 있다.

3-5. 군산공립심상소학교

일제강점기의 또 다른 초등교육기관으로 군산 심상尋常소학교가 있었다. 도내 첫 일본인 학교로 1906년 설립된 이 학교는 한국인을 대상으로 하는 군산공립보통학교와 함께 일제강점기 군산지역 초등교육을 담당하는 양대 산맥을 이루었다. 소수의 한국인을 제외하고 대부분 일본인 아동이 다녔던 군산심상학교는 해방 후 명칭이 바뀌어 현재는 군산초등학교가 되어 있다.

오늘날 대중화된 유치원이 전북 도내에서 처음 설립된 곳은 군산이었다. 1909년 사립 군산유치원이 개원했는데, 『전북요람』(1936)의 기록에 의하면, 1935년 당시 유치원에는 4명의 보모와 139명의 유아가 있었다고 한다. 유치원까지 만들어진 당시 상황에서도 기초교육기관으로 기능했던 서당을 빼놓을 수 없다. 일제는 서당 설립을 도지사 허가조건으로 하는 「서당 설립에 관한 규칙」까지 만들어

통제하려 했으나 서당의 교육 기능은 쉽게 위축되지 않았다. 1930년대 도내에는 580여 개 서당에 5천여 명의 학동이 수학했고, 해방 당시까지 350여 개의 서당이 남아있었다.

엘리트 교육기관

일제강점기 학교 교육을 이해하는 데 복잡한 것이 많다. 오늘날도 우리 교육제도가 조령모개식이라는 비판이 많지만 일제강점기 때는 더했다. 학교 명칭에서부터 교육 연한, 교과 과정이 일본의 편의와 이익에 따라 수시로 바뀌었다. 중등과정은 고등보통학교, 실업학교, 중학교, 사립명칭의 학교 등 여러 명칭이 혼용됐다. 도내 첫 중등 과정의 학교는 1909년 신학문당新學問堂으로 출발한 신흥학교였다. 군산에서는 1910년 2년 과정으로 설립된 군산실업학교가 효시다. 군산실업학교는 이듬해 군산공립농업학교로 이름을 바꾸고, 1920년 3년 과정으로 수업연한을 연장했다. 군산농업학교는 이후 1923년 정읍으로 이전해 정읍농고의 전신이 됐다.

군산에서 한국인 대상 공립 중등학교는 군산농업학교가 유일했다. 한국인을 위한 중등교육기관은 사실상 지역 유지나 종교계에 의해 육영사업의 일환으로 설립되었다. 1918년 설립된 군산양영학교, 군산 기독교선교부에서 미션스쿨로 만든 영명학교, 역시 미션스쿨로 1913년 세워진 멜볼딘여학교 등이 한국인 중등교육기관이었다. 일제의 공립학교와 달리 민족교육을 주창했던 이들 사립학교들은 정부의 지원을 받지 못해 영세할 수밖에 없었다. 1935년 당시

학교 규모는 양영학교 4학급, 영명학교 3학급, 멜볼딘 여학교 1학급 정도였다. 영명학교와 멜볼딘 여학교는 일제의 신사참배를 거부하고 1937년 자진 폐교했고, 양영학교는 재정난과 학생 수 감소 등에 따라 1936년 폐교됐다. 교사들을 중심으로 도내 3·1운동을 주도했던 영명학교는 전북지역 독립운동사에 큰 족적을 남기기도 했다.

영세했던 한국인 대상 사립학교와 달리 일본인 학교는 정부의 지원을 받았다. 일본인 인구수가 적었지만 일본인 대상 중등학교 규모는 오히려 한국인 학교보다 컸다. 1912년 설립된 군산상업보습학교, 1916년 개교한 군산공립고등여학교, 1923년 설립된 군산중학 등이 일본인 학교였다. 특히 남자 관립학교 유치를 위해 전주, 이리, 광주 등지에서 치열한 유치 경쟁을 벌이기도 했다고 『군산개항사』(1925)는 전한다.

철저한 식민화 교육

일제는 철저히 일본 신민臣民을 양성하는 데 교육의 기본방향을 삼았다. 1911년 공포된 조선 교육령은 교육의 목표가 제국 신민다운 자질과 품성을 갖추는 데 있음을 분명히 했다. 이 같은 교육 방침은 일제강점기 내내 유지됐다. 3·1 운동 후 문화정책에 따라 한국인 교육을 일본과 동일하게 한 새로운 교육령도 결국은 민족적 자각과 독립사상을 없애려는 일본의 식민지화 의도를 드러낸 교육령 개정이었다. 어쨌든 신교육령에 따라 조선인의 대학교육을 인정해 대학교 설치와 사범교육 과정이 생겼다.

교육령 개정 이전 최고 교육과정으로 전문학교가 있었다. 연희·보성·경희전문학교 등이 대표적이다. 그러나 도내에는 전문학교 이상의 고등교육기관이 단 하나도 없었다. 1937년 전주사범학교가 설립됐지만 교사 양성을 위한 지금의 고등학교 과정이었을 뿐이다.

군산에 대학이 설립된 것은 1947년 설립된 군산사범학교를 모태로 하고 있다. 초등교원 양성소로 설립된 군산사범은 1965년 군산교대로 명칭이 바뀌었다. 그러나 1개도 1개 교육대학 설립방침에 따라 군산교대가 군산여대로 개편된 뒤, 1979년 현재의 군산대학으로 자리 잡게 됐다.

일제치하 명문 '군산중학교'

명문학교 출신에 대한 사회적 기대는 예나 지금이나 크게 다르지 않았던 모양이다. 일제 강점기의 교육환경에서도 명문은 따로 있었다. 물론 당시 명문학교 학생들은 지금보다도 훨씬 더 선망의 대상이 되었다. 군산중학교는 일제강점기에 군산지역뿐 아니라 전북 전체에서 전주 북중, 이리농림과 함께 명문으로 꼽혔던 학교다. 전주북중과 이리농림이 한국인 대상의 명문이었다면 군산중학교는 도내에서는 하나밖에 없는 일본인 학교였다. 물론 한국인들에게도 입학의 기회가 주어졌다. 그러나 들어갈 수 있는 여건이 까다로워 1년에 입학하는 한국인 학생은 적게는 한두 명, 많게는 10여 명에 불과했다.

중등교육과정으로는 도내에서 하나밖에 없는 일본인 학교가 군산에 세워진 것은 아무래도 군산지역에 일본인들이 밀집했던 때문이다. 군산중학교는 1923년 5월 13일 5년제 일본인 전용 중학교로 설립돼 첫 입학식을 가졌다. 5년 후인 1928년 3월 6일 졸업장을 받은 1회 졸업생은 33명이고 이중 일본인이 31명, 한국인이 2명이었다. 1930년 학급 증가 인가를 받아 10학급으로 편성되면서 한국인 학생 수도 늘었으나 16회(1943년)와 17회(1944년)를 제외하고는 한국인 학생이 10명을 넘지 않았다.

문이 좁으면 좁을수록 명문으로서의 위상은 높아지는 법이다. 당시 군산중학교는 우수한 학생들이 몰리는 곳으로 인정받았다. 당시 군산 인근 지역의 초등교육학교 졸업생 수는 어림잡아 7백여 명 안팎이었다. 군산중학교에서 한 해 동안 입학하는 한국인 학생 수를 10명 정도로 잡더라도 경쟁률은 70:1이 넘는다. 게다가 각 학교에서 가장 우수한 학생들이 응시했다는 점을 감안한다면 군산중학교 입학 경쟁이 얼마나 치열했는지를 짐작할 수 있다. 군산중학교 졸업생들은 대부분이 상급학교에 진학했다. 더러는 일본 유학을 가기도 하고 일부분은 서울의 대학에 진학했다. 그들은 어찌됐든 당시 사회적 환경으로 보자면 혜택 받은 학생들이었다. 일제강점기 군산중학교 졸업생들은 사회 각 분야에서 지도층으로 활동했다. 특히 교육계 진출이 유독 많았던 것이 특이할 만하다. 일제강점기 군산중학교를 다녔던 동문들은 〈월명회〉(일제강점기 군산에 거주했던 일본인이 만든 월명회와는 전혀 다른 모임)를 조직, 친목을 두텁게 다져오고 있다.

오랫동안 명문으로서의 전통을 지켜온 군산중학교는 1947년 학제개편에 따라 6년제로 편성되었으며 1951년에 다시 중학교와 고등학교로 분리돼 오늘에 이르고 있다. 그러나 이후에도 오랫동안 군산중학교와 군산고등학교는 송풍동의 원래 군산중학교 교사를 함께 이용하면서, 전통을 함께 이어왔다. 그러나 1988년 군산고등학교가 송풍동시대를 마감하고 동흥남동에 새로운 터전을 마련해 이주하면서 군산중·고등학교가 분리되었다.

4. 군산의 언론

일제치하 신문·방송

일제 치하의 식민지 시기, 정치·경제·사회 모든 정책은 오로지 식민지 모국을 위해 세워지고 실행됐다. 그들의 제국주의 지배는 언제나 조선의 근대화를 첫 번째 명분으로 내세웠다. 그러나 그 궁극적인 목적은 늘 일본의 야욕을 충족시키는데 있었다. 사회적 산물 그 어느 하나도 이러한 원칙으로부터 예외가 될 수는 없었다. 당시의 언론 역시 마찬가지였다. 방송이나 신문 등 소위 일본인들에 의해 주도되었던 근대적 문물은 조선에 대한 일제의 완전한 지배와 통제를 위한 도구로 활용되었다. 우리의 방송이나 신문의 탄생은 바로 일제강점기, 그들의 수탈과 침략의 무단정치의 굴레로부터 시작되었던 것이다. 120년 전까지로 거슬러 올라가는 전북 지역 신문의 역사나 방송의 역사도 어두운 근대사에 그 뿌리를 두고 있다.

그들에 의한 그들을 위한 그들의 언론

전북 최초의 지방신문이 도청소재지였던 전주가 아니라 이곳 군산에서 만들어졌고, 방송 역시 전주가 아닌 익산에 설립되었다는 것은 여러 가지 의미에서 시사하는 바가 크다. 전북에서 맨 처음 만들어진 것으로 알려진 지방 신문은 「군산신보群山新報」다. 당시 전국적으로 만들어졌던 대부분의 신문들이 개항장의 거류지를 중심으로 살고 있던 일본인들에 의해 창간되었다. 「군산신보」도 1903년, 당시 군산에 들어와 살고 있었던 일본인들을 위해 만들어진 일본인의 신문이었다. 일본어로 만들어졌던 것은 물론, 일본인들을 위한 각종 정보와 안내가 주요 내용이었던 이 신문은 주간지로 만들어졌다. 그 대상은 일본인들이었지만 당시 군산에서 이루어지는 모든 사회적 상황들이 일본인들에 의해 좌지우지되었기 때문에, 한국인들에게도 이 신문은 관심의 대상이었다. 군산신보에 이어 「한남일보」라는 이름의 신문이 만들어졌지만 곧 폐간되었다. 「한남일보」는 군산에 들어와 살고 있던 일본인 거류민단의 세력 다툼의 과정에서 만들어졌던 신문이다. 목적이 그런 만큼 신문으로서의 제 기능을 살리기보다는 사이비 언론으로서 특정한 계층을 위한 역할을 하는 신문이었던 것으로 추측된다. 치바 타미나가千葉民長가 만든 이 등사판 신문은 군산지역 안의 일본인 사회에서 서로 대립하고 있던 상대편 세력을 약화시킬 목적으로 악용되다가 얼마가지 못해 제작을 중단하고 말았다.

이에 비해 상당한 관심 속에 만들어졌던 군산신보는 4년 후 1907년 일간지로 그 형식을 바꾸면서 제호도 「군산일보」로 새롭게 옷을 갈아입었다. 당시 자금난으로 적지 않은 어려움을 겪으면서도 꾸준히 발행되었던 군산일보의 발행인은 불이농장의 경영자이면서 조선의 수리왕이라 일컬어졌던 후지이 간타로藤井寬太郎였다. 일간으로 바꾼 이후에도 군산일보는 일본인들을 위한 신문으로서의 역할을 변함없이 수행하였다.

1930년대 들어 군산에서는 군산일보와 함께 월간지 「실업實業의 군산」도 발간되었다. 「실업의 군산」은 1919년 5월, 역시 일본인 우시오 쇼오이치牛尾正一에 의해 만들어졌다. 일본이 조선의 식민지화에 앞서 금융에 적극적인 관심을 가지고 경제적인 침탈에 나섰던 것처럼, 「실업의 군산」은 이들 일본인 기업이나 상인, 농장주들의 경제력을 확대시키는데 기여하기 위한 발행물이었던 것으로 생각된다. 일본어로 쓰인 4·6배판 형태의 이 월간지는 발행인을 바꾸어 꽤 오랫동안 만들어졌다. 주요 내용은 역시 경제동향을 종합한 것이었다.

당시 군산의 신문매체들은 일본인들에 의해 만들어졌던 만큼 그들의 권익을 모색하고 보호하는 이익지에 다름 아니다. 전북지역 신문뿐 아니라 한국 신문의 역사가 바로 이들 일본인들의 대변지로부터 시작되었다고 해도 과언이 아니다.

어디 이러한 환경이 신문에서만 그랬을까. 전북 방송의 역사는 신문보다도 훨씬 더 구체적이고 적나라하다. 전북 방송의 역사는 이 지역에 일본인들의 경제적 침탈 야욕이 집중되었음을 고스란히 보여준다. 전북 방송의 모태가 도청소재지가 아닌 익산에서 시작되었다는 배경에는 바로 이러한 경제적 침탈의 야욕이 숨 쉬고 있다.

우리나라의 최초 방송사인 「경성방송국」은 1932년 4월 사단법인 조선방송협회로 법인 이름을 바꾸고 방송망 확충에 나섰다. 제1차 지방 방송망 확충계획의 대상은 부산과 평양, 청진, 그리고 이리와 함흥이었다. 「이리방송국」은 지방방송으로서 네 번째 개국한 방송국이었다. 관할 지역은 전라북도 일원과 충청남도 서천, 보령, 논산, 부여, 청양군 일대였다. 다른 방송국이 대부분 도청소재지에 세워진 것과는 달리 유독 전북에만 전주가 아닌 이리에 방송국이 세워진 것은 그만한 이유가 있었다.

호남은 일본의 착취가 경제적 침탈이 가장 집중적으로 이루어졌던 곳이다. 개항 이전부터 일본은 일본인들의 호남지역으로의 이주를 적극적으로 장려했다. 그 결과 군산에는 군산과 옥구를 중심으로 하여 김제, 부안 등 주변 일대 땅을 사들여 이주해 오는 일본인들이 급증했다. 이리에 방송국을 설립한 것은 바로 이러한 환경 때문이었던 것이다. 방송국은 지리적 여건 상 이리에 두고 있었지만, 그 주 청취자는 역시 그 일대에 살고 있는 일본인들, 특히 군산지역의 일본인들이었다. 초대 방송국장은 벳쇼 요시히로別所義博였다. 방송은 물론 일본어로만 이루어졌다. 당시 방송국의 주요 업무는 라디오 수신기 보급과 청취료 징수였다.

수신자를 늘려 수신기 보급과 청취료 징수로 운영자금을 늘려나가는 데 목적이 있었겠지만 일본어로만 제작되었던 방송에 한국인들을 끌어들이고자 했던 데에는 다른 목적도 있었다. 즉 방송을 통해 언어 및 문화적 식민지를 강화하겠다는 것이 주요한 목적이었다. 당시 이리방송국 직원 33명 가운데 방송계 직원은 3명, 기술과가 9명이었던 데 비해 업무과 직원은 21명이나 되었던 점으로 보아 수신기 보급에 얼마나 큰 비중을 두었던 가를 짐작할 수 있다. 특히 군산에는 전주와 함께 라디오 상담소가 설치돼, 수신기 보급과 청취료 징수 업무가 매우 적극적으로 추진되었다.

방송 내용은 역시 일제의 정책을 알리고 선전하는 것이 주를 이루었다. 당시의 방송 내용은 대동아 전시체제 확립과 정신무장을 강조하는 내용이나 농사지도 및 절미운동, 쌀 공출 강요 등의 내용이 대부분이었다. 방송은 일본인에게 한국인들 보다 우위에 있다는 식민지 모국의 국민으로서의 우월감을 다져주는 역할을 하는 한편 한국인들에게는 늘 경제적 부담과 함께 정신적 부담을 더해주는 식민지화의 도구 기능을 담당하였다. 전북지역 방송사의 모태가 익산에서 발아되었긴 하지만 군산의 개항사와 따로 떼어 정리할 수 없음은 바로 이 때문이다.

신문으로 본 당시 군산

농도와 쌀 수출항으로서 비중이 높았던 지역의 특성을 반영하듯 일제 하 군산은 소작쟁의와 정미소, 부두 노동자들의 파업 기사가 연일 도하 신문에 오르내리며 전국적인 관심을 끌었다. 3·1 운동 직후 식민지 문민정책 아래에서 『동아일보』, 『조선일보』가 탄생하던 시점인 1920년대에 군산의 경제권은 이미 일본인 손에 넘어간 상태였다. 사회 문제에 대한 관심도 자연히 일본인 사용자와 조선인 노동자 사이에 초점이 모아졌다.

1920년대 초 군산지역의 핫 이슈는 정미소 노동자들의 파업소식이었다. 당시 군산에는 이미 10여개의 정미소에 1,300여 명의 정미소 노동자가 있었다. 군산 전체 노동자 수가 1만여 명이라 할 때, 정미소 노동자의 비중은 전체의 10%를 넘는 수준이었다. 1924년 3월 17일자 『동아일보』는 "낙합정미소 주인이 삯을 내려 40여 명의 노동자들이 파업"을 했다는 기사를 전하고 있다. 그 해 11월에는 아비류정미소 공장에서 노동자 9명이 파업을 전개했다. 1926년에는 군산 조선정미소 직공 3백여 명을 비롯, 육석정미소 등 군산 전체 정미공 1천여 명이 결속을 다짐하여 잇따라 파업을 감행했다. 이 같은 정미소 파업은 1930년대까지 계속됐다. 파업을 주동한 노동자들의 구속과 재판과정 소식도 당시 신문에서 비중 있게 다루어졌다.

당시 동아일보와 조선일보는 군산지역 일련의 파업사태를 다루면서 일본인 사용자 입장에서 본 일부 시각도 있지만 전체적으로 노동자편에 서서 문제제기를 해, 노동자의 아픔을 실감나게 담았다. 1920년대 후반부터는 철도, 운송, 부두노동자들의 파업, 소작쟁의 등이 신문의 주요 면을 장식했다. 또한 당시 어려운 경제사정을 보여주는 사례들도 많이 눈에 띈다. 1933년 9월 29일자 동아일보는 추석절 군산지역 상가를 스케치한 기사에서 "전당포 문 앞만 보따리꾼들로 성황을 이루고 나머지 상점은 파리만 날린다"고 소개했다. 1934년 5월 3일자 기사에서는 군산부내 각 주류 양조장에 술지게미를 얻으러 오는 사람이 매일 4, 5명씩 되며, 때로는 10여 명이 떼를 지어와 돼지에게 먹이는 술지게미가 품절되기도 해 "눈물 없이는 차마 들을 수 없는 참사"라고 기록하고 있다.

1935년 12월 30일자 동아일보는 군산지방 걸식자가 700여 명에 이르며, 대개가 농촌에서 쫓겨난 자들로 전북에서 제일간다는 곡창에서 이같이 많은 걸식꾼을 내는 것은 그야말로 놀라운 현상이라고 당시 상황을 전했다.

5. 신사참배를 거부하다

기독교회, 신사참배 완강 거부

일본의 조선 식민정책은 정치·경제·사회는 물론 생활과 문화 그 자체의 뿌리에까지도 철저하게 행해졌다. 민족문화를 차단시키고 말살하려 했던 이들의 야욕을 증명해주는 것이 이른바 '내선일체'나 '황민화정책'이라면, 이들 정책의 거점이 되었던 것은 '신사神社'다. 일본은 신사가 종교가 아니라 국민 모두가 엄수해야 할 의례라고 주장하며 충성심의 표시로 신사참배를 강요하였다. 일제가 조선을 굴복시킨 것이 총칼이었다면, 정신적으로 위압한 것은 바로 신사였던 것이다.

일본은 이 땅의 주요 도시마다 빠짐없이 신사를 세우고 조선사람 모두에게 신사참배를 강요하면서 내선일체를 강조했다. 신사는 이른바 일본 식민정책의 상징물이었던 셈이다. 정치적으로는 물론, 생활 전반에 걸쳐 이미 식민화되어버린 상황에서 조선의 백성들은 광포한 파시즘에 굴복할 수밖에 없었다. 그러나 당시 교세를 확장해가고 있던 기독교회는 완강하게 신사참배를 거부했다. 이들 교회는 결국 일제의 교묘한 분단책과 협박으로 굴복하긴 했지만, 이들의 완강한 저항은 민족독립운동으로 이어졌다. 일제의 신사참배 강요가 기독교회의 저항이 심하면 심할수록 더욱 강력하게 옥죄어졌음은 물론이다. 사실 그들의 신사참배 강요는 조선 침략을 시작할 때부터 암적인 존재였던 기독교회를 굴복시키려는 의도가 강했던 터여서 갈등과 회유, 압력은 심화될 수밖에 없었다.

개항장이었던 군산에서도 이러한 상황은 그대로 진행되었다. 다소 과장된 말이기는 하지만 흔히 군산에서 일제 잔재를 모두 거둬내면 남는 것은 사람과 공단뿐일 것이라고들 한다. 군산에서 일제가 남긴 흔적이 그만큼 깊고 뚜렷하게 남아있음을 말해주는 이야기다. 일제강점기 일본문화로 도배되다시피 한 군산에서 기독교 문화만은 예외였다는 점은 시사하는 바 크다. 그만큼 군산 교회사는 그 뿌리가 깊고 튼실했다. 군산의 구암교회가 전북지역 민족독립운동의 시발이 되었던 것도 군산지역의 교회사의 면면을 그대로 드러내주는 예가 된다. 그런 만큼 군산에서의 신사참배 강요는 더욱 극렬하게 전개되었음을 쉽게 짐작할 수 있다. 더욱이 수많은 일본인들이 몰려와있던 군산에서 신사참배는 어쩌면 조선인들을 완벽하게 굴복시키는 근거가 되었을 법도 하다.

당시 군산에서 잘 알려진 신사로는 군산신사와 금도비라신사金刀比羅神社가 있었다. 월명공원 입구에 군산신사가 들어서 있었고 금도비라신사는 월명공원 안에 있던 금도비라신을 모시는 그들의 신사였다. 군산신사는 군산 사람들에게 선명한 기억으로 남아있는 곳이다. 1998년 당시 15년 전부터 월명공원 앞에서 구두수선 노점을 열어놓고 있는 서성옥 씨(당시 65세, 문화동)는 기억이 생생하다.

"굉장했어요. 해마다 10월 1일이면 '긴자산빠이'인가 뭔가해서 금상여를 메고 일본인들이 큰 행사를 치렀지요. 볼만했어요. 처음에는 즈들 일본사람들끼리 하더니만 나중에는 한국 사람들까지 참여시킵디다. 내 어릴 적 기억으로는 그것 말고도 매달 두 번씩 이 신사에서 제를 올렸던 것 같아요. 각 동마다 청년들이 동원되었는데 우리는 그 구경을 할려고 문화동에서 여기까지 왔었어요."

3-6. 군산신사

월명공원에 오르는 입구 바로 왼쪽에 있던 신사자리에 군산서초등학교가 들어서서, 지금은 그 터조차 찾아볼 수 없지만 일제 잔재의 흔적은 여전히 깊다. 『신사본청십년사神社本廳十年史』(1956)의 기록을 보면 1945년 6월 말 현재 조선의 신사와 신궁은 모두 1천 1백 41개에 달했다. 이중 전라북도에는 34개가 있어 다른 지역에 비해 상대적으로 적었다. 그러나 교회 및 신도 수는 그 어느 지역보다도 많았다. 1938년 말 현재 전북의 교회는 323개, 신도 수는 2만 9천 6백 15명이었다. 군산지역의 교회와 기독교계 학교들이 신사참배를 더욱 강력하게 강요당했으나 강력하게 저항했다. 그 결과 영명학교가 폐교되고 기독교인들에 대한 탄압이 가해지는 등 그 어느 지역보다도 갈등이 심했다. 이러한 점으로 미루어 군산에서의 신사참배는 그들의 뜻대로 이루어지지는 못했던 것으로 보인다.

군산사람들이 기억하고 있는 또 하나의 신사는 월명공원 산책로를 따라 올라간 곳에 금도비라신사이다. 지금은 그 자취를 찾기 어렵지만 로타리클럽에서 조성한 공원 자리에 있었다. 금도비라신은 일본 건국신화에 나오는 대물주신이며 해외침략(자신들의 표현으로는 해외발전)의 기적을 낳게 한 주역이다. 특히 세속적으로는 해상 수호신이라 하여 일본의 해변도시나 촌락에 많이 설치되어 있다. 우리나라에는 1609년 일본인들이 부산에 상주하게 되자 항해의 안전을 위해 부산진에 세워졌고 거류지가 설정되고 개항장이 된 후에는 이들 각 지역에 금도비라신사金刀比羅神社가 들어섰다고 한다. 그러나 군산의 금도비라신사는 많은 사람들에 의해 전해져 내려올 뿐 정확한 위치나 그 규모를 알 수 있는 기록은 없다. 몇몇 노인들은 월명공원 안에는 신사가 없었다며 공원입구에 있던 신사당이 바로 그것일 거라고 주장하기도 했다.

일본정부는 신사를 세우고 내선일체를 내세워 한국인들에게도 신사참배를 강요하는 한편으로 기독교, 불교 등 자국의 각 종파를 들여와 포교활동을 활발히 전개토록 했다. 개신교로는 군산 일본기독교회가 들어서 활발한 포교활동을 폈으며, 불교 쪽에서도 일본식 사찰이 건립돼 대중 불교운동을 활발히 전개했다. 월명공원 입구에 있는 흥천사나 월명산 동쪽에 있는 동국사는 일제강점기 일본인사찰로 지어진 대표적인 절이다. 특히 동국사는 국내에 있는 일본식 사찰로는 그 규모가 가장 크다. 지금도 원형이 그대로 남아 일반 사찰과는 전혀 다른 독특한 분위기를 전한다. 동국사는 해방 직후 조계종에서 인수해 오늘에 이르고 있다. 이들 일본인들의 교회나 사찰이 군산을 중심으로 활발히 들어선 것은 군산지역에 진출한 일본인들의 세력이 그만큼 컸음을 보여주는 것이다.

구암교회와 개복교회

일제강점기 일본문화로 도배되다시피 한 군산에서 예외적인 것이 있었다면 그것은 기독교 문화다. 식민지 시대 기독교는 군산에서 상당히 융숭한 대접(?)을 받았고, 오늘날에도 군산의 기독교 교세는 상당한 것으로 평가받고 있다.

군산에서 기독교의 뿌리는 개항 이전으로 거슬러 올라간다. 구암교회와 개복교회가 군산지역 개신교의 역사다. 군산지역 첫 교회를 놓고 다소 이견이 있지만 김수진 목사는 『호남기독교 1백년사』(쿰란출판, 1997)에서 두 교회가 같은 뿌리에서 출발한 것으로 정리했다. 군산지역 선교는 1894년 미국인 선교사 이눌서李訥瑞, Renolds와 유대모(미국명 드루)에 의해 처음 이루어졌다. 전라도 선교 상황을 살피러 호남의 관문인 군산에 도착해 전도했다고 기록한 이눌서의 『전라도 여행기』(1894)가 사실을 뒷받침하고 있다.

군산에 본격적으로 선교가 이루어진 것은 유대모와 전위렴全緯廉, Junkin 선교사가 정착한 1895년 이후다. 이들은 군산항에 바로 인접한 우편국 부근에 거처를 정하고 선교, 의료활동을 벌였다. 개항으로 일본인들이 항구 쪽에 몰리면서 자리를 옮기게 되는 데 전위렴 선교사가 새로운 거처를 삼은 곳이 현재의 구암교회다. 1898년 12월 완성됐으며, 당시 행정 구역은 옥구군 임피면 구암리였다.

군산선교부가 구암으로 이전한 뒤 군산지역 교세가 확장되면서, 1905년 구복동(현재의 창성동)에 교회가 부활됐다. 이듬해 현재의 개복교회가 자리 잡은 개복동으로 이전하면서 군산의 기독교는 구암, 개복교회가 양대 산맥을 형성했다. 양 교회는 이후 식민지 시대 군산지역 조선인들의 아픔을 어루만지며 지역 속에 튼실히 뿌리내렸다. 1900년대 초에는 교회 내 야학당夜學堂을 만들어 한글을 모르는 부녀자들을 상대로 한글교육을 시키는 등 한글보급운동을 벌였다. 전위렴 선교사와 부인이 교육을 시킨 것이 후에 각각 군산 영명학교, 멜본딘 여학교의 모태가 됐다.

구암교회와 개복교회는 식민지 시대 민족저항운동의 요람이 되기도 했다. 특히 구암교회에서 호남지역 처음으로 시작된 3·1독립만세운동은 자랑스런 역사로 기록되고 있다. 반면 개복교회는 1923년 영신여학당과 개복유치원을 각각 설립했으며, 해방 후에도 폐교된 영명학교를 재건해 복교하는 노력을 기울였다. 군산선교부에서 운영했던 영명학교와 멜본딘여학교는 신사참배를 거부하고 1937년 자진폐교 했었다.

6. 군산에 유곽이 생기다

1910년대 등장한 매춘업의 본격화

오늘날 성性의 거래는 법으로 엄격히 금지돼 있다. '상품'으로써의 성의 유통을 막기 위해 공급자는 물론 수요자를 처벌하는 법까지 만들어졌다. 매춘을 금지하는 법적 강도가 계속해서 높아졌지만 법과 현실은 엄연히 다르게 움직이기도 한다. 전국 주요 도시 등지에서는 예외없이 성을 매매하는 행위가 성행하고 있는 것이 현실이다. 어쩌면 겉으로 드러난 것들은 매춘 형태의 아주 적은 부분에 지나지 않을지도 모른다.

우리나라에서 매춘의 역사가 시작된 것은 얼마나 될까. 인류 역사가 시작된 이래로 매춘은 항상 있었다는 일반론으로 보면 그 출발점은 고대까지 거슬러 올라가겠지만 공인된 기록은 없다. 조선시대에도 기생 혹은 기녀가 있었지만 이들의 본업은 어디까지나 술자리 여흥을 돋우는 것이었고 성적 행위는 부수적인 것이었다. 본격적인 매춘업이 이 땅에 뿌리 내린 시기를 개항 이후로 잡는 것이 사회학자들의 일반적 의견인 것 같다. 개항과 더불어 일본의 신식 문물이 거침없이 들어온 가운데 성을 매개로 한 매춘업이라고 예외일 수 없었다.

매춘업의 선봉은 지금은 우리사회에 남아있지 않은, 다름 아닌 유곽遊廓이었다. 일본의 유곽은 이미 16세기부터 공인된 매춘제도로,

당시 일본에는 500여 개에 이를 만큼 유곽이 번성했다. 청일전쟁 후 조선에 진출한 일본인이 크게 늘면서 일본 관리들과 유지들이 각 개항장에 성을 사고 파는 유곽을 만들기 시작했다. 1902년 부산에 처음 등장한 유곽은 개항장을 중심으로 전국으로 확산됐다. 도내 유곽이 처음 등장한 도시는 자연히 개항장이며, 일본인이 가장 많이 살던 군산이었다.

군산에 유곽이 언제 등장했는가에 대해서는 기록이 남아있지 않아 정확한 연대는 알 수 없지만 1910년대 전후일 것으로 추정되고 있다. 개항시기와 일본인 거류민 수가 비슷한 목포木浦에 유곽이 설립된 것이 1910년이고, 이때쯤 전국의 개항장 대부분에 유곽이 들어섰다는 점에서 이 같은 추정이 가능하다. 1925년 발행된 『군산개항사』(保高正記)는 군산에 어떻게 유곽이 설립됐는지 구체적으로 기록하고 있다. 이 자료에 따르면 당시 유곽 설립에 상당한 이권이 걸려있었던 것으로 보인다. 유곽 후보지를 둘러싸고 상당한 갈등과 논란이 있었는데, 그것이 지역민들의 반대가 아닌 지주들의 유치경쟁에서 비롯되었다는 점을 통해서 알 수 있다.

유곽 설립 당시 후보지로 신흥동 산수정(현재 명산시장), 팔마산 동쪽의 평지(경장리), 경포리 부근 해변가(현재 고속터미널 부근) 등 3곳이 고려됐다. 경합 끝에 유곽 설립 예정지로 산수정이 선정됐다. 팔마산 동쪽은 광활하고 마음대로 계획을 구획할 수 있는 장점이 있었으나 시내에서 너무 멀다는 점이 약점으로 작용했다. 경포리 부근은 산수가 아름답고 항구에 가까워 위치도 좋았으나 원래 갈대밭이라 땅을 메우고, 도로와 하수를 개통하고, 둑을 새로 쌓아야 해 비용이 많이 들 것으로 예상돼 제외됐다. 반면 신흥동 산수정은 낮은 골짜기라 토지를 획득하기 좋고, 시내에 가까웠으며, 곧 시내 구역으로 편입될 예정이어서 개설 비용을 감안해 선택되었다. 특히 이 땅의 주인인 군산의 금융왕 사토오左藤가 유곽이 들어설 오천 평을 일본 민회에 무상 기증하는 것을 조건으로 내세워 다른 유곽 후보지 둘을 물리치고 유곽을 유치하게 되었다.

후보지 선정을 위해 일본 민단 내 선정 위원회까지 구성됐고, 군산이사청의 이사관이 직접 관여한 사실도 기록되어 있어, 유곽 설립이 군산에 있는 일본인들의 큰 관심 사항이었음을 보여주고 있다. 계획대로 산수정에 세워진 유곽건물은 당시 군산에서 보기 드물 정도로 웅장하고 화려했다. 2층 혹은 3층 건물인 유곽은 일본식 다다미방이며, 정원과 연못까지 갖췄다. 「옥가玉家」, 「송가宋家」, 「군산루群山樓」, 「송월루宋月樓」, 「칠복루七福樓」 등이 당시 유곽의 상호들이었다.

군산에서 유곽은 이후 경정京町(현 영화동 일대)에도 설립됐다. 1935년 발행된 『군산부사』는 당시 군산에 일본인이 운영하는 유곽이 8개소, 한국인 유곽이 3개소가 있었다고 전한다. 여기서 몸을 파는 창녀 수는 일본인 61명, 한국인 26명이 있었다. 유곽 요금은 쌀 한두 말 값에 이르러 일본인이 주 고객이었고, 그럴 만한 여유가 있는 한국인은 많지 않았다.

일본은 이 같은 공인된 매춘업인 유곽을 관리하기 위해 창기娼妓가 될 자의 허가조건, 창기의 수칙 등의 세부사항을 내무부령과 규칙(「대좌부창기취체규칙貸座敷娼妓取締規則」: 유곽은 대좌부업으로 분류됐다)으로 정하기까지 했다. 호색적인 일본문화의 상징인 유곽이 들어서면서 공창인 유곽 외에도 1920년대부터는 사창들이 우후죽순처럼 생겨났다. 더 이상의 퇴폐문화 확산을 막기 위한 시민단체들의 공창 폐지운동도 있었다. 1928년 전주청년동맹이 전주에서 인신매매금지와 공·사창 폐지를 위한 모임을 열었다는 기록이 전해진다.

3-7. 군산 유곽 거리

그러나 이 같은 공창 반대 움직임에도 군산의 유곽은 일제강점기 내내 유지됐다. 공창이 폐지된 것은 해방 후 미군정에 의해서였다. 산수정 유곽이 있던 현 명산시장은 해방 후 한동안 계속 유곽시장으로 불렸다. 현재 군산 화교소학교로 이용되는 건물이 당시 유곽의 원형을 거의 그대로 간직하고 있다. 나머지 건물들은 한때 6·25 피난민들이 사용하다 분양돼 개·보수됐다. 영화동 일대 유곽은 그 흔적이 없어졌지만 미군기지가 생기면서 해방 후 1960년대 후반까지 미군기지촌으로 명맥(?)을 이어갔다. 현재 이곳은 산북동에 만들어진 「아메리칸타운」에 바통을 넘기고 급속히 쇠락했다. 일제가 남긴 퇴폐문화의 상징인 유곽은 그 이름과 형태는 없어졌지만 미군주둔과 함께 유입된 새로운 퇴폐적 서구 문화가 합쳐져 오늘날 「아메리칸타운」, 「감뚝」(대명동), 개복동 일대 등에 복합적인 성격의 군산 지역 환락촌을 형성시켰다.

창기娼妓들의 질병과 대책

성병의 전파를 막기 위해 예기藝妓(요정) 창기娼妓(유곽), 작부酌婦(술집) 접객업소 종사자들에 대하여 강제로 정기적인 건강진단을 받도록 하였고 예방약과 예방기구들을 사용하도록 장려하였다.

예기와 작부들은 공중보건의인 공의公醫와 위촉된 일반의사인 촉탁의사囑託醫師들이 매주 1회씩 검진하도록 하였다. 1931년 『전라북도 보고서』에 따르면, 전북에서 1931년에 검진한 연인원수는 18,686명이며 병으로 인해 치료를 받은 자의 수는 1,958명으로 전체 검진 인원의 10%를 넘어서고 있다. 또 접객업소 직원들은 각 경찰서에서 매년 1회 이상 건강진단을 받도록 하였다. 이 해에 전북에서 연 4,663명을 검진하였는데, 그 중 432명이 병을 가지고 있었다. 가장 심한 병은 매독으로 일본여자 11명, 한국여자 14명이 이 병에 걸렸던 것으로 보고서에는 기록되어 있다. 최고 빈도수가 많았던 것은 임질로 일본여자 157명, 한국여자 133명이 이 병으로 고생하였다.

군산의 경우, 일본여자 연 4,098명, 한국여자 연 2,982명이 검진을 받았다. 일본인 종사자 중에서 매독 3명, 이질 55명, 기타 987명이 병을 앓고 있었고, 한국인 종사자 중에서는 매독 2명, 임질 34명, 기타 460명의 감염자가 있었다고 기록되어 있다. 그리고 전주는 군산에 비해 일본인이 적어서 창기 등의 수에 있어서도 한국여자가 일본여자보다 3배나 많았다. 군산의 창기나 작부 중에서 4분의 1이 무엇인가 병에 걸려있는 것으로 나타나, 전주나 다른 지역에 비해 월등하게 발병률이 높았다. 일반인들에게도 성병의 전염 가능성을 널리 알려 스스로 알아서 조심하고 예방하도록 하였지만, 유곽이 생긴 이후로 성병이 널리 퍼지게 되었다.

명산동 옛 유곽거리의 변천

현재의 행정구역상으로 군산시 명산동에 자리 잡은 유곽시장은 일제강점기의 매춘시장이다. 군산 명산동의 유곽은 다른 개항장이 그랬던 것처럼 1910년대에 만들어졌다. 당시 군산의 유곽은 전주의 유곽보다도 그 규모가 더 컸다. 『군산부사』(1935)에 따르면 일본여자들이 있었던 일본 유곽집은 8호에 61명이 창기로 일했으며, 조선여자들이 있던 유곽은 3호에 26명이 있었던 것으로 기록되어 있다.

유곽들이 자리 잡고 있던 명산시장 안에는 아직도 옛 유곽건물이 많이 남아 있다. 특히 시장 입구의 군산 화교소학교 건물은 70~80년이 지난 지금에도 부분부분 낡고 퇴색한 것만 아니라면 예전의 모습 그대로를 간직하고 있다. 2층 목조로 지어진 이 건물은 당시 유곽의 규모가 얼마나 컸었는지를 짐작할 수 있을 정도로 웅장하다. 6·25전쟁 이후 이 유곽거리는 피난민들이 임시 거처하는 장소가 되었다. 1960년대 초반 순창에서 명산동으로 이사를 와서 40년 가깝게 시장골목에서 과일가게를 하고 있는 이정순 씨(당시 51세)에 의하면 당시 한 집(유곽 한 동을 이름)의

방마다 한 가족씩 피난살이를 했는데 아마도 30가족은 거주했었던 것 같다고 말한다.

명산동 유곽은 해방 후 미군정에 의해 폐쇄됐다. 6·25 이후에는 피난민들이 몰려들면서 그들의 생활 근거지가 되었고 시장이 형성됐다. 기존의 목조건물은 허물어지고 대신 신식 건물이 들어섰다. 1970~80년대 군산의 재래시장으로서 한창 성했던 명산시장은 1990년대에 들어서면서 아파트촌이며 주택가로 많은 인구들이 이동하면서 예전의 상권을 잃었지만 명맥은 이어지고 있다. 명산시장 입구에 자리 잡은 화교소학교는 오늘날까지 유곽의 예전 모습을 그대로 간직하고 있는 유일한 건물이다. 내부 일부를 개조해 수십 년간 교실로 사용해 온 화교소학교 건물의 장래도 불투명하다. 건물을 헐어 역사 청산의 계기로 삼을 것인지, 역사의 아픈 교훈으로 남기는 것이 바람직한지 판단이 요구된다. 군산지역 많은 사람들에게 아직도 현대식 이름인 명산시장보다 유곽시장이란 이름이 훨씬 더 친숙한 이곳의 어두운 이면사는 그만큼 흔적이 깊다.

7. 채만식의 탁류와 1930년대 군산

암울했던 민족의 '자화상'

1930년대는 일제 식민지 정책의 수탈이 극에 이르는 시기이다. 1930년대 군산은 바로 일제의 수탈이 절정에 달한 비참한 식민지 도시의 전형성을 갖추고 있었다. 당시 군산항은 곡창 호남평야에서 산출되는 쌀을 일본으로 실어 나가는 수탈의 전진기지였으며, 그 대신 생필품 등 소비물자는 역수입되는 무역교류의 중심지였다. 말이 무역이지 비옥한 평야에서 생산된 쌀은 일방적으로 빼앗기다시피 실려 나갔고, 우리나라에서 실려나간 원자재를 가공한 공산품이나 소비재 생산품은 값비싼 상품이 되어 들어왔다. 우리민족으로서는 생산물은 싼 값에 빼앗기고 비싸게 되사면서 다시 돈을 빼앗기는 이중 부담을 안아야 했던 셈이다. 한국 국민들의 경제적 여건은 피폐할 대로 피폐해졌으나 일본인들을 중심으로 한 경기는 한창 물을 만난 고기마냥 최고조에 이르렀다.

당시 군산의 상권은 그야말로 활발했다. 30년대의 이런 상황을 마치 예견이라도 한 듯 일제는 1927년 군산에 항만을 건설하고 수출입을 위한 근대항의 면모를 갖추었다. 그러나 일제의 흥청망청한 상권의 이면에서 우리민족은 상대적인 빈곤과 황폐한 삶을 견뎌야 했다. 세계 자본주의 시장에 편입되기 시작하면서 외세에 의해 차례로 유린되다가 마침내 식민지 국가로 전락해버린 우리나라의 운명은 각박해지고 황폐해진 국민들의 삶으로 고스란히 이어졌다. 경기는 늘 흥청거렸으나 인심은 각박해지고 도덕적 가치관도 추락했다.

군산 출신 소설가 채만식은 장편소설 『탁류』를 통해 당시 군산의 생활상을 꼼꼼하게 그려냈다. 『탁류』는 1930년대 군산의 자화상이라 해도 좋을 만큼 당시의 사회상과 시대상을 사실적으로 재현해내고 있다. 『탁류』는 그런 점에서 우리 문학사의 기념비적인 작품일 뿐 아니라 군산의 아픈 역사를 들여다 볼 수 있는 거울과도 같다.

"백마강은 공주 곰나루에서부터 시작하여 백제 흥망의 꿈 자취를 더듬어 흐른다. 풍월도 좋거니와 물도 맑다. 그러나 그것도 부여 전후가 한창이지 강경에 다다르면 장꾼들의 흥정하는 소리와 생선 비린내 고요하던 후면의 꿈은 깨어진다. 물은 탁하다. 예서부터 옳게 금강이다. 형은 서서남으로 밋밋이 충청, 전라 양도의 접경을 골타고 흐른다 … 중략 … 이렇게 에두르고 휘돌아 멀리 흘러온 물이 마침내 황해바다에다가 화르르 쏟아버리면서 강은 다하고 강이 다하는 남쪽 언덕으로 대처 하나가 올라앉았다. 이것이 군산이라는 항구요, 이야기는 예서부터 실마리가 풀린다."

소설 탁류는 이렇게 시작된다. 『탁류』는 채만식이 고향인 군산의 쌀의 수탈을 주제로 우리민족의 궁핍하고 비참한 삶의 애환을 그린 작품이다. 『탁류』는 각박한 삶 속에서 가난과 도덕적 황폐가 가져온 비극적 양상을 상징한다. 작품의 주요 배경은 미두장米豆場과 개복동, 구복동과 선양동, 둔율동(둔배미) 등 도시빈민들이 얼키설키 모여 사는 곳이다. 탁류 속에서의 미두장은 현재의 영화동 내항사거리에 있던 군산 미두장의 모습을 그대로 옮긴 듯 사실적이다. 당시 군산에서 가장 호황을 누린 거리는 미두장이 있던 전주통(영화동)과 본정통(해망동), 그리고 명산동의 유곽이었다. 이곳의 경영권은 물론, 도심의 주요 상권은 대부분 일본인들의 몫이었고 살기 좋은 주거지 역시 일본인들이 차지했다. 자연히 조선인들은 도심으로부터 벗어난 변두리가 삶의 근거지가 되었다.

미두장은 당시 군산 서민들의 황폐한 정서와 각박한 삶을 대변하는 곳이다. 이 미두장에서 그야말로 얼마 되지도 않은 재산을 탕진하고 거덜 난 사람들은 많았다. 이들 대부분은 전라도와 충청권의 중소지주들이었다. 이 미두장의 거물들은 대부분이 일본인들이었기 때문에 그들의 농간에 이들 중소지주들은 철저하게 농락당했던 것이다. 소설 속의 주인공 정 주사는 무능하고 뻔뻔한 인물로 그려지고 있지만 그것은 곧 식민지 사회로부터 철저하게 소외된 인물을 대변한다. 채만식은 이 '정 주사'를 비롯한 여러 인물 군상들을 통해 탁류에서 허우적거리고 살고 있는 '내일이 없는 사람'들을 들춰내면서 식민지 도시의 암울한 현실과 우리 삶의 황폐화를 고발했다. 등장인물이 대부분 불안한 인물들로 묘사된 것도 상징적이다.

"1930년대 군산은 당시 호남에서는 가장 경기가 좋은 지역이었습니다. 높은 소작료로 빚에 쪼들리다 마침내 땅까지 빼앗기고 살기 위해 이 도시를 찾아온 대부분의 사람들은 도시노동자로 전락했지요. 항만의 부두노동만 하더라도 먹고 살 수는 있었으니까요. 그러나 그들 중 또 적잖은 사람들은 도덕적으로 몰락해갔습니다. 일종의 도박장과도 같았던 미두장은 대부분 중소지주들이 드나들었지만 실제로는 도시로 쫓겨 온 서민들의 타락상을 상징하는 곳이기도 합니다."

작고한 시인 이병훈 씨는 소설 『탁류』는 바로 이러한 당대의 생활상을 지극히 사실적으로 그려낸 빼어난 사실주의 작품이라고 소개하였다. 그는 특히 채만식은 이 작품을 통해 가난 그 자체를 문제 삼기보다는 가난과 도덕적 황폐가 얼마나 사람을 철저하게 몰락시키는지를 그리면서 당대 현실을 반영하고 시대의 모순을 드러냈다고 설명했다.

군산 도심 곳곳에는 소설 『탁류』의 현장이 살아 숨 쉰다. 1996년 군산문화원은 『탁류』가 지닌 역사성과 문화성을 기념하기 위해 그 주요배경이 되었던 문학현장에 〈백릉 채만식 소설비〉를 세웠다. 미두장이 있던 지금의 영화동 내항사거리와 소설 속 고태수가 근무했던 옛 조선은행(현재 군산근대건축관) 앞, 그리고 금암동 째보선창 자리 등 세 곳이다. 월명공원에는 채만식 문학비가 있다. 비문에는 "군산까지 흘러 와서 서해 바다와 합쳐지는 금강을 두고 채만식은 '탁류'에서 눈물의 강이라고 불렀다. 군데군데 일본식 가옥들이 남아있는 월명동 주택가나 군산 화교소학교를 중심으로 한 거리 혹은 뱃고동소리가 처량한 군산항 등지를 돌다보면 채만식 선생의 체취가 아스라이 느껴진다. 채만식은 한국전쟁 직전 고향근처에서 가난과 폐결핵이라는 병고로 마흔 여덟의 짧은 나이에 이승과 인연을 끊었다"라고 적혀있다.

채만식 선생 기념사업

채만식 없는 군산은 등대 없는 항구다. 동서고금을 통해 대문호의 고향은 독자들에게 항상 신비스러움으로 다가서고 많은 궁금증을 갖게 만드는 마력이 있다. 채만식의 경우에는 특히 그의 대표작인 『탁류』가 고향을 배경으로 했다는 점에서 작가와 고향 사이의 관계는 더욱 각별하다. 그러나 채만식이 자신의 문학적 가치를 고향에서 평가받게 된 것은 그가 유명을 달리하고 한참이 지난 뒤였다.

1963년 6월 11일 군산시청 회의실에서 열린 '채만식 선생 추모 문학의 밤'이 있기 전까지 군산에서 그의 자리는 비어 있었다. 작고한 지 13년이 지나 그의 기일에 열린 추모 문학의 밤은 지역에서 그의 존재와 가치를 새삼 일깨우는 계기가 됐다. 전북일보와 예총군산지부 공동 주최로 열린 이날 행사에는 도내 출신 소설가 유현종 씨를 비롯한 지역 인사와 문인들이 참석해 문학사에 남긴 그의 발자취를 기렸다. 이 행사를 계기로 그에 대한 많은 연구와 성과물이 쏟아졌다. 그와 그의 문학에 대한 연구로 박사 학위를 받는 연구자도 나왔으며, 3호로 그치긴 했지만 군산 문인협회는 『탁류』라는 이름으로 기관지를 내기도 했다. 채만식의 숨결은 군산 곳곳에 스며있다. 소설의 배경이 된 째보선창 등 3곳에 소설비가 세워져 있고, 군산의 대표적 시민 공원인 월명공원에서도 문학비를 만날 수 있다.

1984년 문학비 건립추진위원회(위원장 서정상·당시 전북일보 사장)까지 결성해 만든 문학비는 군산시가지와 탁류인 금강하류가 훤히 내려다 보이는 월명공원 중턱에 자리 잡고 있다. 강암 송성용 글씨로 새겨진 비문에는 소설 탁류의 전문 일부와 약력이 담겨있다. 이 같은 몇몇 기념사업만으로 작가가 갖는 위치를 온전히 담아낼 수 없다는 판단 아래 지난 1996년 이병훈 당시 군산문화원장 등 지역 문인들을 중심으로 탄생시킨 것이 채만식 문학관이다. 당시 군장대 이종록 총장을 위원장으로 문학관 건립추진위원회를 만들어 군산 시립도서관 건물에 문학관 간판을 걸었다.

2001년 개관한 채만식문학관은 내흥동 금강 하구둑에 자리하고 있다. 160평 규모의 문학관은 정박한 배의 모습을 하고 있으며 채만식 선생의 작품, 자료 등을 보관하고 그의 삶과 작품세계, 집필모습, 작품 속 군산의 이미지도 되살려 놓았다. 문학관 주변에는 산책로와 공원이 조성되어 콩나물 고개, 둔뱀이 오솔길, 호남평야에서 가져온 쌀을 실어오는 기찻길 등 시대상을 형상화하여 작가의 향수를 느낄 수 있다.

채만식은 강연과 소설, 시로 친일행위를 하였다. 그러나 대부분의 친일문학가들과 달리 해방 이후 변명을 늘어놓지 않았다. 채만식은 인정하고 뉘우치는 모습을 보여서인지 다른 사람들 보다 양심이 있다고 평가받고 있다. 채만식의 친일행위를 무조건 비판만하는 행태를 비판하는 사람도 있으며 친일파 관련서적 평가에서도 조금은 긍정적인 평을 받고 있다. 군산시에서는 채만식 탄생 1백주년(2002)을 기념하여 채만식 문학상을 제정하였다. 친일논란이 일어났던 2005년을 제외하고 2003년부터 시상이 꾸준히 이어져 2018년에 15회째를 맞았다.

8. 이영춘 박사와 군산의 병원

소작인 무료진료 구마모토 농장 진료소

일제강점기 군산의 의료사업은 그 어느 지역보다도 활발했다. 개항이 되고 일본인들이 몰려와 정치·경제·교육 등 각 분야에 식민정치의 뿌리를 이식시키려 했던 일본은 의료사업에도 일찌감치 눈을 떴다. 군산에서 근대적 의미에서의 의료사업이 본격화된 것은 거대 농장주였던 구마모토 리헤이熊本利平에 의해서였다. 구마모토는 자신의 농장에 속해있던 소작인들과 그 가족들의 질병과 건강을 위한 진료소를 설치했다. 구마모토 농장에 설치되었던 자혜진료소는 당시 구마모토 농장 소속 소작인뿐 아니라, 드물었지만 다른 농장의 소작인들에게도 진료의 기회가 주어졌다. 진료소는 개정에 있었지만 각 농장마다 지장을 두어 주 1회씩 출장 진료를 했으므로 구마모토 농장 소작인들 대부분은 자혜진료소를 통해서 질병 치료를 자체적으로 해결했다. 진료소가 문을 연 첫 해의 환자가 실제 인원만도 7,000명에 이르렀다하니 농민들의 이용도를 짐작할 수 있다. 이러한 점에서 자혜진료소는 군산 뿐 아니라 전북에서 근대적 농촌의료의 효시라 할 수 있다. 구마모토가 진료소를 개설한 궁극적인 목적이 소작인들의 건강을 위한 것이라기보다는 이들이 농사일에 전념할 수 있게 하기 위해서였다는 해석도 있지만, 어찌 됐든 구마모토 농장 진료소는 당시 농민들에게 큰 의지가 되었을 것이다.

구마모토 농장의 개정진료소가 농촌위생의 기틀을 다질 수 있었던 데에는 한국 농촌위생분야의 문을 연 이영춘李永春박사의 희생과 봉사정신이 밑바탕이 되었다. '한국의 슈바이처'로 칭송받는 이박사가 아니었다면 개정진료소는 그저 일개 농장의 진료소 차원을 넘어서지 못했을지도 모른다. 한국 농촌위생분야를 개척한 이영춘 박사는 자신의 삶을 이곳에 바쳤다.

한국인 1호 박사이기도 한 쌍천 이영춘 박사는 평안남도 용강출신이다. 그런 그가 군산과 인연이 된 것은 구마모토 농장진료소에 부임하면서부터다. 평양고보를 거쳐 세브란스의학전문학교에서 공부한 그는 병리학 교실에서 조교생활을 했다. 당시 그의 평양고보시절 담임이었던 일본인 스승이 그에게 소작인을 위한 무료진료사업을 계획하고 있는 지방의 농장진료소를 권했다. 교수자리와 개업의로의 진출 가능성이 보장되어 있었던 그였지만 그는 기꺼이 농촌행을 택했다. 전북의 작은 농촌 개정의 구마모토 농장 자혜진료소 본장에 이박사가 취임한 것은 1935년 4월이었다. 취임 첫 날부터 환자가 쇄도했다고 기록은 전한다.

구마모토는 이영춘 박사의 참 의사정신에 깊은 신뢰를 가졌던 것 같다. 학교위생을 위해 학교에 위생실을 신축해 기증한 것이나 학교급식에 나선 것, 개정뿐 아니라 지경과 화호 등지에 진료소를 설치하는 등 구마모토는 이박사가 제안한 각종 사업을 지원하고 나섰다. 구마모토 농장 진료사업은 해방을 맞기까지 약 10년 5개월 동안 지속되었다. 이 기간 동안 검진과 치료를 받은 총 인원은 21만 2

천여 명, 연인원은 8만여 명에 이르렀다. 구마모토 농장의 소작인을 약 2만 명 정도로 추산할 때 연간 4회 정도의 진료를 받은 셈이다.

해방 이후 이박사가 이곳을 떠나리라는 소식이 전해지자 소작 농민들은 눈물로 간청했다. 그는 결국 이곳에 정착할 수밖에 없었다. 이박사는 어려운 상황에서도 농촌위생연구소 설립을 비롯, 중환자를 위한 입원치료와 외과수술을 할 수 있는 병원을 설립, 치료와 예방사업에 적극적으로 나섰으며, 1951년에는 간호사 양성을 위한 개정고등위생 기술양성소 설립인가를 받아 간호교육을 실시했다. 이후 1980년 78세로 작고할 때까지 그가 남긴 업적은 셀 수 없이 많다. 그를 기념하여 쌍천 이영춘 박사 기념사업회에서 그의 생애를 담은 책(홍성원, 『흙에 심은 사랑의 인술: 쌍천 이영춘 박사의 생애』, 1993)을 펴냈으며 2011년부터 개정교회에서 추모음악회를 열고 있다.

현재 군산시 개정동 군산간호대학교 안쪽 작은 동산에 이영춘 가옥이 자리 잡고 있다. 이 가옥은 농장주 구마모토가 지은 주택으로 알려져 있다. 1945년 해방 후 이영춘 박사가 거주하였고 2003년 전라북도 유형문화재로 지정되면서 현재의 이름을 갖게 되었다. 군산의 대표적 건물로 건축물 규모가 크고 원형이 잘 보존되어 있다. 가옥 내부에서 이영춘박사가 생전에 입었던 옷, 보던 책, 업적이 전시되고 있다.

군산의 병원과 질병

일제 치하에서의 의료혜택은 사실상 대부분 일본인에게 돌아갔다.

1932년 발간된 『전라북도 도세일반』 자료에 따르면 1931년 당시 전라북도에 소속된 의사는 24명, 이 중 군산에는 10명이 있었다고 기록되어 있다. 또 일반 개업의사는 전라북도에 74명이었으며, 군산에는 12명이었고, 치과의사도 전라북도 전체 의사 39명 중 군산에만 10명이 있어 어느 지역보다도 군산에 많은 의사들이 있었던 것을 알 수 있다. 또 전북 각 지역에는 28명의 공의公醫(요즈음의 보건소의사)를 배치하였는데 17명이 조선인이고, 11명이 일본인이었다. 이들 공의는 주로 큰 면이나 읍에 주로 배치됐는데 군산과 옥구에 4명, 전주군에 3명이었다. 특이한 것은 일본인들의 어업전진기지였던 옥구군 어청도에 공의가 파견되어 있었다는 점이다.

1920~30년대에 군산에는 꽤 많은 의료시설이 있었다. 관립으로는 1921년 금동에 문을 연 도립군산의료원(군산자혜의원)이 있었고, 격리병사인 부립회생원이 1932년에 군산의료원 구내에 따로 설치되었다. 사설의료기관으로는 선교사가 운영했던 야소병원(개정면 구암리), 일본인이 운영했던 군산병원, 중도의원, 곡본의원, 지전의원, 고교의원, 경전의원, 단야안과의원, 장강의원, 그리고 조선인이 운영했던 안동의원, 세창의원, 동화의원 등이 있었다. 또한 10개의 치과가 있었는데 이 중 9개 치과가 일본인이 운영하는 것이었다. 이들 병원은 시내 중심가인 명치정과 소화통에 대부분 몰려있었다.

당시 의사는 주로 양의를 일컬었고 한의는 의생으로 불렸는데, 전라북도 전체가 대체로 의사보다 한의가 많았던데 비해 유독 군산은 양의가 많았던 점이 특이하다. 당시 질병으로는 농촌주민들의 경우, 기생충이 유난히 많았으며 결핵과 매독이 의외로 많이 퍼져있었다. 또 군산에는 마약중독자치료소가 설치되었는데(개복동) 일본어판 『전북의 위생』(1932)에 따르면 군산에만도 66명의 마약중독자가 있었고, 인근지역인 미면에 25명, 개정면에 1명, 옥서면에 3명, 회현면에 1명이 있었다고 기록되어 있다.

3-8. 군산자혜병원

군산의 전염병

군산에서 널리 퍼졌던 급성 전염병은 콜레라, 장티푸스, 천연두, 성홍열, 이질, 파라티푸스, 디프테리아였다. 1919년과 1920년에 군산에도 콜레라가 번져 조선인 189명이 전염되었고 이 중 130명이 사망했다. 당시 콜레라는 전염되면 대부분의 사람들이 사망하는 치명적인 전염병이었다.

당시 군산에 거주하는 일본인 중에는 단 한 명의 감염자도 없었던 것으로 보아 총독부는 일본인들의 콜레라 예방에만 신경을 쏟았던 것으로 보인다. 장티푸스는 1919년에서 1931년 사이에 군산에서 275명이 걸린 것으로 보고됐으며, 이 중 44명이 사망했다. 무슨 이유에서인지는 모르지만 압도적으로 일본인 장티푸스 감염자가 많았다. 장티푸스 예방을 위해 군산에서는 해마다 수천 명에서 1만 명에 이르는 사람들에게 예방주사를 맞혔다. 같은 기간 동안 천연두에는 205명이 감염됐고, 67명이 사망했다. 1926년까지는 환자가 꾸준히 발생했으나 1928년부터는 천연두가 전혀 나타나지 않았는데, 천연두 환자 관리가 철저해지고 예방 접종이 널리 행해졌기 때문으로 보인다.

같은 기간 성홍열 환자는 176명이 발생하여 43명이 죽었다. 1927년부터 성홍열 예방 접종을 실시해 환자수가 감소하는 경향을 나타냈다. 특히 이 병은 군산, 전주, 이리 등 큰 도시에서 주로 발생하였다. 이질에 걸린 사람 수는 122명이며, 죽은 사람은 30명이다. 이질에 걸린 사람도 일본인들이 압도적으로 많았다. 디프테리아는 같은 기간 74명이 전염돼 19명이 사망하였다. 디프테리아도 조선인보다 일본인들이 많이 감염되었다. 파라티푸스의 경우 65명이 감염돼 3명이 사망하여 다른 전염병보다 치사율이 아주 낮았다. 1931년 군산에는 결핵 환자가 112명이 있었고 이 중 92명이 일본인 환자였다. 이 해에 만성 전염병인 결핵 때문에 사망한 사람이 25명에 달했다. 각종 질병에서 일본인들 수가 많이 보고되는 것은 아마 일본인들에 대한 전염병 조사와 치료가 보다 철저했기 때문일 수 있다. 반면 조선인들의 전염병은 제대로 조사·보고되지 않고 처리된 경우가 많았을 것이다. 이에 따라 일본인에 관한 질병 통계는 매우 정확하지만 조선인에 대한 통계는 부정확한 것으로 추측된다.

• GUNSAN •

100

제4부

해방과 전쟁, 그리고 군산

1. 해방정국

각종 단체의 난립

일제 식민통치로부터의 해방은 우리민족에게 더 없는 환희였다. 36년 동안 지속됐던 굴욕의 식민지 역사는 일제패망과 더불어 막을 내리고 이제 자주국가 건설이라는 거대한 과제가 안겨진 것이었다. 그러나 해방의 기쁨도 잠시, 국내정치세력의 분열과 갈등구조는 혼란스런 해방정국을 가져왔고 이 질곡의 정치·사회적 분위기는 결국 자주국가 건설이라는 역사적 과제 대신에 한반도 분단이라는 씻지 못할 민족적 비애의 굴레를 씌우는 결과를 가져왔다. 우리의 독립을 스스로의 힘으로 이루어내지 못한 대가였다고는 하지만 그것은 너무도 참담한 결과였던 셈이다.

해방정국의 상황은 그야말로 혼란과 갈등의 연속이었다. 미국과 소련의 영향을 받고 있던 상황에서 우리 민족의 미래는 그들의 결정에 의해 좌우되어야만 했다. 그것은 식민지 나라로서 안아야 했던 고통과는 또 다른 치욕과 수모였다. 그렇다고 해서 우리민족 분단요인의 모든 것을 외재적인 연유로만 돌릴 수는 없었다. 외세의 개입 못지않게 중요했던 또 하나의 분단 요인은 국내 정치세력의 분열이기 때문이다. 해방정국에서의 우리 사회 분위기는 이들 정치세력의 분열과 갈등 속에서 빚어진 혼돈의 파고를 넘나들었다. 국내 정치세력의 분열은 이미 1930년대 독립운동세력들이 민족주의 계열과 사회주의 계열로 분리돼 대립한 것에서부터 시작되었다 할 수 있다. 그러나 해방정국에서의 분열과 혼돈 상황은 그야말로 절정에 달했던 것이다.

미군정이 들어설 때까지의 약 두 달 동안 정치적 공백기에 놓여 있었던 우리나라는 미군정이 들어선 이후에도 대한민국 정부가 수립되기 전까지는 정치적으로 무질서의 과도기가 계속되었다. 일본이 패망한 상황에서 조선총독부의 행정체제가 제 기능을 발휘할 수 있기란 어려운 일이었다. 혼란스러운 사회 분위기에서 기존의 행정기구에게 주어진 당면과제는 치안유지였다.

일제 식민통치의 경제적 수탈지였던 군산의 상황도 예외가 아니었다. 해방 직후 군산의 행정관서는 한국인 직원들만이 직장을 지키고 있는 정도였다. 군산은 당시 거주하던 일본인 이외에도 옥구와 성산 등 인근지방, 특히 미면, 불이농촌 등에서 들어오는 일본인들로 북적였으며, 그 숫자는 2만여 명에 이르렀다고 한다. 일본의 각 현顯에서 이주해왔던 이들은 일본이 패망해 한국이 해방된 이후에도 일본으로 돌아갈 생각이 없는 사람들이었다. 그 이유는 한국으로 이주해왔던 대부분의 일본인들은 빈민층들이었던 만큼 다시 일본으로 돌아갈 경우 식량난으로 굶주리는 생활을 해야 할지도 모르는 상황이었기 때문이었다. 그러나 재류일본인회를 조직하고 집단수용생활로 해방 직후 한국에서의 지속적인 삶의 방법을 모색했던 이들은 결국 일본으로 돌아가야 했다. 주목할 만한 것은 이들이 한국으로 이주해 와 벌어들인 각종 재산류를 고스란히 가지고 돌아갈 수 있었다는 사실이다.

해방 정국에서의 군산은 일본인들이 남기고 간 부동산 등의 재산 처리 문제를 둘러싸고 상당한 진통을 겪었으며 그 와중에서 정치적인 활동은 다른 지역에 비해 훨씬 드셌다. 군산의 정치세력 단체 간 분열과 그 양상은 그야말로 서울을 중심으로 한 전국적인 분열 양상의 축소판이었던 셈이다. 크고 작은 정치단체들이 우후죽순 격으로 난립한 군산은 당시의 혼란스런 정국을 그대로 반영했다. 뭉치면 그대로 하나의 단체가 되어 힘을 과시하는 그러한 정국이었다.

해방 직후 군산에서 가장 먼저 활동을 시작한 단체는 해방 이전부터 활동했던 군산노동조합이었다. 이 단체는 후에 「전국노동조합평의회 군산지부」가 되었으며 위원장은 조용관, 부위원장은 장공욱이 맡았다. 조용관은 일제 때 사회주의 운동을 벌였던 인물로, 소작쟁의와 정미소 파업 등을 주도했다. 부두노동자와 정미소 노동자 등이 주류를 이루었던 군산노동조합의 당시 중심사업은 일본인 기업체에서 일했던 한국인 노동자들의 퇴직금을 받아내는 일이었다. 군산노동조합의 활동으로 적잖은 한국인 노동자들이 정당하게 퇴직금을 받아내는 등 큰 성과를 거두어냈다.

이 단체가 좌익계열의 단체였다면 우익계열로는 「협력대」가 활동했다. 이 단체의 실질적인 활동은 좌익의 활동을 견제하는 일이었다. 이들은 주로 '백색테러'라는 이름의, 좌익인사에 대한 폭력적 탄압을 자행했다. 협력대의 회장은 사업가 출신의 김봉희였다. 이들은 당시 군산극장과 희소관 등 시내 극장을 점유하는 한편, 극장 종업원과 주변에서 활동하는 우익청년단체의 단원들을 중심으로 조직력을 갖추었다.

같은 우익단체지만 성격을 조금은 달리했던 단체로는 김태성이 단장을 맡았던 「대한청년단 군산지부」가 있었다. 대한청년단은 대동청년단, 국민회청년단, 서북청년회 등 당시 난립했던 우익활동 단체들을 흡수·통합하여 이승만을 단장으로 출범한 단체였다. 이들의 활동은 6·25전쟁 직후까지 활발하게 이어졌다. 또 하나의 단체로는 약칭 '족청'으로 불렸던 「민족청년단」이 있었다. 이범석이 이끌었던 이 단체는 우익청년단체가 통합될 때, 이승만에 반대하여 참여하지 않고 독자적인 조직을 유지하고 있었다. 이들은 군산에 전북지부를 설치하고 활발한 활동을 벌였다. 민족청년단은 재정적으로도 탄탄한 기반을 갖추고 있었다. 군산의 대표적인 기업 중의 하나였던 경성고무 사장 이만수가 재정지원을 아끼지 않았던 덕분이다. 확실한 단원 수는 파악되지 않지만 민족청년단에서 활동했던 단원들이 단복을 입고 시가행진을 하거나 훈련을 받는 모습은 당시 어린이들에게 선망의 대상이었다고 한다. 특히 민족청년단에서 활동했던 사람들은 자유당 시절 중앙으로 가장 많이 진출함으로써 그 세를 과시하기도 했다. 그러나 족청도 1949년 대한청년단에 흡수되면서 전북지부도 자연히 해소되었다.

정당으로는 김성수가 중심이 되었던 '한민당'과 김구 계열의 '한독당'이 활발하게 활동했다. 옛 군산경찰서 동영고개에 문을 열고 있었던 한민당은 국회의원 변광호가 위원장을 맡았다. 변광호는 전쟁 중 부산에서 있었던 '발췌개헌'을 반대, 기립으로 투표하는 과정에서도 끝까지 앉아서 반대했던 인물이다. 그는 김성수, 백관수 등과 함께 일본유학을 했으며 특히 조병옥 과는 친분이 두터웠다고 한다. 한독당은 특히 군산에서 강세를 보였던 정당이다. 한독당을 맡고 있던 윤석구는 제헌의원으로, 무소속으로 출마해 당선된 인물이다. 그는 후에 자유당 정권이 정부조직을 조각할 때 정당별 세력

안배라는 측면으로 체신부장관에 임명됐다.

좌익계열 정당으로는 한민당 당사에서 두 집 건너 있었던 「조선노동당사무소」와 같은 건물을 사용했던 「인민당」이 있었다. 조선노동당사무소는 40년대 후반까지 합법적으로 활동했으며 미군정시절에는 인민당과 함께 활동했었다고 한다. 여운형이 이끌었던 인민당은 주로 젊은 지식인층이 참여했다. 당시 상당한 재력가였던 기업인 자녀나 일본 유학파들이 참여해 진보적인 의식을 발휘해냈던 인민당은 후에 불법단체로 규정돼 탄압이 심해지자 지하로 들어가 점조직 활동으로 단체의 명맥을 이어야 했다.

초대 군산 대한청년단장 김태성

"광복 직후 군산은 분열된 국내 정치상황 그대로의 축소판이었어요. 좌파와 우파 간 대결 뿐 아니라 좌파 혹은 우파끼리도 대결과 반목으로 하루도 조용할 날이 없었으니까요."

광복 이듬해 군산시 대한청년단을 조직해 초대 단장을 역임한 김태성옹金台聲(조사 당시 86세·군산시 신흥동)은 정당과 사회단체가 이해관계에 따라 이합집산을 거듭했던 참으로 혼돈스런 정국이었다고 당시를 떠올렸다. 6~7만의 인구였던 군산에서 1만 5천여 명의 단원을 거느릴 만큼 큰 조직이었던 군산시 대한청년단은 민족청년단, 협력대 등과 함께 좌익에 맞섰던 대표적인 우익단체였다. 초대 국방부장관을 지낸 신성모가 만든 전국적인 조직으로, 이후 대한청년단 군산지부로 개칭됐다.

"군산에서 좌익 활동은 도내 어느 지역보다 강했어요. 소작농과 노동자가 많았던 관계로 이들을 중심으로 해방 전부터 사회주의 활동이 활발했었습니다."

좌우익 간 대결은 상해 임시정부 요인이었던 김성숙의 도내 강연회를 계기로 증폭됐다 한다.

"좌파에서 초청한 김성숙이 군산 강연회에 이어 김제 강연회를 가질 때 일이 벌어졌어요. 우리 쪽 단원들이 강연회를 막기 위해 몽둥이를 던져 20여 명이 다치면서 강연회장은 아수라장으로 변했습니다."

김태성 옹은 당시 험악한 분위기에서 전주, 익산까지 포함해 5천여 명의 단원을 동원, 김제인민위원회 회관을 사용할 수 없게 파괴했다고 말했다. '김성숙 사건'이란 이름이 붙을 만큼 도내에서 벌어진 첨예한 좌우익 대결의 상징적 사건이었다. 김 옹은 대한청년단 군산지부에 애국청년들이 많이 참가했다고 주장했다. 그 자신 또한 배우지 못하고 가난한 주변 사람들을 위한 계몽과 봉사 측면에서 청년단 활동에 적극 참여했다고 한다. 그러나 김 옹의 순수한 의도와 달리 단원들에 의해서 사회의 지탄을 받는 일을 저질러졌던 것도 사실이다. 특히 극우 세력이었던 서북청년단과 합쳐지면서 단원이 큰 벼슬인 양 설쳐대는 사람이 있어 이미지를 흐리게 했다. 무전취식한 단원 때문에 경찰서에도 많이 불려갔다고 김 옹은 회고했다.

대한청년단 군산지부 지도부는 대체로 사업적으로 기반을 다진 사람들로 짜였다. 단장을 맡았던 김 옹 역시 신흥양조장을 운영하고 있었다. 조봉구, 박판복, 육성근, 진원재, 백판득, 김종영 등이 주축이었다. 대한청년단은 한국전쟁 중이던 1950년, 국민방위군으로 편입되었다가, 1951년 역사상 최대의 군부비리사건인 국민방위군 사건이 터지면서 해체되었다. 대한청년단 군산지부의 초대 단장을 맡았던 김 옹은 개인적으로 정당에 입당해 가시밭길을 걷기도 했다. 여당의 집요한 입당 권유를 끝내 뿌리치고 한독당에서 '주머니 털어가며' 정당생활을 했다. 1960년대 초 시의원과 군산시 보이스카웃 단장을 지냈으며, 지난 1996년 그만둘 때까지 13년 간 군산시 노인회장으로 활동하기도 했다.

4-1. 초대 군산대한청년단장 김태성 씨
1998년 연구팀과 면담을 진행하고 있는 모습이다.

2. 군산의 귀속재산 처리

미군정서 시작 1950년대 말 마무리

일본의 패망과 함께 국권을 찾은 우리에게 일본이 남긴 '선물'(?)이 실물 재산이다. 물론 일본 혹은 일본인 개인들이 각종 특혜와 상당수 부당한 방법으로 재산축적을 한 것이긴 하지만 어쨌든 8.15광복은 일본 정부나 일본인들이 조선에서 갖고 있던 재산을 돌려받게 해준 또 다른 기쁨이었다.

전국적인 국부조사 등이 없어 정확한 통계는 아니지만 광복 당시 일본인 재산 비중은 남한 총 재산의 80%에 이르고, 제조업은 전체 85% 이상이 일본인 공장이라 할 정도였다. 당시 일본이 남긴 재산을 귀속재산歸屬財産 혹은 적산敵產이라 불렀다. 군산의 경우 특히 일본인이 많이 살았던 지역이어서(1944년 5만8천여 인구 중 9천 명 정도가 일본인), 귀속재산 처리문제가 지역민들의 주요 관심사였다. 그러나 일반의 뜨거운 관심과 달리 귀속재산 처리는 지지부진하게 진행돼 결국 많은 사람들에게 실망과 좌절감을 안겨주었다.

1948년 정부수립 전까지 귀속재산 처리는 전적으로 미군정에 의해서 이루어졌다. 일본의 패망과 함께 이 땅에 진주한 미군은 일본의 모든 공공 및 사유 재산을 미군정에 귀속시켰다.

미군정은 귀속재산 관리를 위해 군정청 내에 중앙 관재처를 설치하고 각 도에 지방 관재처를 설치해 미국인 재산관리관을 책임자로 임명했다.

전북은 「제96 군정청」 아래 지역별로 정읍은 제44 지방군정청, 전주는 제48, 군산이 제56, 남원은 제64 지방군정청이 배치되고 미국인 재산관리관이 임명됐다. 전북 관재처는 미국인 재산관리관이 중심이 되어 1945년 12월 15일 전주지방법원 별관에서 이들 미국인 외에 5명의 한국인 직원으로 발족함으로써 본격적인 관재사무를 시작했다.

이듬해 4월 전북도청 본관으로 사무실을 옮긴 전북 관재처는 재산관리청으로 이름을 바꾸고 12명의 한국인을 배치했다. 그러나 일본인 귀속재산 처리문제는 출발부터 순탄치 못했다. 무엇보다 정확한 조사 자료가 없는 상태에서 누락되는 귀속재산이 많았다. 이와 함께 미군정청이 초기에 일본인 사유재산을 귀속재산에서 제외시킨 것이 큰 실책이었다. 나중에 입장을 바꿔 일체 민간인 재산도 미군정청이 접수한다고 소급입법을 시행했지만, 1945년 12월 새 법이 시행되기 전에 상당수 사유재산이 이미 빼돌려진 상태였다.

"패망 후에도 일본인들은 한동안 군산을 빠져나가지 않고 자신들의 물건을 팔려고 혈안이 됐어요. 쓰던 물건을 할인해서 판매했는데, 당시 '대학서점'이나 '해방서점'같은 경우는 일본인이 쓰던 책으로 서점을 차릴 정도였으니까요."

이병훈 전군산문화원장은 "이 같은 일이 벌어지는 데 대해 뜻있는 지역 젊은이들이 나서 불매운동을 벌였다. 어차피 놓고 갈 물건을 속없이 사는 사람들에게 일침을 가하기 위해 몽둥이 세례를 퍼붓기도 했다"고 기억했다. 귀속재산 처리에 진전이 이루어지지 않고 시행 과정에 많은 문제점이 노출되면서 귀속재산을 관장하는 기구는 이후에도 여러 차례 개편됐다. 1947년 6월 재산관리청을 전북 재산관리처로 바꾸고 인원을 대폭 늘렸다. 또 군산, 이리, 김제, 정읍, 남원, 전주 등에 관재서를 신설하고, 1948년 2월에는 임실, 부안, 고창 등 여타 군에도 출장소를 설치해 귀속재산의 신속한 처리를 독려했다.

정부는 귀속재산에 대한 기본 정책방향을 되도록 빨리 민간에 불하하는 것, 곧 재산의 매각·처분에 두었다. 이를 위해 종래 관리인 제도로부터 일정 기간 임대차계약을 맺어 운영결과에 대해 임차인이 책임지는 임차인제도를 도입하여 변화를 주기도 했다. 사실 미군정 하에서 관리인 방식은 귀속기업체의 현상을 유지하는 수준의 소극적 운영과 관리에 머물렀다. 특히 누구를 관리인으로 선정하느냐가 중요했는데 그리 공평하지는 못했던 것 같다. 기업체 종업원으로 일했던 사람이나 미군정과 일정한 줄을 대고 있는 사람이 주로 관리원으로 선임됐다. 또한 관리인이 자주 바뀌는 바람에 기업경영의 전문성 혹은 자율성에도 문제가 있었다. 임차인 제도는 이 같은 문제점에서 출발해 어느 정도 성과를 거둔 것으로 평가된다. 특별한 문제가 없는 경우 대부분 임차인이 그대로 기업을 불하받아 경영주가 됐다.

전북의 귀속기업체 수는 총 219개. 그 중 군산이 67개 업체로 도내에서 가장 많았다. 전주와 이리는 각각 33개, 23개 업체였다. 군산지역 대표적 귀속업체로 고려제지와 백화양조, 청구목재를 꼽을 수 있다. 고려제지의 해방 당시 이름은 북선北鮮제지로, 일본 대기업인 오지제지王子製紙 계열이었다. 귀속재산으로 분류돼 미군 관리로 들어간 이 회사는 결국 회사와 전혀 관련이 없는, 당시 미군 통역사로 있던 김원전金元全에게 넘어간 뒤 1954년 고려제지로 이름을 바꿨다. 고려제지는 한때 전국 신문용지 공급을 주도할 만큼 성장가도를 누렸으나 정치적 이유로 자금줄이 막혀 은행관리로 넘어갔다. 현재 페이퍼코리아(구 세풍제지)가 그 맥을 잇고 있다. 백화양조는 종업원이 관리권을 넘겨받은 경우다. 1917년 아사노 하나朝花양조 군산공장(본사는 논산)으로 출발한 백화양조는 종업원으로 있던 강정준이 불하받았다. 청구목재는 관재서장이 자기 앞으로 불하 받은 사례로 고판남, 김복동 등 3명이 공동 지분으로 불하받은 이 업체는 다시 고, 김, 양인이 관재서장 지분을 인수했다. 고판남은 후에 한국합판으로 독립했다. 한국합판은 후에 세풍그룹으로 성장하여 전북을 기반으로 하는지역의 유일한 대기업이 되었으나 1998년 IMF경제위기를 극복하지 못하고 부도처리 되었다.

이 같이 광복 후 시작된 귀속재산 처리는 1950년대 말 대부분 정리됐고, 처분이 곤란한 재산은 1974년 특별조치법에 의해 청산됐지만 처리 과정에서 많은 후유증을 남겼다.

군산의 노동자 자주관리운동

해방 직후 노동자들은 산업시설을 보호하기 위해 공장을 스스로 접수·관리하는 자주관리 운동을 전개했다. 이 운동은 일제가 남긴 물적 유산을 당연히 조선인들이 접수 운영해야 한다는 당위적 요구에서 출발한 것이며, 일본인들이 패전에 따라 자신의 기업체를 처분하여 일본으로 귀환하려는 것을 저지하기 위한 자구책에서 시작한 것이다.

당시 신문(『해방신문』, 1946년 3월 3일자)은 군산의 노동자 자주관리운동의 한 예를 확인해 준다. 이에 의하면 군산종연조선 노동자들은 해방 직후 즉각 스스로 운영위원회를 구성하여 일본인 공장을 접수하고 생산을 해나갔다. 그러나 미군정은 노동자들의 운영위원회 조직을 무시하고 일방적으로 관리인을 임명하여 군산종연조선을 관리·운영하게 되었다. 이에 따라 노동자 운영위원회와 미군정 관리인 사이에서는 공장 조업의 지연 등 잦은 마찰이 빚어지게 되었다. 미군정은 1946년 1월 30일 돌연히 운영적자를 이유로 무장한 미군과 경찰의 포위 속에서 6백여 명 노동자들의 전원 해고를 발표했다. 이에 분노한 노동자들은 운영개선방안을 갖고 미군정 관리인과 몇 차례 타협점을 모색하려 했으나 미군정이 응해주지 않았다. 해방 직후 군산에서 공장뿐 아니라 상업회사, 운수업체, 어장, 극장 등에서도 광범위하게 자주관리 운동이 전개되었고, 군산종연조선과 유사한 사례들이 적지 않았다. 일제의 지배를 청산하고 자주적인 국가를 건설하기 위해 군산의 노동자들은 미군정보다도 훨씬 적극적으로 일본인 재산을 스스로 접수하고 관리하려 했으나 미군정의 권력에 밀려 제대로 추진되지 못했다.

노동자 자주관리운동은 생산력의 후퇴, 지배기구의 붕괴, 일본자본가 계급의 소멸 속에서 사회주의 세력을 약화시키고 한반도에 자본주의 체제를 수립하고자 하는 미군정의 기본정책으로 인해 1946년 상반기에 이르러 노동운동의 무대에서 사라지고 말았다. 그러나 일본인 재산의 자주관리 자체는 소멸됐지만 이 운동의 에너지는 9월 총파업 등 다른 형태로 계승·분출되었다.

<군산의 주요귀속사업체(1948년 현재)>

업체	소재지	관리인	업종
삼신제재소	군산부 죽성동	김홍천	제재
군산목재공업회사	군산부 대명동	김진	제재
군산철공조합	군산부 동암동	이일제	철공
군산항공공업주식회사	군산부 경장동		항공
조선조선주식회사	군산부 동암동	이종환	선용품
군산공업회사	군산부 고사동	허현	철공
군산제지주식회사	군산부 구암동	이요경	제지
배달성냥주식회사	군산부 구암동	김교완	성냥
남조선도자기공장	군산부 해망동	송용면	연와
계림양조장	군산부 중앙로	차홍준	주조
고려주조장	군산부 금동	서준호	주조
대동주조공장	군산부 장재동	임종갑	주조
조선이기공업사	군산부 장재동	윤건중	제조업
군산해륙물산합자회사	군산부 영동		해륙물산
다복탕	군산부 장미동	홍병하	목욕탕

자료: 조선은행조사부, 『경제연감』, 1949.

3. 전쟁 속 군산

공산치하 2개월 시련의 뱃고동

> "청사에 길이 불식할 수 없는 일대 오점을 찍고 민족과 강토를 통털어 세기적 비운 속에 몰아넣으며 아직도 그 참화의 종식을 갖지 못한 채 6·25 동란 발발 1주년을 맞이함에 새삼스레 전신을 휩싸고 도는 비통과 전율을 억제할 길이 없다."

1951년 6월 25일자 『전북일보』 사설은 전쟁이 계속되는 상황에서 6·25전쟁 발발 1주년을 맞는 소회를 이렇게 시작했다. 그로부터 70여 년이 흐른 오늘에까지도 6·25전쟁의 비극은 생생하게 살아있다. 민족의 염원인 남북한의 통일에 있어 전쟁의 경험과 상처는 분명 큰 걸림돌이며, 1천만 이산가족의 비애 또한 이 땅에 사는 우리 민족이 부둥켜안아야 하는 아직도 살아있는 아픈 역사다.

지역적으로 정도의 차이는 있지만 전쟁이 남긴 상흔은 어느 지역이나 마찬가지다. 도내에서 군산은 전쟁 피해가 적은 편에 속하지만 역시 전쟁에서 자유로울 수는 없었다. 군산은 약 2달여 공산치하에 있었다. 북한 인민군이 군산을 들어온 것은 전쟁 발발 후 한 달이 채 안된 7월 19일이었다. 금강 방위선을 돌파한 인민군 병력은 두 갈래로 나뉘어 주력부대는 대전으로, 나머지는 공주를 거쳐 금강을 따라 군산으로 내려왔다. 별다른 전투 없이 군산에 무혈 입성한 인민군은 이후 익산과 전주를 거쳐 전라도 전역을 삽시간에 장악했다. 군산에는 내무서원(우리의 경찰에 해당)과 인민군 소수병력만 잔류했다. 군산과 옥구에 각 하나씩 설치된 내무서를 중심으로 한 소위 인민공화국(인공) 시대가 시작된 것이다. 점령지에 대한 인민군의 통치는 인민위원회를 통해서 이루어졌다.

인민위원회가 처음 손을 댄 것은 다른 지역에서와 마찬가지로 미처 후퇴하지 못한 군경과 친일파, 우익인사 등을 색출하는 작업이었다. 그러나 군산의 경우 인민군이 들어오기 전 '악질분자'로 분류된 이들 색출 대상자들은 대부분 빠져나간 상태였다. 옥구 등 농촌으로 몸을 숨기거나 배를 이용해 부산, 제주도로 피하기도 했다. 일부 우익 인사에 대해 등급에 따라 수감 혹은 정기출두, 요시찰 인물 등으로 구분했으나 이때까지 직접적인 인명살상의 위해를 가했다는 기록은 없다. 다만 인공치하에서 군옥 지역 주민들은 공산주의 선전과 노역에 시달려야했다. 노역은 주로 군사기지 구축에 동원되는 것이었다. 군산지역에서의 비극은 인민군이 후퇴하면서 일어났다. 군산지역 유족회가 자체 집계한 희생자는 213명. 이들 희생자 대부분은 9월 말경 군산에서 철수하던 인민군에 의해 학살된 것으로 알려지고 있다.

대표적인 사례가 당시 옥구군 미성읍 신관리 토굴 학살사건이다. 군산출신 좌익에 의해 주도된 이 사건은 120여 명의 인근 마을 사람들이 무더기로 집단 학살된, 6·25 전쟁이 남긴 군산의 가장 비극적인 일로 기억되고 있다. 9월 27일 저녁에 일어난 이 사건은 인민위 등에서 활동한 좌익세력이 전세가 불리해지면서 자신들의 죄를 숨기기 위해 저지른 만행이라 한다. 학살 현장은 일제강점기 탄약

고로 사용되던 토굴로, 몽둥이와 죽창, 대검 등이 동원됐다. 현재 군산대 뒤편 한 켠에 보존되고 있는 학살 현장은 무성하게 자란 수풀 속에 지난 85년 한국방송공사가 세운 추모비만이 비극의 현장임을 표시하고 있다.

당시 옥구군 미면 신풍리 소재 축동 우물 수장사건은 또 다른 비극의 현장이다. 1백 세대가 살던 마을 축동우물에서 51구의 시신이 발견된 것은 인민군이 떠난 뒤 피난을 다녀온 마을 사람들에 의해서였다. 정확히 누구에 의해 어떤 사람들이 왜 희생됐는지 잘 알려지지 않았지만 당시 발굴 작업에 참여했던 사람들은 그야말로 목불인견이었다고 전한다. 현재 행정구역상 군산시 나운동에 위치한 이곳은 흔적조차 남아있지 않다.

군산 수복은 9·28 서울 수복보다 이틀 늦은 9월 30일이었다. 군산 탈환의 주력 부대는 미군 25사단 산하 2연대 예하 1개 부대였다. 9월 28일 전주를 탈환한 뒤, 29일 이리, 논산을 수복한 24연대의 일부 병력이 군산에 들어왔다. 국군이 군산을 내줄 때처럼 인민군도 전날 이미 군산에서 철수해 별다른 접전은 없었다. 전투는 없었지만 군산 수복과정의 분위기는 살벌했다고 한다. 군수물자를 실어 나르는 UN군 비행기 소리로 밤잠을 설치는가 하면, 여기저기서 터지는 폭격소리로 한동안 두려움에 떨어야 했다.

군산 수복 과정에서 군산항만 시설과 항만창고 등이 대부분 파괴됐고, 조촌동 변전소도 폭파됐다. 전쟁 후 물적 피해를 집계한 결과 군산에서 4천 4백 호의 일반주택이 파괴됐고, 옥구에서 1천 3백 82호의 주택이 피해를 보았다. 국가에 귀속된 기업체의 피해도 건물과 기계, 원료를 포함 약 8억 원의 피해를 냈다. 이들 물적 피해는 대부분 수복과정에서 나타났다.

수복 후 군산은 도내에서 가장 먼저 평온을 되찾았다. 다른 지역의 경우 곳곳에 공비가 남아 휴전 후까지 계속 활동했던 데 비해 군산은 수복 후 공비가 발을 붙이지 못했다. 그러나 인민군은 물러갔지만 전쟁이 계속되는 상황에서 후방 기지로서 주민들의 고달픔은 계속될 수밖에 없었다. 특히 군산에도 황해도를 중심으로 이북 서해안에 살던 많은 피난민이 1·4 후퇴 당시부터 몰려들기 시작해 전쟁터를 방불케 했다.

1951년 초에 2만 6천여 명의 피난민들이 육로 혹은 선박으로 군산에 들어왔으며, 이들은 제1수용소인 군산국교 등에 분산 수용됐다. 1951년 말 긴급구조대상자로 군산에 수용된 난민만도 5만 6천여 명에 이르는 것으로 기록되고 있다. 전쟁 중 이승만 대통령이 군산을 처음 방문한 일도 기억할 만한 사건이다. 1951년 8월 6일 폭격으로 파괴된 군산항 시찰을 위해 군산에 온 이대통령은 시내 명월산(월명산) 밑 광장에 모인 10만여 군중 앞에서 우리가 나아갈 길을 역설했다고 당시 신문은 전하고 있다.(『전북일보』 1951년 8월 7일자) 전쟁이 소강상태에 빠지면서 군산에서 휴전 반대 움직임도 거셌다. 1953년 6월 11일 휴전반대집회에 군산시민들은 학교, 은행, 상가 등이 문을 닫고 참가했으며, 전쟁발발 3주년 기념일에도 수만 명이 참가하는 대규모 시민궐기대회가 열렸다.

군산의 피난민

군산에 찾아든 북한의 피난민행렬은 주로 1·4후퇴 때 이루어졌다. 군산 피난민들은 평북 함경도, 황해도 등 각 지역 출신들이었지만 해주를 비롯한 황해도 지역 피난민들이 가장 많았다. 이들 중에는 자신들의 배를 직접 타고 들어온 사람들도 있었지만 어느 누구랄 것 없이 참혹한 피난민 생활을 피할 수 없었다. 전쟁의 상흔이 고스란히 남아있던 군산에서의 피난민 생활도 다른 도시에서와 다를 것이 없었다. 피난민의 행렬이 꼬리에 꼬리를 물고 이어지던 당시의 신문 보도 내용은 온통 전선의 상황과 피난민 행렬의 모습으로 채워져 있었다. 1951년 6월 16일자 『전북일보』에도 군산 피난민들의 고통과 참상을 그대로 보여주는 기사가 소개되어 있다.

> "도립군산의원은 전시 중 피해로 말미암아 입원실의 10분지 일밖에는 사용할 수 없는 처지에 놓여있음에도 불구하고 위급한 피해환자 때문에 불완전하나마 불가분 수용되어 있다. 말이 입원실이지 침대 하나 없는 마룻바닥에 가마니를 깔고 누워있으며 유리창은 거의 깨어지고 … 중략 … 하얀 백지같이 창백한 얼굴로 시름없이 누워있는 어머니에게 젖을 달라고 매달리는 어린애의 울음소리는 보기에도 딱하다."

그럼에도 당시 군산에는 피난민 행렬이 뒤를 이었다. 1951년 6월 17일에 황해도 초도에서 출발해 군산항에 도착한 '온양호' 한 척에만도 피난민 4천5백 명이 타고 있었다 한다. 상황이 이랬으니 정확한 숫자를 파악하기는 힘들지만 전북의 피난민 중 상당수가 군산에 집중되어 있었음을 짐작할 수 있다. 1951년 6월 30일을 기준으로 전북의 피난민은 20만 4천명, 1952년 6월에는 그 수가 더욱 늘어나 30만 4천명에 이르렀다. 이들 중 12만 7천명이 전북에 정착할 계획을 세웠다고 한다.

당시 피난민들은 대부분 학교 등의 관공서 등을 이용한 수용시설에 수용되었다. 이들 피난민 수용 때문에 학교교육이 제대로 이루어지지 못하자 각 급 학교의 수용시설 정리에 나섰으나 1952년 4월 도내에서는 유일하게 250여 명이 수용되어 있던 군산여중 수용시설만 정리하지 못했다는 기록이 있다. 수용소에 집단으로 수용되어 있던 피난민들은 집단거주촌으로 이주해 정착했다. 소룡동 피난민촌은 군산의 대표적인 집단거주촌이었다. 본래 일본인들이 창고로 썼던 건물을 흙집으로 개조해 조성한 소룡동 1019번지 일대의 피난민촌은 지금도 당시의 모습이 고스란히 남아있다. 처음에는 전체 세대가 모두 피난민들이었지만 지금은 절반 정도가 이주해나갔다.

평북도민회 김덕성 회장(당시 67세)은 당시 군산에 정착한 피난민들 중 적지 않은 사람들이 어업에 종사하면서 자립기반을 다졌지만 대부분의 피난민들은 부두노동자 등 막노동으로 하루 먹고 살기에도 빠듯한 곤궁한 생활을 하고 있었다고 전해주었다.

4. 군산의 미국문화

또 다른 외세 미국문화 유입 영욕의 흔적 곳곳에 산재

미군이 우리나라에 처음 들어온 것은 1945년 9월 8일, 인천항을 통해서였다. 그리고 다음날인 9월 9일 미군은 군정 실시를 선포했다. 제2차 세계대전이 연합국의 승리로 끝나면서 일본이 무장해제당한 뒤, 한반도에서는 미군에 의한 통치가 시작된 것이다. 미군정시대 행정의 목표는 독립국가의 질서유지와 자치행정능력을 키우는데 있었다. 그러나 사실상 이 시기의 행정은 해방 이후의 과도기적인 분위기 속에서 오히려 큰 혼란을 가중시켰다. 식민지 치하에서 해방된 우리민족은 당연히 독립된 나라의 시민으로서의 자주적 권리를 요구하였다. 그러나 외세에 의존한 독립은 미군에 의한 통치를 허용하였고, 이것은 엄밀히 따지자면 또 다른 식민지 체제에 진입하는 것을 의미했다.

군산의 현대사에서 미군은 상징성을 갖는다. 그 영욕의 역사는 군산지역 사회사의 구석구석에 살아있기 때문이다. 1900년대 전반은 식민지 도시로서 일본제국주의의 문화에, 해방 이후에는 미국문화에 종속될 수밖에 없었던 군산의 역사는 그 변화무쌍한 질곡의 흔적만큼이나 기형적인 요소가 많이 남아있다. 군산의 역사는 바로 그러한 정치적·사회적 분위기 속에서 나름대로의 독창적인 문화권을 형성할 수밖에 없었던 것이다. 군산의 근대역사에서 주한미군은 예나 지금이나 관심의 대상이다. 군산의 발전사를 거론할 때 미군과의 관계를 빼놓을 수 없는 것은 미군 주둔이 군산의 사회적·경제적·문화적 상황 변화에 심대한 영향을 미치고 있기 때문이다. 해방 후 군산항에 입항한 미군 기계화부대가 일본군의 군용비행장이었던 옥서면 선연리 일대에 주둔하면서 만들어진 미공군 기지와 옛 군산시내 한복판의 영화동과 산북동에 조성된 아메리칸 타운(현 군산 국제문화마을)은 군산지역 근대사의 질곡을 보여주는 상흔이다.

현재 군산에 주둔하고 있는 미군은 미 태평양 공군사령부 예하 부대 중 하나인 주한 미 7공군의 주 전력인 제8전투비행단이다. 기지 안에는 비행장과 격납고 말고도 야구장·골프장 같은 부대시설이 방대하다. 확실한 면적을 파악하기는 어렵지만 군산시내로부터 남서쪽으로 위치해있는 옥봉리의 미군기지는 그 둘레만도 약 8km에 이른다. 그 추정면적은 약 310만 평 정도에 달한다. 이 엄청난 땅이 실제로는 미군의 소유지로 되어있다는 사실이 1997년에 밝혀진 바 있다. 기지 내에는 군인과 민간인(군속), 기타(군무원)을 포함 모두 3,000~4,000명의 미군 관계자들이 상주하고 있는 것으로 알려지고 있다.

한때 군산의 경제는 미군들에 의해 큰 영향을 받았었다. 미군들이 넘쳐났던 1970년대와 1980년대 초반, 퇴폐적인 유흥가가 군산 상권의 상당 부분을 미군과 군속들이 차지하고 있었던 것이 군산의 경제적 현실이었다. 영화동으로 대변되었던 미군들의 유흥가는 미군들이 상당수 자국으로 돌아가면서 시들해지기 시작해, 지금은 시내에서 거의 그 자취를 감췄다. 화려한 네온사인과 조금은 조잡한 영어 간판들이 즐비했던 유흥가는 이제 적어도 군산 시내에서는 찾아보기 어렵다.

실제로 미군 주둔은 군산의 경제 발전에 상당부분 기여했던 것으로 알려져 있다. 특히 미군기지 주변 마을주민들에게는 상당한 소득원을 제공하기도 했다. 그러나 지금은 상황이 많이 달라졌다. 오히려 지역주민들의 피해사례가 뒤를 잇고 있어 주민들의 의식도 크게 달라졌다. 예전에는 직접적인 피해조차도 일상적인 것으로 참고 견디거나 신고해도 별다른 해결이 되지 않는다는 생각이 지배적이었지만 지금은 권리를 찾으려는 주민들의 의식이 높아진 것이다. 이렇게 된 데에는 군산의 종교인들과 젊은 시민운동가들의 모임인 '군산미군기지 우리 땅 찾기 시민모임'의 역할이 크다. 이 단체는 지금 지역 주민들과 돈독한 관계를 맺고 정당한 권리를 찾기 위한 군산미군기지 민항기 사용료 철회운동을 비롯, 미군범죄 근절운동, 환경오염 감시운동, 공여지 재산권 보호운동, 각종 위법행위와 퇴폐문화 고발운동, 미군기지 지역주민 소음피해 소송운동 등을 꾸준히 전개해 나가고 있다.

군산미군기지 우리 땅 찾기 시민모임

주둔 미군에 대한 군산 시민들의 피해의식은 외부인들이 생각하는 것보다 훨씬 강하다. 소음 공해에 시달리며 직접적인 피해를 보는 미군기지 인근 주민뿐 아니라 일반 시민들도 미군 범죄에 무방비 상태로 노출돼 있다는 생각과 불합리한 제도나 관행에 대한 거부감이 많다. 과거 아무런 저항 없이 그저 받아들일 수밖에 없었던 불합리한 제도나 관행을 떨치고 주권을 찾아야 한다는 목소리를 내는 시민단체가 탄생한 것도 이 같은 전반적인 군산 사회의 분위기를 반영한다.

「군산 미군기지 우리 땅 찾기 시민모임」이 1998년 5월 발족돼 불평등한 한미행정협정에 따른 불합리한 제도를 타파하고 군산 시민들의 권익을 되찾기 위한 활동을 활발히 전개하고 있다. 문정현 신부를 상임대표로 한 이 단체에는 전북연합, 천주교 정의구현사제단, 전북여성운동연합, 참여자치 군산시민연대 등 도 단위 혹은 시 단위의 17개 시민단체가 대거 참여했다.

시민모임의 결성은 군산공항 임대료를 300% 인상하겠다는 미군기지의 일방적 통보가 자극제가 됐다. 저변에 깔린 그 간의 묵은 감정이 누적된 탓에 결성 이후 시민모임의 활동은 지역민들의 많은 호응을 이끌어냈다. "시민모임 결성 이후 변화된 미군의 자세를 시민들의 피부로 느끼면서 과거 스스로 삭였던 문제까지 제보를 해오는 등 시민 모임활동에 지역민들의 높아진 관심을 실감합니다." 당시 시민모임 집행위원장을 맡았던 최종수 신부(당시 나운동 성당 보좌신부)는 당연한 일임에도 과거 미군이 사고를 냈을 경우 전혀 사과의 말이 없었던 것과 달리 요즘에는 지역 사령부에서 곧바로 사과를 표시할 만큼 달라졌다 한다. 공항 임대료 300%인상안을 철회시키고 점진적 인상안으로 후퇴시킨 것도 시민모임 활동의 성과로 꼽힌다.

미군이 주둔하는 다른 지역보다 시민모임이 1년 정도 늦게 출발했지만 상대적으로 활발한 성과를 거두는 것에 종교지도자들이 많이 참여한 이유도 한몫하고 있다고 시민모임 김종섭 사무국장은 평가했다. 시민모임이 세워둔 당시 현안은 전투기에 의한 미군기지 인근의 소음공해와 환경피해조사 사업이었다.

이들 시민모임회원들은 1997년 9월부터 매주 한 차례도 빠지지 않고 미군 기지를 찾아 기지 앞에서 '금요집회'를 열었다. 그러나 주말 미군의 외출곤란 때문에 영업에 타격을 입은 '아메리칸 타운' 상인들의 반발에 수요일로 집회로 옮기게 되었다. 군산미군기지 우리땅 찾기 시민모임은 전국의 미군기지 관련단체들과 공동대책위원회를 구성해 연대활동을 벌여 한미협정개정과 공여지 해제, 주변의 환경감시 및 투쟁 등 다양한 성과를 이루어 냈다. 지난 2002년에는 옥서면 미군기지 외곽 26만평을 반환받기도 하였다. 창립된 지 20여 년이 흐른 2018년 6월 2일 현재 집회 600회를 맞았다.

4-2. 시민단체의 군산미군부대 앞 시위
미군부대 및 군전력 확장 반대, 환경오염 반대, 우리 땅 반환운동 등을 주제로 미군부대 정문 앞에서 매주 '수요집회'를 열고 있다.

사양길로 접어든 아메리칸 타운

"보세요. 어디 제대로 장사가 되었는지. 물 좋다는 이야기는 이미 흘러간 노래가 됐어요."

아메리칸 타운이 형성되기 전부터 토박이로 살며 이곳에서 오락실을 운영하는 김흥곤 씨(당시 55세)는 식당 몇 곳과 클럽 몇 군데만 살아남았을 뿐 대부분 업소들이 파리만 날린다고 어려움을 토로했다. 1980년대까지만 해도 아메리칸 타운은 군산 지역 환락가의 대명사로 일컬어지던 장소였다. 미군 주둔 도시만의 특성을 배경삼아 한때 화려한 영화를 누렸던 아메리칸 타운은 군산 미군 주둔 역사의 명암을 상징적으로 보여주는 현장이다.

옥구군 미면 임사리의 한적한 농촌 마을이었던 이곳에 아메리칸 타운이 만들어진 것은 지난 1969년이다. 50여 세대가 채소를 재배하면서 조개잡이 등으로 생계를 이어가던 이곳 주민들은 아메리칸 타운 조성이 자신들의 경제에 도움이 될 것으로 생각하고 전혀 반대하지 않고 오히려 협조하는 분위기였다고 김씨는 기억했다. 실제 이곳 아메리칸 타운의 업소들은 80년대 말까지도 엄청난 호황을 누렸다 한다. 별다른 여가 장소가 없었던 미군들은 근무를 마치고 나면 단체로 버스를 타고 이곳으로 몰려왔다. 많게는 하루 1천 명까지 이곳을 찾았다 한다. 그러나 통행제한이 없던 유일한 치외법권 지역으로 특권을 누리던 이곳은 통행금지제도가 사라지면서 다른 지역과 다를 것 없는 장소가 되었다. 그리고 보다 화려하고 새로운 위락시설들이 시내 곳곳에 들어서면서 이곳은 사양길로 접어들게 되었다.

현재 남아있는 시설도 보잘 것이 없다. 나이트클럽 등 관광업소 19개와 식당, 튀김집 등 일반 업소 20개 등 40개 정도의 업소가 고작이다. 이곳을 찾는 미군 수도 이제 하루 평균 1백명 안쪽이며, 주말이면 동두천, 오산, 평택 등지의 위락시설 단지를 찾고 있다 한다. 타운의 옛 영화를 되살리기 위해 이곳 관광 나이트클럽에서 2017년 60여 명의 필리핀 여성과 러시아 여성들을 불법적으로 접대부로 채용했다가 한국 접대부와 갈등이 발생하면서 행정의 철퇴를 맞는 사건이 발생하기도 했다. 아메리칸타운이 직면한 오늘의 명암을 보여주는 한 단면이다.

4-3. 아메리카타운 입구

1969년 한적한 농촌마을에 세워진 아메리카타운은 한때 미군뿐 아니라 군산의 젊은이들이 모이는 장소였다. 그러나 도시 확장에 따라 이제 급격히 쇠락해가고 있다.

5. 군산의 기업과 산업도시화

군산의 기업 - 연륜 있는 전통 기업들 강세

IMF체제 이전만 하더라도 '향토기업'은 그 자체로 지역에서 상당한 대접을 받았다. 애향심을 자극하는 단순한 감정적 차원을 넘어 법적·제도적 뒷받침 아래 여러 혜택을 누렸다. 지역 단위의 신규 유망 업종에 진출하는 업체를 선정할 때면 해당 지역에 본사를 둔 기업이 우선순위에 올랐다. 요즘도 건설업 등 일부 영역에서 지방업체 보호 차원으로 경쟁을 제한하는 예가 없지 않지만 과거에 비해 그 혜택이 많이 축소된 것이 사실이다.

본사 소재지를 기준으로 외지 기업과 향토 기업으로 구분해 차별적 감정을 가졌던 관행과 제도가 오늘날 크게 바뀌고 있다. IMF체제 이후 외자유치가 국가적 과제로 떠오르며 기업 간 국내외를 넘나드는 국제화 사회에서 국내 기업을 두고 구별을 짓는 자체가 우습게 된 것이다. 지방자치단체가 지역에 하나의 기업이라도 더 유치하려고 노력하는 것은 기업 유치가 곧 지역민의 고용 창출과 소득증대, 그리고 지역발전을 촉진시킬 것이라고 믿기 때문이다. 그러나 가능하다면 내 고장 사람이 만든 기업, 우리 국민이 투자한 기업이 잘 되길 바라는 감정까지 완전히 사라지게 할 수는 없다. 기업의 본사 소재지에 따라서 혹은 국적에 따라 지역에 기여하는 정도가 다르다는 현실적인 차이도 그 구분을 완전히 없앨 수 없게 하는 이유다.

군산에서 법인 형태의 기업이 자리 잡게 된 것은 역시 일제강점기로 거슬러 올라간다. 일제강점기 1차 산업 중심의 농업 비중이 높은 상황에서도 군산에서는 공업이 상대적으로 일찍부터 발달했다. 특히 쌀 집산지를 배경으로 정미와 양조공업이 성했다. 일본인이 운영하던 조선정미소의 경우 종업원이 수백 명에 이르는 대기업이었다. 나머지 공업이라야 소규모 철공소, 농기구 제작, 고무공장, 연와공장이 고작이었다. 이마저 거의 대부분이 일본인 소유였다. 군산에서 내국인 기업은 1930년대 중반 이후에야 나왔다.

군산에서 법인형태의 기업체를 처음 설립한 조선인 기업가는 태원엽 씨로 전해지고 있다. 1887년 서울에서 태어나 1921년 군산으로 거주지를 옮긴 태 씨가 만든 법인체가 합명회사 형태의 '팔진八珍양조'다. 그러나 태 씨가 1939년 타개하는 바람에 이 업체는 그다지 빛을 보지 못했다. 일제강점기 후반 기라성처럼 나타난 기업가가 이만수 씨다. 1891년 서울 출신인 이씨는 1922년 군산에서 자리를 잡고 자수성가했다. 그가 세운 경성고무는 '만월표' 고무신으로 한때 전국 신발 업계를 석권했다. 일제 말기 비행기까지 헌납할 정도로 번성했던 경성고무는 1980년대 들어 누적된 적자를 감당하지 못하고 신생 후발업체에 밀려 도산했다.

경성고무와 함께 군산의 대표적 향토기업으로 꼽히는 것이 북선제지, 청구목재, 백화양조 등이다. 일본인이 설립했던 이들 기업은 해방 후 모두 한국인에 인수돼 1970년대 초까지 전북의 경제를 좌우할 만큼 전성기를 누렸다. 일본의 오지제지王子製紙 계열의 북선제지北鮮製紙는 일본에서 사용하던 중고 기계를 들여와 공장을 가동했다. 북선제지라는 명칭은 북한 쪽에 먼저 세워진 펄프공장에서 나온 이름이다. 일본인 소유 회사였던 관계로 관리자 대부분은 일본인들로 구성됐고, 조선인은 과장급조차 단 1명도 없었다고 한다.

일제가 물러간 뒤 이 회사는 당시 통역사로 활동하던 김원전 씨가 인수해 1954년 고려제지로 이름을 바꾸었다. 신문용지, 갱지 등을 주로 제조했던 이 회사는 수요에 미치지 못할 만큼 호황을 누렸으나 1970년대 초 정치적 이유로 문을 닫아야 했다. 독립운동가 김가전 장군의 집안이었던 김 씨가 당시 민정당 조직부장을 맡은 것이 집권당의 눈 밖에 나게 되어, 돈줄이 막혀 결국 은행관리로 넘어가게 된 것이다. 고려제지는 이후 세대제지, 세풍제지로 이어지며 오늘에 이르고 있다.

군산시 해망동에 자리 잡은 청구목재 또한 군산의 대표적 기업이었다. 일본인 소유로 귀속재산 불하 대상이었던 이 회사는 당시 귀속재산을 처리하던 관재서장 김복동 씨와 고판남, 고문봉 씨 등 3인이 불하받았다. 이후 김 씨가 손을 떼고 두 명의 고 씨가 지분을 공유하다 고판남 씨가 한국합판으로 독립했다.

백화양조 역시 일제강점기부터 내려온 연륜있는 기업이었다. 당초 아사노하나朝花 양조라는 이름으로 논산에 본사가 있었다. 군산공장에서 종업원으로 일하던 강정준 씨가 해방 당시 인수해 백화양조로 이름을 바꾸었다. 도내 대표적 주류업체로 성장했던 백화양조는 1980년대 업체 간 경쟁과 영업환경의 변화에 살아남지 못하고 결국 두산주류로 넘어갔다. 이후 롯데주류가 두산주류를 인수함으로써 지금의 롯데주류 군산공장으로 바뀌었다.

군산지역 여러 기업의 명멸 속에 가장 아쉬운 향토기업은 세풍그룹이다. 세풍그룹을 번창시킨 것은 고故 고판남이었다. 그는 1941년 삼남정미소를 시작으로 1963년 한국합판, 1967년 호남잠사, 1972년 세대제지 그리고 1975년 재단법인 세대문화재단과 영명학원 설립에 이어 1985년 세풍그룹을 만들었다. 그러나 세풍은 옛 영명중·고등학교 자리에 세풍아파트를 건설하면서부터 회사 명성에 흠결이 생기기 시작했다. 이후 전주방송 개국, F1그랑프리 대회유치 등으로 무리하게 대출 받은 엄청난 은행 자금으로 IMF 때 그룹이 위기를 맞았다. 결국 세풍은 그랑프리 대회와 관련된 모든 허가가 끝난지 수개월도 안 돼 1997년 말 워크아웃 기업으로 선정되었다. 그리고 1998년 10월 세풍그룹은 결국 워크아웃으로 해체되었다.

군산 기업의 특징은 이 같은 연륜 있는 전통기업의 강세 속에 상대적으로 신흥기업이 별 두각을 나타내지 못했다는 점에 있다. 1960년대 본격적인 공업화 이후에는 군산에서 성장한 새로운 대기업을 찾아보기 힘들다. 군산 출신으로 서울 등 외지에서 대기업을 창업한 예도 거의 없다. 다만 고두모 전 대상그룹 회장 등 몇몇 전문 경영인의 활동이 있을 정도다.

근래에 와서 군산 경제를 움직이는 기업은 현지 기업이 아닌 외지에 본사를 둔 현지공장들이다. 가장 큰 규모의 공장은 1994년 군산국가공단에 입주한 대우자동차 군산공장이다. 외환위기 이전 대우자동차 군산공장은 대우 중공업과 합쳐 1백여만 평의 부지에 3천여 명의 종업원이 일하고 있었다. 외환위기로 도산한 대우자동차는 미국의 GM과 인도의 타타그룹이 각각 승용차와 상용차 부문을 인수하여 분리되었다. 그리고 2018년 GM은 군산공장 폐쇄를 결정하여 약 2,000명의 노동자들의 생계와 군산의 경제에 막대한 타격을 입혔다.

그 다음이 군산임해공단에 자리 잡은 기아특수강으로 1천여 명의 종업원이 있었다. 기아특수강 역시 외환위기로 기아그룹이 부도 처리되면서 세아베스틸에 인수되어 현재에 이르고 있다. 이외에 3백 명 이상 종업원을 둔 기업은 대상, 동양화학, 두산유리, 한국유리, 한국베트로텍스, 동양차체, 두고전자 등 10개 남짓에 불과하며, 이들 대부분이 외지에 본사를 둔 현지 생산 공장들이다. 군산시 전체 제조업체 314개(1997년 말 기준)에서 종업원 1백 명 이상 업체도 20여 개 남짓밖에 안 된다. 1999년 군산의 대표적 경제단체인 군산상공회의소 회원은 총 656개이고 회원은 법인 458개, 개인 198명이다. 6개월 매출액 기준 법인 2억 원, 개인 3억 원을 기준으로 자격이 주어지는 회원 수는 매년 증가하는 추세다. 10년 전인 1989년 회원 수는 법인 157개, 개인 154명 등 311개 회원이었다.

군산의 산업화

식민지 기간 동안 일제의 쌀 수탈을 위한 주요 수송항으로 개발되었던 군산은 근대적인 산업이 비교적 일찍부터 성장한 지역이었다. 한국사회가 본격적인 산업화를 달성하기 이전인 1960년대 초반까지만 해도 군산은 음식료품, 목재, 신발산업 등을 중심으로 한 공업 기반을 착실히 다지고 있었다. 그러나 1970년대 이후 군산은 침체의 늪으로 빠져들게 되었다. 이것은 두말할 것도 없이 국가의 지역 편향적 개발 정책의 결과이다. 수출을 통해 중화학공업의 성장을 달성하고자 했던 한국 경제는 동남해안 지역을 주요 산업지대로 개발하게 되었던 것이다.

근대화에 실패한 전통적 농업지역이 겪는 저발전 현상은 군산이나 전라북도만이 아니라 서해안 지역 일대에서 공통적으로 나타나고 있었다. 이에 따라 전남북을 포함한 이 일대의 주민들에게는 다른 어느 지역보다도 강한 개발 욕구가 나타나고 있기도 하다. 하지만 지역 개발과 공업화를 통해 지역경제의 발전을 달성하겠다는 주민들의 개발욕구는 때로 주민의 의지와는 다른 결과를 초래하기도 한다.

1980년대 후반부터 진행되고 있는 서해안 개발정책의 효과로 군산에서는 느리지만 중요한 산업구조 변화가 나타나고 있다. 우선 양적으로 지역경제에서 제조업이 차지하는 비중이 증가하고 있기도 하지만, 그보다 더욱 중요한 점은 군산의 제조업이 소비재경공업으로부터 점차 운수장비, 금속 등 중화학공업으로 전환되고 있다는 사실이다. 이와 같은 군산의 산업구조 전환은 대부분 국가의 개발투자와 외부 대자본의 유입을 통해 진행되고 있다.

군산의 산업도시화는 지난 수십 년 동안 지역주민이 바라던 것이지만 과연 이것을 군산의 발전이라고 말할 수 있을 것인가에 대해서는 우리는 좀 더 신중하게 생각해야 할 것 같다. 대부분의 도시에서 지역개발을 추진하는 이유는 그것이 새로운 일자리를 창출하고 주민의 소득을 향상시켜 줄 것이라는 기대 때문이다. 다시 말하면 지역개발은 그것이 주민의 삶의 질을 향상시킨다는 전제 하에서 지역발전의 조건이 되는 것이다. 그러나 현재 진행 중인 군산의 산업구조 변화에서 주민의 소득증가나 고용창출을 기대하기는 쉽지 않을 것으로 보인다. 외국의 사례연구들에서는 지역개발은 신규고용 창출보다 외부 노동력의 이동효과가 더 크고, 물가상승, 토지 및 주택가격 상승을 유발시켜 기대한 만큼의 주민생활 향상을 가져오지 못하고 있음을 지적하고 있다. 이렇게 보면 지역 내에서 지역개발로부터 경제적 이익을 얻을 수 있는 계층은 매우 제한되어 있는 것이다.

이러한 사실로 미루어 보아 군산의 산업화가 지역사회 내에 미치는 경제적 효과는 실제보다 과장되어 유포되고 있다 할 수 있다. 오히려 군산에 투자한 대기업의 공장 철수나 폐쇄가 군산의 지역경제에 미친 부정적 영향은 그 좋은 예가 될 수 있다. 결론적으로, 지역의 산업화가 지니는 경제적 효과는 주민전체에게 폭 넓게 확산되지 않으며, 특히 외부 의존적인 지역개발은 지역 또는 지역주민의 삶을 외부에 맡기게 되는 결과를 초래할 수도 있음을 염두에 두어야 할 것이다.

6. 군산 공단 이야기

군산의 공단 - 지역경제 성장 견인

군산의 공단은 1960년대 이후 한국사회의 본격적인 산업화과정에서 소외돼 극심한 정체의 늪에 빠져 있었던 군산 지역의 경제를 일으킨 효자다. 당초 군산은 일제 치하 식량수탈기지로, 또 식민지 도시로 성장의 길을 걸었지만 1960년대 이후 국가가 주도하는 산업화 정책으로부터 소외되기 시작했다. 특히 1970년대 이후 추진된 중화학공업화는 생산설비와 연관 산업의 집적 효과가 크기 때문에 개발 투자가 특정 지역에 고도로 집중되고, 결과적으로 극심한 지역적 편향성이 나타나게 되었다. 그 결과 군산은 극심한 정체 상황으로 내몰렸다. 군산이 이러한 극심한 침체 상황으로부터 빠져 나올 수 있었던 것은 바로 공업단지 조성 덕분이다. 공단조성을 계기로 군산은 공업화 기반을 마련한 셈이다.

군산에 처음으로 들어선 공단은 임해공단, 즉 군산 지방산업단지다. 임해공단은 1978년부터 시작돼 1992년에 완공됐다. 162만 평에 이르는 임해공단은 1980년대 중반부터 입주업체가 늘기 시작해 1992년 분양이 100% 완료됐다. 가장 많은 업체가 집중적으로 입주했던 시기는 1986년~1988년까지의 기간이다. 이 현상은 1987년 군산 제2공단이 산업기지로 지정되고 중국과의 교역확대가 가시화되면서 기업들이 이전과는 달리 서남권을 적합한 투자 지역으로 생각하게 된 것과 무관하지 않다.

군산임해공단은 여러모로 다른 지역 공단에 비해 분양조건이 좋았다. 당시 분양가는 평당 11만 9천원으로 전국 공단 중 가장 싼 분양가격인데다 입지조건 또한 월등히 나았다. 군산시를 비롯한 관계기관에서는 지방업체들뿐 아니라 대기업을 대상으로 입주유치작업을 적극적으로 벌였다. 이들이 내세운 장점은 당장 눈앞에 다가온 중국과의 교역 분위기, 항만이 인접해있어 물류수송이 편리하고 비용 또한 싸다는 점, 용수가 풍족하다는 점 등이었다. 여기에 군산시민들의 열렬한 환영분위기도 타 지역의 기업들이 군산 공단으로 눈을 돌리게 하는 데 큰 몫을 했다.

1998년 당시 입주업체는 47개 업체, 음식료품, 섬유제품, 펄프 종이제품, 조립금속제품 등 제조업이 주를 이룬다. 여기에 주유소, 해경 등 18개의 지원업체가 들어서 있다. 임해공단의 업체들은 대부분이 내수 쪽 보다는 주로 수출업체들이기 때문에 비교적 IMF의 한파로부터 벗어나 있었던 편이다. 공단 조성의 효과로 1970년대 말까지만 해도 전체 취업인구의 20% 수준에 머물러 있던 군산시 제조업부문 취업인구가 1980년대 중반에는 거의 40% 수준으로 증가하고 있는 등 지역 내부의 취업구조에 큰 변화가 나타나고 있다. 임해공단은 2000년대 들어 8만 5천 평을 더 매립해 공단부지로 분양할 계획을 세워 진행하고 있다. 이 중 4만 평은 한국유리가 입주할 계획이고 나머지는 벤처기업단지를 유치할 구상을 세워두었지만 IMF체제에서 벤처기업 입주 가능성이 희박해 전반적인 유치 계획을 재검토하기도 했다.

군산 지방산업단지가 군산의 공업화 기반을 마련했다면 지역 산업구조를 근본적으로 전환시키는 계기를 가져온 것은 서해안개발사업과 맞물려 조성된 군산국가산업단지와 군장산업단지다. 이들 국가공단은 군산지역에 가장 직접적이고 가시적인 영향을 미칠 것으로 기대되었다. 국가공단 조성 당시, 군산지역은 서해안 시대에 요구되는 지리적 여건이나 전력과 물 등의 풍부한 공급시설, 그리고 국제 간, 지역 간 유통되는 대단위 화물을 처리할 수 있는 국제항만이나 항공교통, 서해안고속도로와 장항선의 철도까지 다양한 내륙연계 교통망 등의 강력한 입지 여건을 강조하였다.

1988년부터 조성되기 시작해 1994년에 완공한 군산국가산업단지는 1998년 당시 분양대상 면적 1백 71만여 평 중 1백 47만 평이 분양됐다. 이 중 61%를 대우자동차와 대우 중공업이 차지하고 있었다. 입주업체는 44개 업체지만 가동 중인 업체는 24개 업체. 4개 업체가 건설 중이고 아직 착공하지 않은 업체가 16개나 되었다. IMF구제금융으로 어려워진 당시의 경제사정을 들여다 볼 수 있는 대목이다.

입주업체의 대부분은 대우의 협력업체들이었다. 대우는 군산국가산업단지를 본격 개발하는 과정에서 사업주체인 토지개발공사와 부지조성사업을 둘러싸고 상당한 갈등을 빚었던 업체다. 당초 대우는 상공부(현 산업자원부)로부터 제2공단(국가공단) 내에 대우자동차 생산 공장의 입주를 지정받았었다. 생산 공장을 건설할 경우, 분양대상용지의 51%인 106만 평이 필요한 비중 있는 입주업체였던 대우 측은 입주조건으로 부지조성 사업에 직접 참여해야 한다는 입장을 강력히 피력했다. 자신들이 부지 조성에 직접 참여하면 공기를 단축하고 공사비도 절감할 수 있다는 것이 대우의 주장이었다. 토지개발공사(현 LH 한국토지주택공사)는 개인 기업을 시행자로 지정한 전례가 없다는 주장으로 맞섰다.

이러한 분위기에서 군산지역 시민들은 대기업을 유치하는 것이 지역경제 발전을 촉진시킨다는 기대로 자동차산업유치 결의대회를 추진하는 등 시민 여론을 동원하면서 결과적으로 대우에게 큰 힘을 실어주었다. 국가산업단지는 결국 토개공과 대우가 합동으로 개발하게 됐다. 1998년 10월 당시 국가산업단지 미분양용지는 24만 7천평 정도였다. 평당 분양가격은 19만 5천원이지만 1998년 10월 말까지는 38%를, 11월 초부터는 24%를 깎아주는 등 다양한 혜택으로 입주업체를 끌어들이기에 한창이었다. 입주와 분양, 사후관리 등 공단의 종합행정을 담당하는 한국산업단지공단 군산지원처에 따르면 1998년 당시는 오히려 신규업체가 크게 늘었다고 한다. 이정남 처장은 "IMF의 어려움 속에서도 중소업체의 상당수가 입주계약을 맺었다"며 특히 분양상담이 점차 활기를 띠고 있어 1999년 상반기 정도면 분양이 완료될 것으로 본다고 소개했다.

1991년에 착공된 군산산업단지는 2001년에 완공될 계획으로 선분양을 받고 있었지만 당시 상황으로는 입주업체 유치가 계획대로 이루어질 수 있을지는 미지수였다고 한다. 특히 이미 입주계약을 맺은 LG금속, LG상사, LG전자 등 3개 업체가 구조조정 등 어려운 경제여건을 들어 계약 해지를 요청하고 있었던 것도 관심의 대상이었다. 당시는 이 지역에 대해 제지업종 특별유치 구역 지정 등의 특별한 여건을 내세워 각 업체들의 입주를 유치할 계획을 세웠다. 특히 대기업들의 입주를 적극적으로 유치할 계획이었지만 외부 대자본의 유치에 전적으로 의존할 수밖에 없는 이 환경이 과연 군산지역민들의 기대처럼 지역경제의 성장을 큰 폭으로 이루어낼 수 있을지에 대해서는 아직 낙관하기 어렵다는 것이 당시 전문가들의 의견이었다.

2018년 2분기 기준 군산국가산업단지의 지정면적은 13.702㎢, 관리면적은 6.828㎢이다. 산업시설구역은 전체 5.577㎢이며, 193개 업체가 입주해 있다. 이중 가동 중인 업체는 148개이며, 4,306명의 종업원들이 근무하고 있다. 주요 입주업체로는 대상, 두산인프라코어, 현대중공업, 타타대우상용차, 세아씨엠, 우진이엔지, 창원금속공업 등이 있다. 누계생산액은 1조 3,584억 원, 누계수출액은 4억 달러이다.

<군산 공업단지별 분양현황>

(단위: 천 평/천 원)

<table>
<tr><th colspan="2">단지별</th><th>조성면적</th><th>분양대상
면적</th><th>분양면적</th><th>미분양
면적</th><th>분양가
(평당)</th><th>조성기간</th></tr>
<tr><td colspan="2">계</td><td>8,676</td><td>6,109</td><td>3,023</td><td>3,086</td><td></td><td></td></tr>
<tr><td colspan="2">군장국가산업단지</td><td>4,820</td><td>3,286</td><td>469</td><td>2,817</td><td>306</td><td>91~2001</td></tr>
<tr><td colspan="2">군산국가산업단지</td><td>2,065</td><td>1,716</td><td>1,470</td><td>247</td><td>194</td><td>88~94</td></tr>
<tr><td colspan="2">군산지방산업단지</td><td>1,620</td><td>965</td><td>965</td><td>0</td><td>119</td><td>78~92</td></tr>
<tr><td rowspan="3">농공단지</td><td>성산</td><td>43</td><td>38</td><td>38</td><td>2</td><td>157</td><td></td></tr>
<tr><td>서수</td><td>87</td><td>72</td><td>62</td><td>10</td><td>130</td><td></td></tr>
<tr><td>옥구</td><td>41</td><td>32</td><td>27</td><td>5</td><td>178</td><td></td></tr>
</table>

군산 공업단지 조성과정

공업화 과정의 핵심이었던 공업단지 조성을 놓고 이제 더 이상 '호남푸대접'이라는 말을 꺼내지 않아도 될 것 같다. 군산과 목포 등 서해안 지역에 대규모 공단이 조성돼 산업도시로 발돋움할 굳건한 발판이 이미 마련됐기 때문이다. 그러나 80년대까지 공업단지 조성 문제가 지역 간 불균형의 상징처럼 여겨졌던 것이 사실이다. 이것은 공업단지가 거의 전적으로 동남권에 편중된 데서 비롯된 것이다. 실제로 이점은 1970년대까지의 공업단지 분포도를 보면 바로 드러난다.

1970년대 초반 울산, 마산, 창원, 옥포 등을 시작으로 1970년대 후반 울산 미포공단, 구미, 포항 등 경남북에 대규모 공단이 조성되어, 당시 국내 총 조성 면적의 80% 가까이가 동남부 지역에 편중됐다. 이 시기 전북지역 공단 조성은 전국 공단 면적의 5.7%를 차지하는 데 그쳤다. 이 같은 공단조성의 지역 편중 현상이 바뀌기 시작한 것이 1980년대 이후다. 1982년부터 1985년까지 정부의 공업단지 투자액 중 81.6%가 서남권에 집중됐다. 대신 동남권에 대한 투자는 13.6%에 그쳤다. 특히 1980년대 말 군산국가공단과 군장국가공단이 조성되기 시작하면서 전체 공업단지 면적 중에서 전북지역 공단이 차지하는 비중이 15%로 높아졌다.

전북 공업화의 심장부가 되고 있는 군산 지역에 대규모 공단이 들어설 수 있었던 배경은 정치적 이유와 입지적 여건 두 가지 측면에서 이야기된다. 동남권 위주의 편중 개발에 대한 지역 여론을 달래기 위한 정책으로 서해안 시대 개막을 알렸고, 그 연장선상에서 공단 조성이 이루어졌다. 여기에는 물론 입지적 여건이 고려됐다. 동남권 지역의 경우 이미 포화상태에 달해서 새로운 공단을 조성하는 것이 어려운 상태에 도달한 반면 서해안 지역은 공단 조성에 여러가지 좋은 여건이 마련되어 있었다. 대표적인 것이 값싼 용지에 풍부한 용수다. 중국과의 교역 등 국제적 환경 변화도 한 몫 했다.

군산지방산업단지를 시작으로 군산국가산업단지, 군장국가산업단지로 이어지는 대규모 공단이 완성된 현실에서 이제 공단 조성 자체를 목말라 했던 시대는 이미 지났다. 어떤 공장을 어떻게 유치하느냐가 오히려 과제가 되고 있다.

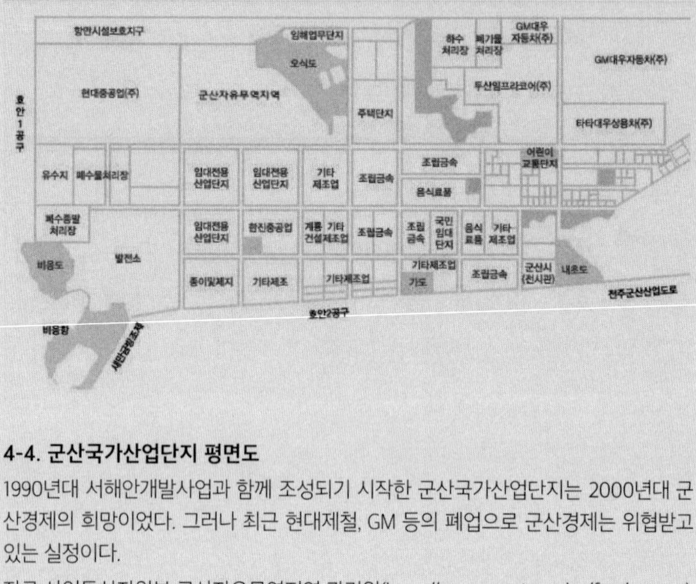

4-4. 군산국가산업단지 평면도

1990년대 서해안개발사업과 함께 조성되기 시작한 군산국가산업단지는 2000년대 군산경제의 희망이었다. 그러나 최근 현대제철, GM 등의 폐업으로 군산경제는 위협받고 있는 실정이다.

자료:산업통상자원부 군산자유무역지역 관리원(http://www.motie.go.kr /ftz /gunsan)

7. 군산 상권의 굴곡

군산 상권의 변화 - 도시 성장과정 반영한 상권의 굴곡

1899년 개항 이후 약 1백20년 동안 전개된 군산시의 성장사는 매우 심한 굴곡을 지니고 있다. 해방 이전에 이미 식민도시로 성장한 군산은 해방 이후 약 40여 년 동안 그 이전과는 대조적으로 퇴보를 경험해야 했던 때문이다. 1980년대에 들어서 다시 국가정책에 의해 대대적으로 자본주의적 도시화 단계로 진입하는 과정은 지방도시의 퇴행과 성장이 국가의 정책에 의하여 어떻게 진행되는가를 단적으로 보여주는 전형적인 사례로 꼽히기도 한다. 한 도시의 상권은 이러한 역사적인 발전과정과 관련이 깊다. 다른 지역에 비해 군산은 독특한 소비성향을 갖고 있는 도시다. 일제강점기 군산의 중심 상권은 당연히 군산 항구와 자연스럽게 연결되어 있던 미두장 인근이었다. 늘 들고 나는 사람들로 활기를 띠었던 미두장의 옛 모습은 지금 찾아보기 어렵지만 미두장은 군산의 상권을 정착시켜 놓은 바탕이다.

군산의 상권은 굴곡이 심한 성장의 역사만큼이나 변화가 심했다. 일본인들이 몰려와 미두장 중심의 상권을 형성했던 시기가 지나고 해방 이후에는 미군 부대가 주둔하면서 미군을 대상으로 하는 상권이 형성되고 번성했다. 영화동 일대는 바로 미군부대 주둔의 역사를 반영하고 있는 곳이다. 1980년대 중반까지만 해도 옷집이나 잡화점, 술집 등의 유흥가가 밀집되어 있던 영화동은 일제강점기부터 중심적인 소비상권을 형성했던 중앙로(당시 중앙통)와 함께 꽤 오랫동안 군산의 주요한 상권을 형성했다. 그러나 미군들의 수가 줄어들고 아메리칸 타운이 비행장 근처에 형성된 이후부터 군산 시내를 찾는 미군들이 점차 감소하기 시작하면서 영화동 일대의 가게들은 하나둘 자취를 감추었다.

1980년대부터 서서히 시작된 영화동 시대의 쇠락은 군산의 사회·경제적 변화를 읽을 수 있는 상징적인 틀인 셈이다. 지금 월명동으로부터 영화동에 이르는 상점들에서는 도무지 활기를 찾아보기 어렵다. 이미 적지 않은 상점들은 아예 문을 닫아버렸고, 간신히 문을 열고 있는 가게들도 상가로서의 체면(?)을 잃은 지 오래다. 이러한 분위기는 군산시청의 이전과도 직접적인 관련이 있다. 군산시청이 현재의 조촌동으로 새 청사를 지어 이주하자 옛 시청 뒷거리에 즐비했던 음식점들은 자연스럽게 활기를 잃었다. 늘 풍성했던 이 거리의 음식점들 중 몇몇은 재빠르게 군산시청을 비롯한 법원 검찰 등이 이주해 간 조촌동의 신시가지로 자리를 옮겼지만 적잖은 음식점들은 단골손님에 의지한 채 영업을 이어갔다.

영화동 상권은 쇠락했지만 일제강점기부터 해방 직후, 그리고 지금에 이르기까지 군산의 소비문화 상권의 중심을 형성하고 있던 중앙로는 지금도 옛 면모를 간직하고 있다. 옛 경찰서를 중심으로 사방으로 나 있는 오거리 중 한 갈래인 영동거리는 그 중에서도 유명 메이커를 비롯한 옷가게 등 소비재 가게들이 즐비하게 들어서 있는, 말하자면 군산의 명동거리다. 자연히 늦은 오후부터는 젊은 세대들이 찾아들어 활기를 띤다. 1990년대 초반 들어 장미동쪽으로 호프집이며 커피숍 등 젊은 세대들의 호기심을 끌 수 있는 새로운 시설의 유흥가가 형성되었지만 영동거리의 전통에는 아직 미치지 못했다.

군산의 상권변화 중에서도 가장 두드러지는 변화는 역시 재래시장의 쇠락이다. 다른 도시들과 마찬가지로 대형유통업체들이 들어서고 현대식 슈퍼마켓들이 각 지역마다 문을 열면서 가장 직접적인 영향을 받는 것은 재래시장이며, 군산도 예외는 아니다. 군산의 전통적인 재래시장은 군산역 앞의 군산시장을 가리킨다. 통칭 구 시장이라고 불리는 이곳 재래시장은 정식 점포만 490여 개에 이르는 대형 시장이었다. 그러나 지금은 급격한 사회변화와 소비패턴의 변화, 경기 불황의 여파 등으로 가장 직접적인 고통을 겪고 있는 곳이다. 군산시장의 쇠락은 군산시의 신시가지 형성 및 도시발전과 직접적인 관련이 있다.

군산은 서해안 시대의 중심도시로 부각되어 있고 그에 따라 급격한 도시 발전이 기대되고 있지만 아직은 이러한 변화를 보여주는 상권의 변화를 확연히 드러내지는 않는다. 시내 중심가에 번듯한 백화점이나 호텔 하나 없는 현실은 군산의 독특한 상황을 읽어내게 한다. 1990년대 당시 군산에 들어서있던 코렉스마트니 현대마트니 하는 유통업체들조차 대형이기는 하지만 엄밀히 따지자면 대형유통업체의 기준이 되는 3천 평에는 미치지 못하는 유통점들이었다. 물론 이들만으로도 군산지역의 슈퍼마켓 등의 영세상점들은 적지 않은 타격을 입고 있었고 이후에도 이러한 변화는 더욱 가중되었지만 군산은 집약적인 상권의 변화보다는 오히려 조촌동이니 나운동이니 하는 신시가지로 분산되는 상권의 변화가 더욱 주목되었다.

군산의 상권은 이후 큰 폭의 변화가 있을 것으로 예견되었다. 1980년대에 들어선 나운동의 아파트촌을 중심으로 한 시가지 발전이나 새로운 행정타운으로 지목되었던 조촌동 일대의 시가지 변화는 군산의 틀을 바꿀 새로운 공간들이었다. 영동이 서울의 명동에 비견된다면 나운동이나 조촌동은 서울의 강남쯤으로 비유될 수도 있었다. 이러한 변화는 서해안 시대의 개막과 함께 국제무역도시로 부상했던 군산의 도시발전의 모습이었다. 그러나 주목되는 점은 대우나 기아특수강 등 기업들이 공단에 입주하면서 군산의 인구가 어림잡아 1만여 명 정도 늘어났지만 정작 소비활동이나 그 규모는 크게 증가하지 않았다는 것이다.

현재 군산의 상권구도는 구도심과 나운동 상권으로 이원화되어, 구도심은 의류 중심의 도소매, 신도심은 서비스 기능의 독립적인 상권으로 자리잡았다. 그러나 택지개발이 완료되고 아파트 입주가 시작되면서 신도심의 기능은 나운동을 벗어나 수송동으로 이전하였다.

군산 구시장의 어제와 오늘

"우는 애기도 댕기고 그래야 시장인디 어디 이게 살아있는 시장입니까?" 군산 구 시장에서 만난 김근태 씨(당시 61세 · 신신주단)는 자신의 오랜 시장생활 경험으로 '아동복 가게가 얼마만큼 잘되느냐'로 시장 경기를 가늠하지만 구 시장은 아동복 가게가 없어 이미 죽은 시장이나 마찬가지라고 단언했다. 아동복 가게가 없다는 것은 곧 '가정의 경제권을 갖고 있는 젊은 주부들이 시장을 외면한다'는 현실의 반영이란다.

"명절 때 쉬고 싶어도 제대로 쉴 수 없었던 때가 있었습니다. 이곳이 문 닫으면 군산에서 물건 살 곳이 마땅치 않았기에 날짜를 정해 쉬도록 행정 지도를 받을 정도였어요." 30년 넘게 구 시장에서 장사를 해온 김 씨는 지금은 명절 때도 찾는 사람이 많지 않다며 옛 영화를 그리워했다. 온종일 '마수'도 못하는 가게가 상당수며, 월세 5만원이 아까워 문을 닫는 가게가 늘고 있다는 말로 쇠퇴하는 구시장의 썰렁한 분위기를 전했다.

전반적인 유통체계의 변화에 따른 다른 도시의 재래시장도 마찬가지 현실이긴 하지만 군산 구 시장의 쇠락이 군산 시민들에게 주는 아쉬움은 더할 것 같다. 군산 구시장의 역사는 1918년 설립된 장재동 시장으로 거슬러 올라간다. 점차 시가지의 발전과 함께 현재의 신영동으로 자리를 옮기고, 5일 시장에서 정기시장으로 자리를 잡았다. 목조건물 2동과 점포 4칸의 당초 구 시장 건물은 6·25전쟁 때 일부 소실된 후 노천 혹은 천막 시장으로 있다가 1962년 개축과정을 거쳤다. 구시장이 기본 골격을 갖춘 것은 1969년 12월 슬라브 건물이 완공되면서다. 그러나 입주 며칠 만에 화재가 발생해 1천만 원 이상의 피해를 낸 뒤 이듬해 다시 개보수 공사를 거쳐 복구됐다. 이후 도시가 발전하고 상거래가 활발해지면서 1981년 일부 2층 건물을 올리고, 2012년 3층과 4층이 세워져 오늘의 모습을 갖추게 됐다. 1999년을 기준으로 구 시장은 2천 7백여 평 부지에 1, 2층 합쳐 건평 2천 4백여 평으로 이루어졌다. 점포수는 7개 동에 1층 390개, 2층 100개 등 490개 점포와 노점 130개 등이 시장번영회(당시 회장 유주환) 회원으로 있었다.

100여 년 동안 운영돼온 군산공설시장은 역전 옆에 자리 잡고 있어 과거 군산의 명동거리라 불렸다. 하지만 도심공동화로 젊은이는 떠나고 장년층만 다니는 거리로 쇠퇴의 길을 걸었다. 군산시는 2012년 3월, 재건축을 통해 편의시설을 갖추고 마트형 전통시장으로 변신을 꾀하며 신시장(군산공설시장)을 만들고 옛날 군산역을 옮기고 그 자리에 주차장 까지 만들었다. 구시장은 옛 모습 그대로 주변에 남아 있었다. 게다가 2017년 공설시장 2층에 청년몰 「물랑루즈201」이 생겨나 젊은이들과 관광객을 끌어들이며 활력이 넘치는 시장으로 변화하고 있다.

8. 본래 군산은 야성野性이 강한 도시이다

비판성향 · 변화욕구 높은 야도野都

지난 1996년 15대 국회의원 선거 결과는 군산의 독특한 정치풍도를 다시 한 번 확인시켰다. 국민회의 텃밭으로 여겨지던 호남에서 유일하게 여당의원을 탄생시킨 당시 군산의 선거결과는 전국적으로 관심을 끌었다. 정치평론가는 물론 정치에 관심 있는 사람이라면 누구나 한 번쯤 그 배경을 따져보았음직한 당시로선 '일대 사건'이었다.

'동정표', '인물표', '외지표'가 당시 여당인 신한국당 간판을 달고 출마한 강현욱씨를 국회의원으로 만들었다는 것이 현지인들의 대체적 분석인 것 같다. 특히 장관·도지사 출신의 후보자가 14대 총선과 민선 도지사 선거에서 거푸 낙선한 전력이 지역 유권자들의 마음을 움직이게 한 주요 요인이었다. 여기서 지역 정서를 비교적 초월한 외지인이 많이 살던 신시가지 나운동 유권자들의 선택이 당선자에게 힘이 됐다. 그러나 15대 총선 결과만을 놓고 군산의 정치적 풍토를 속단할 수 없다. 15대 선거 결과는 '신만이 군산의 선거결과를 안다'는 예측 불허의 군산지역 선거 전통에 하나의 사례를 더했을 뿐 오히려 예외에 속하는 쪽이다.

군산은 본래 전통적으로 야성野性이 강한 도시다. 1980년대 이후 호남에서 야성 아닌 지역도 찾기 어려웠지만 군산은 특히 지역감정의 골이 패이기 훨씬 전부터 강도가 높았다. 정부 수립 후 15차례 국회의원 선거에서 여당의원이 당선된 것은 6명뿐이다. 6명의 여당 의원도 15대 선거와 1958년 고려제지 사장으로 있던 김원전 씨가 자유당으로 출마한 선거를 제외하면 나머지는 집권당의 프리미엄을 안은 중선거구 제도로 치러진 4,5공화국 때여서 실질적인 여당의 승리는 2차례에 불과하다.

군산 유권자의 강한 야권성향은 대통령 선거에서도 똑같이 나타났다. 첫 직접선거로 치러진 2대 대선에서 집권당인 이승만 후보가 군산에서 얻은 득표율은 전국 득표율 74.6%보다 낮은 66.8%였다. 또 박정희와 윤보선 간 대결로 벌어진 6대 대선에서는 야당인 윤보선 후보가 군산에서 6백여 표를 더 얻었다. 군산의 강한 야성은 일반적으로 비판적 성향이 높다는 항구도시라는 점과 개항도시로서 일찍부터 서구문물과 접하면서 변화에 대한 욕구가 상대적으로 강하다는 배경에서 찾는 분석이 설득력을 갖고 있다.

군산에서 다선이 어렵다는 것은 군산 정치의 또 다른 특징이다. 역대 군산의 국회의원 중 최고 다선은 채영석 의원으로 3선을 기록하고 있다. 이전에 양일동 의원이 3선을 역임했으나 통합 전 옥구군 선거구였다. 채 의원의 경우도 정치적 역량에 상관없이 DJ의 공천이 곧 당선이라는 등식이 성립된 1980년대 후반 이후 만들어진 기록이어서 군산 정치문화의 새로운 변화로 받아들이기엔 어려운 측면이 있다.

군산과 옥구를 통틀어 3선의 두 의원과 재선의 김판술 의원을 제외하고 모두가 단임으로 만족해야 했다. 흔히 '항구 바람이 거세 재선이 어렵다'는 우스갯소리가 있을 정도로 정치 신인에게 군산은

「기회의 땅」이었던 셈이다. 언론인 출신으로 도의회 의장을 역임한 김철규씨는 이 같은 군산 정치의 현실을 두 가지 측면으로 분석했다. 그는 당 의원으로서 지역 사업을 추진하는 데 한계를 보여 지역 유권자들로부터 평가받지 못했고, 여당의원은 대부분 실업인 출신이어서 정치에 특별한 뜻을 두지 않은 경우가 많은 데서 찾았다. 다른 하나는 유권자들의 수준이 높아 기존 정치권에 싫증을 내고 참신한 인물을 기대하는 경향이 높다는 이유를 꼽았다.

새로운 인물에 대한 지역 유권자들의 끊임없는 갈망은 정치판을 고여 있지 않게 하는 역할을 했지만 다른 측면에서는 지역구 선량이 중앙 정치무대에서 자신의 입지를 세울 기회를 원천적으로 빼앗았다는 평가도 나온다. 이는 물론 개인의 역량이 먼저냐, 「정치 거목」을 키울 수 있는 토양이 우선이냐의 의견 차이 문제일 수 있다.

군산의 유권자들은 이 같이 한 인물을 오래 선량으로 두지 않을 뿐더러 손쉽게 뽑아주지도 않는다. 군산의 역대 국회의원 선거에서 1천표 내외 차이로 당락이 결정된 경우가 많다는 점이 이를 말해준다. 1천표 이내 차이로 당락이 좌우된 선거만도 6대, 8대, 11대 등 3차례가 있으며, 1천여 표의 근소한 차이도 4대, 7대에 걸쳐 두 차례나 있었다. 1980년대 후반 이후 특수한 정치적 상황을 제외하면 대부분 선거에서 유권자들은 한 후보에게 압도적 지지를 보낼만치 호락호락하지 않았다. 오히려 군산의 유권자들은 정치인들을 항상 견제하고 있었다는 사실이 군산의 독특한 정치적 풍토를 설명해줄 수 있다.

군산 출신으로 중앙 정치무대에서 활약했던 대표적 정치인으로는 양일동을 꼽을 수 있다. 1954년 3대 선거에 41세 나이로, 군산·

옥구 통합 이전의 옥구지역에서 무소속으로 출마해 국회에 처음 진출한 양씨는 이후 3차례 연속 당선되면서 정치적 입지를 다졌다. 정치 규제에 묶여 이후 정치 일선에서 한 발짝 물러났던 양씨는 1973년 계보 갈등을 벌이던 신민당을 뛰쳐나와 자신의 계보를 이끌고 통일민주당을 창당, 당수로 활동했다. 전북에서 특히 3대 선거 때 이른바 정치거목들이 대거 정치에 입문했는데, 이철승(전주), 유진산(금산·당시 전북의 행정구역), 윤제술(김제을), 박세경 의원(임실) 등도 이때 국회에 진출한 정치 신인들이었다.

부자 2대에 걸쳐 국회의원을 배출한 사실도 군산의 정치사에서 기록될 만한 일 중 하나이다. 전북대 초대 총장을 지낸 고형곤이 학자에서 정치인으로 변신해 1962년 6대 국회의원을 지낸 데 이어 고건이 20여년 후인 1985년 부친의 뒤를 이어 12대 때 군산에서 국회의원을 역임했다. 고건은 이후 서울시장을 지내기도 했다.

지방자치단체 선거지만 1950년대 백효기가 여성으로 도의회에 진출한 점도 군산의 정치문화를 이해하는 데 특기할 만한 사실이다. 여성의 정치 참여가 흔치 않은 1950년대 상황에서 큰 거부감 없이 지역 대표로 여성을 선출한 데서 군산의 개방적인 정치문화를 엿볼 수 있기 때문이다.

신민당 군산당사 난입사건

전통적으로 야성이 강한 군산은 다른 지역에 비해 크고 작은 정치적 사건이 적지 않았다. 정치사의 이면을 들여다보면 군산지역 주민들의 성향은 더욱 확연히 드러난다. 군산의 정치 이면사에서도 빠질 수 없는 사건이 있다. 이른바 <신민당 군산당사 난입사건>이었다. 공식적으로 그 면면을 자세하게 담아놓은 기록은 없지만 당시 전북일보를 비롯한 지역신문 1면 톱기사를 장식할 정도로 대단한 정치적 이슈를 제공했던 사건이다.

1967년 6월 11일에 일어난 이 사건은 당시 정권을 장악했던 공화당의 부정선거 치부를 전국에 낱낱이 공개하는 계기가 되었다. 그해 6월 8일에 7대 국회의원을 뽑는 총선이 치러졌다. 군산지역에서는 공화당의 차형근 후보와 신민당의 김판술 후보가 출마해 접전을 벌였으나 개표 결과는 공화당의 승리였다. 양 후보의 득표 차이는 불과 수백 표에 불과했다. 때마침 군산 인근의 섬 지역 투표함이 바뀌었다는 소문이 퍼져 나오기 시작했다. 가뜩이나 고무신 선거니, 밀가루 선거니 하여 부정선거로 인한 매표 행위가 적나라하게 드러나 있는 상황에서 이 소문은 신민당 당원들을 자극하기에 충분했다. 당시 신민당 군산당사에서는 건물 처마 끝에 고무신과 밀가루 봉지를 걸어 놓고 부정선거를 규탄하는 집회를 선동하기 시작했다. 마이크를 잡고 선동에 나선 사람은 당원이었던 채영수와 당원은 아니지만 당시 김판술의 선거운동을 위해 서울에서 내려와 비선조직에서 활동했던 김철규(전 전북도의회의장)였다.

처음에는 별 관심을 보이지 않던 시민들이 날이 저물면서 신민당사 앞에 하나둘 모여들기 시작했고 그 규모는 점점 불어났다. 그러자 경찰이 투입됐다. 당시 군산경찰서장은 전재곤이었다. 경찰들은 사무실 안의 전기를 끊고 들어가 저항하는 당원들을 닥치는 대로 두들겨 패 쫓았다. 이 사건은 곧바로 언론보도를 통해 알려졌고 중앙당 차원의 진상조사단이 파견되는 등 심각한 파장을 가져왔다. 신민당은 투표함 보존 신청을 비롯, 선거무효를 주장하는 증거들을 갖춰 부정선거법 위반으로 소송을 제

기해 그 파문은 더욱 커졌다.

공화당에서는 일파만파로 이 사건이 확대되자 차형근을 당의 명예를 실추시켰다는 책임을 물어 제명시키는 극단적인 처방을 썼다. 차형근은 국회에 등원했지만 끝내 무소속으로 임기를 마치는 수모를 겪어야 했다. 일이 이쯤에 이르자 신민당에서는 고소를 취하함으로써 이 사건은 일단락됐으며 당시 신민당사 난입을 지시했던 전재권 군산경찰서장도 이 사건으로 당시 옷을 벗어야 했다.

9. 역전의 명수 군산상고

외래문물 영향으로 일찍부터 체육발전

1970년대 중반까지만 해도 군산은 「체육 도시」로 통했다. '군산에서 출세하려면 운동을 해야 한다'는 말이 나돌 정도였다. 요즘에야 운동으로 벼락부자가 되기도 하고, 프로진출의 길이 넓어 새삼스러울 것도 없지만 별다른 사회적 대우나 진로가 없었던 당시에 운동으로 출세한다는 것이 말처럼 쉬운 시절이 아니었다.

군산 사람들의 체육에 대한 애정과 기대가 얼마나 높았는지는 체육회 구성에서도 잘 드러난다. 타 도시의 경우 체육회장은 해당 자체단체의 장이 맡는 게 일반적인 관례였지만 군산은 달랐다. 전국적으로 마산과 함께 군산에서만 민간인이 체육회장을 맡았다. 마산에서 시장에게 체육회장 자리가 넘어간 뒤에도 군산에서는 1970년대 중반까지 체육회장을 민간에서 차지했다. 이것은 군산이 전국에서 유일했다. 자치단체장과 민선회장 사이의 차이는 체육회 예산의 독립과 관련되는 부분이다. 민선 체육회장을 옹립할 수 있었던 것은 곧 자치단체의 지원 없이도 체육회 예산을 자체적으로 확보할 수 있었다는 뜻이다. 여기에는 군산의 전통 또한 무시할 수 없는 요소로 작용했다. 체육에 관해 남다른 열정과 자부심을 가졌던 군산 지역 체육인들이 「체육 총수」자리를 그렇게 호락호락 내놓을 리 만무했다.

군산이 체육 도시로 전통을 가질 수 있었던 배경 역시 개항 도시로 일찍이 발전했다는 점에서 찾을 수 있을 것 같다. 경제적 부가 축적되고, 농업 이외 일자리가 상대적으로 많았던 군산으로 사람들이 몰리면서 자연스럽게 일찍부터 체육이 발전할 수 있었다.

군산에서 현대적 의미의 체육은 축구에서 시작됐다. 1920년대 현경남·이서구 등이 주축이 돼 만든 「평화축구단」이 군산 체육단체의 효시다. 일제강점기 선교사들에 의해 축구가 도입된 것은 이미 잘 알려진 사실이다. 군산에서도 이미 1900년대 초 기독교계 학교인 군산영명학교 등에서 축구활동이 이루어졌다. 군산에 앞서 전주에서 「완산구락부」, 「백호축구단」 등의 일반부 팀이 있었지만 평화축구단 발족을 계기로 전북 축구와 군산 체육이 뿌리를 내리는 계기가 됐다는 점에서 그 의미는 적지 않다.

실제로 일제강점기 「경평 축구시합」처럼 전주를 본거지로 한 전북축구단과 평화축구단 간에 매년 춘추로 2차례씩 경기가 벌어졌으며, 1921년 남조선 소년 축구대회를 군산에서 개최하기도 했다. 군산 화강정미소 공터에서 벌어진 소년축구대회에는 전국에서 13개 팀이 참가했고, 순천 소년팀이 이 대회에서 우승한 것으로 기록되고 있다. 평화축구단을 모태로, 이후 1930년 군산부에 체육회가 발족됐다. 축구인 중심의 체육단체이긴 하지만 지방 도시에서 유례를 찾기 어려울 만치 일찍이 체육회가 만들어짐으로써 군산이 체육 도시로 발전할 수 있는 터전을 닦은 것이다.

오늘날 군산 체육을 말하면 흔히 군산상고로 대표되는 야구를 떠올리지만 이처럼 축구가 가장 앞서고 농구 종목이 그 뒤를 따랐다. 1930년대 초 홍문길, 오수철 등에 의해 시작된 군산의 농구는 호남에 처음 씨앗을 뿌렸고, 나아가 영남 농구까지 개척한 선구자적 위치에 있었다. 홍문길, 오수철은 해방 직후 군산중과 군산상고 농구부를 각각 창단했으며, 군산중·고 농구부가 현재까지 그 맥을 이어가고 있다.

군산의 야구 역시 1970년대 활짝 꽃을 피웠지만 그 역사는 일제 강점 초기로 거슬러 올라간다. 『군산시사』(1991)의 기록에 의하면 이미 1910년대에 군산에서 야구 경기가 개최된 적이 있다 한다. 이후 양태보, 이동완 씨에 의해 재건된 군산의 야구는 1946년 당시 남선전기(현재의 한국전력) 군산지점의 야구팀 후원의 힘을 받아, 정윤기, 황동 씨 등이 군산중학교에 야구부를 창설하면서 기반을 닦았다. 6·25전쟁으로 군산중 야구부가 유명무실해진 한참 뒤인 1959년 경성고무(주)의 이용일 사장은 최동현 씨 등과 함께 국민학교에 야구부를 만들어냈다. 여기서 육성된 어린 선수들이 군산중과 군산남중으로 진학하고, 이들이 성장하여 10년 후 군산 야구의 대들보가 될 수 있었다.

군산야구의 대부로 불리는 이용일 사장은 10여 년의 각고 끝에 1968년 마침내 군산상고 야구부를 창단했다. 군산상고는 1972년 제26회 황금사자기대회 우승으로 호남야구의 전성시대를 이끌게 됐다.

군산이 체육 도시로 강한 인상을 심어줄 수 있었던 데 빼놓을 수 없는 것이 「군산체육관」의 설립이다. 일제강점기 쌀 창고로 사용되던 건물을 개조해 만든 군산체육관이 1946년 문을 열면서 군산 체육이 또 한 번 발전할 수 있는 계기가 됐다. 당시 전국적으로 실내 체육관이 설치된 곳은 서울과 인천 정도였다. 군산체육관이 만들어진 계기는 일본 관서關西지방 권투 프로선수권 보유자로 활약하던 손용 씨에 의해서였다.

체육관이 만들어지면서 태권도·유도·권투·역도 등 실내경기 종목에 참여하는 인구가 급증했다. 군산체육관에서 태권도 훈련을 받은 박영민 씨(56, 군산시체육회 부회장)는 1970년대 초까지 군산체육관에 많은 훈련생들이 몰렸으며, 많을 때는 하루 3~4백 명에 이르는 선수들이 밤 10시까지 운동을 했다고 기억했다. 군산체육관에서는 특히 유명 복서들을 많이 배출했는데, 손용 씨의 뒤를 이어 김완수씨의 역할이 컸다. 동경올림픽과 멕시코 올림픽에 국가대표로 출전한 박구일 씨를 비롯, 1960년대 프로복싱 밴텀급 챔프였던 이원석, 서울올림픽 금메달리스 김광선과 동메달을 딴 전진철 등이 바로 그들이다.

역대 군산 체육을 전국에 빛낸 인물과 단체 또한 열거하기 어려울 정도로 많다. 그중 평화축구단에서 활약한 채금석 씨도 대표적인 인물로 꼽힌다. 1934년 조선대표로 발탁됐고, 경평 축구대회 주전 선수로 활약한 축구계 대부였던 채씨는 1995년 작고할 때까지 군산제일고 축구부 젊은 선수들과 어울려 축구를 즐겼다. 후배 축구인들이 그의 이름을 딴 금석배 전국 초중고 축구대회를 창설해 이어오고 있다.

1950년 미국 보스톤 마라톤 대회에서 2시간 24분 20초 기록으로 2위를 차지한 송길윤씨와 1960년 올림픽 대회 마라톤 선수로 출전한 송삼섭씨는 군산체육이 배출한 육상 선수들이다.

지금은 해체됐지만 군산여상 배구팀은 학교 체육에서 빛나는 역사를 자랑하고 있다. 1940년대 후반 이미 군산시내에 직장대항 배구대회가 있을 정도로 배구 종목이 활성화되어 있었다. 이러한 배경에서 탄생된 군산여상 배구팀은 1952년 제7회 전국배구선수권대회에서 우승한 것을 시작으로 10여 년 간 전국규모 배구대회를 휩쓸며 명성을 떨쳤다.

군산의 탁구 역시 전통적인 강세 종목이었다. 특히 야구로 이름을 날리기 훨씬 전인 1948년 창단된 군산상고 탁구부는 1968년 전국학생종별선수권대회 단체 준우승과 김성중 선수의 단식 2위로 꽃을 피웠다. 군산상고 탁구부 뒤를 이어 창단된 군산기계공고 탁구부가 그 명성을 이었다.

세계 주니어 테니스 선수권대회에서 우승한 전미라(군산영광여고), 배드민턴 올림픽 금메달리스트 정소영(군산여고), 국내 레슬링 해비급에서 20년 아성을 지킨 김태우(군산동고) 등은 1980년대 이후 명성을 떨친 선수들이다. 국가대표 혹은 청소년 대표 축구 선수로 활약한 노수진, 유동관, 장정, 조덕재, 김이진, 노상래 등은 군산제일고가 배출한 축구계 스타들이었다.

군산 체육의 오늘이 있기까지는 선수 육성에 뒷바라지 한 사람들이 많았다. 특히 20년 가까이 군산체육회를 이끈 농구인 출신 박원삼 씨, 군산야구의 오늘이 있게 한 이용일 씨, 고판남 전 세풍회장과 강정준 전 백화양조 사장 등이 그 공로자로 군산지역 체육인들 사이에 추앙받고 있다. 전북 체육에서 항상 선두에 서 온 군산체육이 오늘날 다소 침체됐지만 골프, 볼링, 수영 등 새로운 종목에서 강세를 나타내는 것 또한 외부 문물에 빠르게 접하는 군산 특유의 정서와 무관치 않을 것 같다.

군산상고 야구부 - 역전의 명수, 각본 없는 드라마

지난 1972년 7월 19일 서울 동대문구장에서 열렸던 제 26회 황금사자기대회 결승전, 군산상고의 9회 말 그 기막힌 역전 신화를 지켜본 야구팬들은 그때의 짜릿한 감동을 아직도 잊지 못한다. 군산상고 야구부는 군산 체육의 상징이었다. 1972년 황금사자기를 거머쥔 이후 이 팀이 보여줬던 극적인 드라마는 여러 차례 재현되었다. 그래서 군산상고와 붙으면 이기면서도 마음을 놓을 수 없다는 인식이 당시 전국고교야구부에 공통적으로 확산되어 있었다. 1968년 야구부를 창설한 이후 지금까지 전국규모의 대회 우승 15회, 준우승 13회 등 야구명문으로 성장한 군산상고 야구부의 승전은 대부분이 역전의 드라마 위에서 이루어진 것들이다. 군산상고 야구부가 지역연고에 관계없이 전국적인 야구팬들의 사랑을 받았던 것도 바로 이러한 특징 때문이다. 군산상고 야구부는 군산시민과 전북도민에게 자긍심이 되었다.

군산출신으로 고등학교 야구부에서 활동했던 전 경성고무 사장 이용일 씨는 당시 군산중학교 야구부원들이 외지의 학교로 진학한 이후 적응하지 못하고 도중하차하는 것이 안타까워 고등부 야구단을 추진하였다. 당초에는 군산고에 창단하려 했으나 지원조건을 두고 이견으로 군산상고에 끈을 댔다. 그렇게 군산상고 야구부는 탄생할 수 있었다.

군산상고가 가장 화려한 꽃을 피운 시기는 야구부 3기 때였다. 당시 군산상고 야구부에는 김봉연, 김준환, 김일권, 김우근 등이 포진해있었다. 이들은 한국프로야구 1세대들로 한국 프로야구의 간판스타들이다. 물론 그 뒤를 이어 배출해낸 스타들도 적지 않다. 김용남, 김종윤 김성한, 조계현, 장호익, 백인호, 정명원, 조규제, 이광우 등이 1세대의 명성을 이어 스타 군단에 서있었다.

군산상고 야구부의 주 무기인 역전의 비결은 정신력이다. 결코 다른 학교 야구부에 비해 좋은 여건은 아니었지만 팀워크나 인성은 어느 단체보다 좋았다. 엄밀히 따지자면 실력 면에서는 다소 떨어지더라도 역전의 자리바꿈을 이루어낼 수 있었던 팀워크와 정신력은 단순한 육체 훈련보다는 정신적인 면에 치중했던 교육의 성과였다.

군산상고 야구부가 있기까지는 여러 주역들이 많지만 그 중에서도 최관수 감독은 단연 중심이다. 당시 제일은행에 재직하고 있던 최 감독을 치열한 경쟁 끝에 스카웃 해내는데 성공한 사람은 역시 이용일 씨였다. 야구부 창단에 참여해 오랫동안 야구감독을 맡았던 송경섭 씨(동문 12회·전 군산상고 교장)가 이용일 씨를 오늘의 군산상고 야구부를 있게 한 대부라고 말할 정도로 그는 야구부를 지켜온 중심이었다. 당시 교장이었던 김병문 교장도 야구부를 키워놓은 주역의 한 사람이다. 그러나 김 교장은 '빛 사이로 피해 다니 듯' 정작 재임하는 동안에는 우승의 꽃을 한 번도 보지 못하는 징크스를 기록했다.

말년에 파킨슨병으로 투병생활을 하다가 작고한 야구의 신화 최 감독의 뒤는 백기성 감독(해태코치 역임)을 거쳐 나창기 감독으로 이어졌다. 지난 1986년 황금사자기에서 우승한 이후 10년 동안 뚜렷한 성적을 올리지 못했던 군산상고 야구부는 한때 해단 직전에까지 몰리는 위기를 맞기도 했다. 이용일 씨가 운영한 경성고무가 파산하면서, 지원이 중단되었던 바로 직후였다. 이때에는 동문들이 적극적으로 나섰다. 김길준 군산시장이 동문회장을 맡게 되면서부터 지원의 폭도 훨씬 커졌다. 10년 동안의 공백을 깨고 1996년 8월 제 26회 봉황기대회 우승의 기쁨을 안겼던 군산상고는 전국체전에서도 우승, 다시 야구명문의 대열에 다시 올라서기도 했다.

4-5. 1972년 군산상고의 황금사자기 우승

1972년 제26회 황금사자기 전국 고교야구대회에서 군산상고인 결승 상대인 부산고에 1대4로 끌려가다가, 9회 초 5대4로 역전시켰다. 이때부터 군산상고 야구부에는 '역전의 명수'라는 별명이 붙었다.

10. 개항 100년, 군산은 살만한 도시인가

"수난과 발전의 역사 - 군산 개항 100년"

군산 개항 1백년. 1999년 군산시는 새로운 의미의 연대를 맞게 되었다. 일제 치하에서 식민지도시로 탄생해 오늘에 이르는 동안 유난히 큰 질곡 속에서 성장해 온 군산은 이제 서해안 시대를 앞둔 주요 산업기지로서 새로운 연대기 속에 새로운 역사를 열게 되는 셈이다.

정치적 경제적 사회적 환경의 큰 변화 속에 놓여있는 군산 사람들의 오늘은 과연 어떤 모습일까? 각 분야별 지표를 통해 본 군산은 큰 폭의 변화를 보이고 있다. 한 도시의 변화를 가늠하는 데에는 연대별 지표가 가장 훌륭한 기준이 된다. 그러나 대부분의 자치단체들이 그러하듯이 군산지역의 상세한 통계자료는 턱없이 부족하다. 여러 자료를 통해 비교 근거가 될 수 있는 항목을 추렸지만 아쉽게도 부문별로 일정한 연대를 통일시키는 데에는 한계가 있었다.

지표로 본 군산

1950년대 초 군산의 인구는 7만4천5백45명이었다. 1997년 12월 현재의 인구는 28만1천4백37명이다. 50년이 채 못 되는 동안 인구는 4배로 증가했다. 물론 이때는 옥구군과의 통합 이전이었음을 감안해야 하지만 경제발전과 산업화의 결과로 군산의 거주 인구는 크게 높아졌다. 그러나 인구밀도는 그다지 높지 않다. 군산의 총 면적은 3백76.31㎢, 평방킬로미터 당 인구밀도는 740명에 이른다.

비슷한 여건의 항만도시인 목포가 5,335명이고, 마산이 1,307명인 것과 비교하면 단연 낮다. 이들 세 도시의 인구밀도의 큰 차이는 1960년대와 1970년대를 거치면서 국가 산업정책으로 소외되었던 군산이 얼마나 침체기에 놓여있었는가를 들여다 볼 수 있는 단초가 된다. 65세 이상 인구의 비율은 군산이 2.7%에 불과한 반면 목포는 5.2%, 마산은 4.9%로 군산의 경우 젊은 층이 상대적으로 많음을 알 수 있다.

재정자립도에 있어서도 이들 세 도시간의 차이는 분명하게 드러난다. 군산과 목포의 인구밀도가 50%아래에 그치고 있는 것에 비해 마산의 재정자립도는 72%에 달해 그 동안의 정부 투자가 영남권 쪽에 집중되었음을 그대로 반영한다.

가구 당 평균인구는 3.4명이고, 주택보급률은 8만5백21가구 중 7만3천1백 13가구가 보급돼 90%에 이르는 높은 보급률을 갖고 있다.

교통량도 크게 늘었다. 특히 1970년대와 1990년대는 급격한 변화를 보인다. 1974년 당시 하루 교통량은 4천3백33대에 불과하던 것이 1997년에는 4만2천3백39대로 늘어나 약 10배 가까운 증가율을 보이고 있다. 군산에 국가공단이 들어서면서 물동량이 크게 늘어난 까닭이다. 특히 화물차의 경우는 1974년 8백81대에 불과하던 것이 1997년에는 1만1천17대로 늘어났다. 승용차도 1974년 7백83대에서 1997년 2만8천7백19대로 36배 이상 늘어났다. 같은 기간 동안 대중교통수단인 버스의 경우는 4백82대에서 2천6백3대로 늘었다.

자연히 학교 수도 크게 증가했다. 교육시설의 숫자만으로 교육여건의 질을 평가하기는 어렵지만 학교 수에 있어서 군산은 비교적 많은 시설을 보유하고 있다. 해방 당시 군산의 학교 수는 6개에 불과했으나 1997년 현재 학교 수는 153개, 학생 수는 8만2천5백92명, 교직원도 3,815명에 이른다.

금융기관은 인구증가율과 비슷한 비중으로 증가하였다. 1930년대 금융기관 지점 수는 10개였다. 조선은행, 십팔은행, 조선식산은행, 조선상업은행, 동일은행, 군산금융조합, 군산신탁회사, 군산동부금융조합, 옥구금융조합, 군산무진금융조합 등이다. 그러던 것이 1988년에는 17개에 이르렀고 1998년 현재는 통화금융기관만 42개에 이른다. 예금액은 상당히 높은 편이다. 1980년대의 지표를 보면 전북도내의 전체 예금액 중 군산의 예금액이 차지하는 비중이 약 20%에 달한다. 그러나 어음 부도율은 다른 지역에 비해 상당히 높은 편이다. 1986년에는 46%이던 것이 1989년 많이 낮아졌지만 전북도 전체 부도율보다도 훨씬 높은 21%에 달했다. 군산지역 금융자금의 영세성을 읽을 수 있는 대목이다.

군산이 산업화정책의 중심도시가 되면서 도시변화의 지표를 제공해주는 것은 역시 공업단지의 현황이다. 한동안 군산공단의 입주업체는 1980년대 초반보다도 후반으로 갈수록 오히려 줄어드는 양상을 보였다. 어음부도율이 높은 것과 함께 금융자금의 영세성이 그대로 적용된 결과이다. 1988년에는 군산의 공장 수가 218개였으나 92년 185개로, 불과 4년 사이에 33개나 문을 닫았다. 공업단지 입주현황도 마찬가지여서, 1988년 입주업체가 59개였으나 1992년에는 50개로 줄었다. 국가산업단지가 조성되고 나서도 입주업체들의 유치 상황이 부진해 한동안 어려움을 겪었다. 다만 중국과의 교역이 확대되고 입지조건의 장점이 부각되면서 이런 상황은 호전되고 있고, 관련업계들도 앞으로 입주업체가 늘어날 것으로 전망하고 있다.

소비생활의 척도를 가늠할 수 있는 시장분포의 변화는 주목할 만하다. 1960년 당시만 해도 소매상이나 도매상들이 상당히 번성했다. 당시 소매상은 174개, 도매상은 177개나 되었으며 법인상점도 3개, 개인상점은 1,374개였다. 그러나 도시인들의 생활패턴이 달라지면서 도매상이나 소매상보다는 슈퍼마켓이 한동안 증가하는 양상을 보였다. 아파트 등 대단위 주거공간들이 들어서고 신시가지 개발이 이루어지면서 이제 군산은 대형유통업체들의 공략대상이 되고 있다. 최근에는 대형할인점이 군산에 문을 열면서 동 단위나 아파트 단위의 슈퍼마켓도 상당한 영향을 받고 있는 것으로 알려졌다.

군산의 복지 여건은 비교적 우수하다. 1996년 현재 인구 1만 명당 복지시설 수용인원은 172명 정도, 목포(85명)보다 월등히 높고, 마산(172명)과 비슷한 수준이다.

지금까지 살펴본 것처럼 개항 이후 100여 년 동안 군산이 겪은 변화는 다분히 극적이다. 앞으로는 이러한 변화는 더욱 큰 폭으로 전개될 것이다. 중요한 것은 이 변화 속에서 지방자치단체가 지역발전을 어떤 방식으로 추구해 나가야 하느냐 하는 문제이다. 투자의 양적 규모도 중요하지만 지역주민에게 필요한 투자는 어떤 것인가를 모색하는 것이 중요한 것이다. 단순한 편익시설과 도시기반시설의 확대만으로 이러한 요건은 충족될 수 없다. 양적인 시설투자보다는 그 도시의 특수한 여건에 맞는, 또 독창적인 전통과 환경을 살리는 시설투자가 그런 점에서 훨씬 더 중요한 요소이다. 군산 발전의 척도는 바로 이런 과제 위에 놓여있다.

군산은 살만한 도시인가

한 도시의 좋고 나쁨을 말하는 것은 어디까지나 주관적인 평가다. 시대 상황에 따라 달라질 수 있고 개인에 따라 도시의 선호도가 다를 수 있기 때문이다. 그렇다고 다른 도시와 상대적 비교가 불가능한 일은 아니다. 각종 통계 지표와 도시에 몸담고 있는 사람들의 만족도 등 여러 각도에서 비교하는 것이 가능하기 때문이다. 『중앙일보』가 지난 1995년 이 같은 작업을 대대적으로 벌여 각 도시의 「삶의 질」에 대한 순위를 매긴 것이 그 예라 할 수 있다.

국내 74개 도시를 대상으로 실시한 「삶의 질」에 대한 당시 평가에서 군산은 중간 정도인 38위를 나타냈다. 조사 시점에서 20여 년이란 긴 시간이 지났지만 「삶의 질」에 대한 새로운 비교 평가 작업이 그 뒤 없었던 상황에서 중앙일보의 조사 자료는 군산의 지난 시기 삶의 질을 이해하는 데 도움이 될 수 있을 것 같다.

전체적인 생활 여건에서 군산이 차지한 38위는 도내 도시 중에서는 전주에 이어 2번째다. 당시 조사에서 전주는 전체 도시 중 31번째를 기록했으며, 군산과 비슷한 규모의 익산(통합되기 전 이리)은 54위로 평가됐다.

분야별 평가에서 군산은 거의 중하위권 도시에 속했다. 가장 나은 것으로 평가된 안전한 생활여건에서 29위를 차지했고, 문화레저 생활여건 30위, 경제생활 여건 44위를 기록했다. 편리성 측면에서는 56위로 평가 분야 중 가장 낮은 순위를 나타냈다. 문화·레저 측면에서 전주(24위)에 뒤진 것을 제외하고 나머지 부분에서는 전체적으로 비슷하거나 나은 것으로 평가됐다.

그러나 36개 세부 평가 항목에서 군산이 10위권 이내에 진입한 것은 4개 항목뿐이다. 인구 1만 명 당 약국 수 (7.29개로 6위), 강력범죄 발생건수(10위), 인구 1만 명 당 4년제 대학 정원 수 (7백93명으로 7위) 등이 그것이다.

대신 50위권 이하를 기록한 세부 항목이 많아 군산의 삶의 질과 이미지 개선이 필요하다는 지적이 있었다. 행정서비스 수준(62위), 1인당 예산규모(68위), 주택보급률(67위), 장바구니 물가(63위), 음악·연극무대 객석 수(53위), 공원녹지비율(61위), 화재발생건수(62위), 수질오염도(64위), 시장·백화점 수(53위) 등이 50위권 아래로 처진 항목들이다. 또한 대기오염도(42위), 재정자립도(42위), 취업률(44위) 등에서도 타 도시에 비해 상대적으로 낮은 것으로 이 조사에서 평가됐다.

에필로그

근대역사문화도시 군산, '황량한 1백년의 표현'

20여 년 전, 우리 연구팀이 군산개항 연구를 시작할 무렵부터 이미 군산의 근대유산은 허물어지고 부서지고 사라지고 있었다. 당시 군산화교소학교는 그대로 쓰이고 있었지만, 일본 18은행 군산지점(현 군산근대미술관)은 대한통운 군산지점으로 변해 있었고 군산세관(현 호남관세박물관)은 탁구장으로 사용되고 있었다. 조선은행 건물(현 군산근대건축관)은 한일은행에서 개인에게로 소유권이 넘어가 나이트클럽, 예식장으로 용도가 바뀌었다가 불이 나는 바람에 흉물스럽게 변해 있었다. 일제강점기 군산부청이었던 군산시청과 구 경찰서는 철거 예정이었고, 항구의 쌀 창고와 거기까지 이어지던 철도, 그리고 크고 작은 수많은 건물들이 주택으로 상점으로 관공서로 남아있었다.

김영삼 대통령 시절 〈역사 바로 세우기〉의 일환으로 옛 조선총독부 건물을 철거되자, 군산에서도 월명공원에 일본인들이 세운 개항 35주년 기념탑을 비롯하여 보국탑, 자우혜민비 등 석조건조물이 철거되었다. 그리고 원도심의 중심부에 자리 잡고 있었던 붉은 벽돌의 군산시청건물도 헐렸다. 시청이 이전하면서 자연히 법원, 검찰청 등도 외곽 신시가지인 조촌동으로 옮겨 갔다. 내항과 월명동 원도심은 공동화되었고 근대 건축물은 방치되다시피 하였다. 동네 주택 가운데에서도 비어 있는 곳이 많았다.

군산세관은 신축 때 세관장의 노력으로 철거위기를 넘길 수 있었다. 발산초등학교 시마다니 금고는 교장과 관계자의 결심으로 가까스로 살아남았다. 가장 아쉬운 것은 군산시청이다. 군산시청은 1928년 이전하여 1996년 조촌동 신청사로 이전하기 까지 70여 년간 군산행정의 중심지였다. 다시 말하면 군산시청은 군산 근대 문화유산과의 첫 만남의 장소이다. 당시 군산시는 붉은 벽돌로 지어진 군산시청 건물을 헐고, 서울 동대문시장처럼 로데오를 만들어 원도심을 활성화한다는 계획을 수립·추진하였다. 물론 여기에는 시청사를 신축해서 이전하겠다는 계획도 포함되었다. 그러나 군산을 대표하는 근대문화유산을 헐고 세운 로데오 몰은 얼마 되지 않아 텅텅 비고 말았다. 이제 그 자리는 어떤 과거의 표상도 남지지 못한 채, 이성당 앞 공원으로 바뀌고 말았다. 몰역사적 도시계획의 결과 중요한 근대적 자산이 사라지고, 군산은 근대 역사의 상징적 장소를 잃었다. 「목포근대역사관」(목포 일본영사관, 동양척식회사 목포지점)을 가보면, 이러한 회한과 아쉬움은 더욱 커진다.

이런저런 이유로 사라진 근대문화유산은 하나둘이 아니지만, 못내 아쉬움이 남는 것 중 하나는 군산내항이다. 당시 내항에는 군산부두역이 있었다. 군산선의 철도로 쌀을 수송하기 위해 만든 역이다. 역은 폐쇄되었지만, 플랫폼이 제 모습을 갖추고 있었고, 역 구내에는 화물용 협궤선로가 있었다. 그리고 그 옆으로 쌀 창고들이 서 있었다.

군산시에서는 개항 1백주년을 맞이하여, 장미동 내항 입구에 개항 1백주년 기념 백년광장을 조성하였다. 내항에 남아있던 쌀 창고를 헐고 그 자리에 자동차를 세워 놓을 수 있는 공터를 만들었다. 철길 옆으로 만든 광장에는 분수대와 바다 쪽을 향해 돌기둥이 열을 지어 세워졌다. 백년광장은 한양대 서승교수 말대로 "황량한 1백년의 표현"이었다.

이제 군산을 근대역사문화도시라고 부른다

지난해 군산은 개항 120주년을 맞았다. 지난 20년 동안 군산은 근대문화도시로 바뀌었다. 2008년부터 군산은 도시재생사업에 본격적으로 뛰어들었다. 2007년 문체부에서 주관한 지역문화 재생공모사업에 뽑혀 사업비로 100억 원을 확보하면서 가능해진 일이었다. 우선 내항 일대에 산재한 근대건축물을 최대한 활용해 공간을 새로 만들고, 역사테마 거리를 조성하는 사업을 추진하였다. 군산시 장미동 내항 인근의 구 조선은행, 구 일본 제18은행, 미즈상사, 대한통운 창고 등 근대건축물 다섯 개를 수리해 새로운 역사문화공간으로 바꾸어 놓았다. 현재 구 조선은행은 근대건축관, 구 일본 제 18은행은 근대미술관으로 사용하고 있다. 옛 건물은 미즈카페와 다목적 소극장인 장미공연장으로, 문화예술체험공간인 장미갤러리로 운영되고 있다. 옛 군산세관부터 군산근대역사박물관 등과 함께, 이 공간은 하나의 근대문화지구로 연결되어 내항 뜬 다리 부두와 진포해양공원을 모두 걸어 다니면서 볼 수 있는 곳에 있다. 걸어서 20분 이내에 닿을 수 있는 곳에 월명동 일원 고우당, 히로스 가옥, 옛 군산

부윤 관사, 동국사, 해망굴 등 다양한 근대역사문화자산이 자리하고 있다.

이 가운데 대표적인 건물은 2011년에 개관한 「군산 근대역사박물관」이다. 이 곳은 2014년부터 시작된 '1930년대 시간여행'의 출발지이다. 그 주 무대는 월명동과 영화동 일대이다. 이 도시재생프로그램은 군산을 찾는 관광객들에게 근대역사문화의 장으로 인기를 끌고 있다. 100년이 훨씬 지났건만 군산 시간여행 마을의 시간은 그 시점에 멈추어져 있다.

최근 군산에서는 신흥동에 조선인들의 생활상을 보여주는 근대마을을 조성하는 사업을 추진하고 있다. 근대마을사업은 군산시가 고지대 불량주거지 정비 사업의 일환으로 매입한 신흥동 일대 주거시설물을 철거하면서, 이를 활용하여 여러 가지 체험공간을 만드는 사업이다. 이것도 근대문화도시와 연계된 관광지조성사업이다. 이처럼 근대의 의미와 상징들을 복원하고 활용하려는 사업이 확대되면서 근대역사관광은 한층 활발해 질 수 있을 것이다.

군산은 근대역사문화를 도시재생의 원천자원으로 활용하고 있다. 원도심 상가에 산재해있던 빈 집, 빈 점포에 다양한 업종이 입점하고, 창업도 늘었다. 우리나라에서 처음으로 게스트 하우스 협동조합을 만들어지고, 관광객이 늘어나면서 지역경제가 활성화되는 성과도 나타나고 있다.

군산의 근대역사문화도시 조성사업은 관에서 기획하고 예산을 확보하여, 사업 추진을 위한 제도와 기본적인 인프라를 정비하면서 시작되었다. 그리고 그 틀 속에서 주민들의 참여가 가능해졌다. 그러나 산업화, 관광화에 치우친 고우당 공간 만들기를 보더라도 주민들의 시선은 매우 따갑고 불편하다. 이런 식의 관주도 사업이 늘 그렇듯이 도시 계획의 맥락이 시민들의 일상생활공간과 연계되지 않는 탓이다.

살만하고, 살기 좋고, 살고 싶은 군산 만들기

군산이 근대 이후 100여 년 동안 겪은 성장과 쇠퇴 과정의 특징을 우리 연구팀은 '식민지근대도시'라고 이름붙인 바 있다. 또한 군산은 제3세계의 도시발전 과정에서 흔히 나타나는 '정책 의존형' 도시의 전형적인 사례이기도 하다. 1960-70년대 한국의 급속한 성장 과정에서 배제되어 있던 군산은 1980년대에 들어와 새만금간척지와 산업단지 조성으로 새로운 전환을 맞이하였다.

1987년 새만금간척사업이 발표된 후 군산은 서해안의 거점도시로 다시 부상하며 성장의 계기를 맞이하였다. 1988년 군산국가공단 착공에 이어 1993년 군장국가공단이 착공되었다. 군산국가공단에 입주한 대우자동차는 IMF외환위기로 부도를 맞기 전까지 50만대 규모의 자동자 공장으로 8만 여명의 신규고용을 창출하는, 군산 경제의 핵심으로 자리 잡았다. 2008년 경제자유구역으로 지정되면서 군산경제는 제법 활성화되는 것처럼 보이기도 했다. 정부지원 속에서 군산에 조성된 산업단지에는 현대중공업, GM, 두산 등 자동차 및 기계 부품산업계열 기업들이 입주하고, 이들 산업단지의 가동으로 항만의 활동이 한층 분주해지기도 했다.

그러나 대부분의 정책 의존형 도시들이 지닌 문제는 경제적 자립의 틀을 갖추지 못하고 있어, 외부적 요인의 영향을 크게 받는다는 점에 있다. 2010년대 이후 군산 경제도 현대제철의 가동 중단, GM의 철수 등 외부적 요인의 영향으로 크게 흔들리고 있다. 군산국가산단 내 일부 공장은 흉물처럼 방치되고 있다. 생산, 수출, 수입량이 급격히 줄다보니 군산항 컨테이너 터미널 야적장은 텅텅 비었다. 현대중공업 조선소 및 한국GM 공장 폐쇄 등으로 군산을 떠나는 인구가 급증하면서 인구도 감소세로 돌아섰다.

이러한 상황에서 군산은 역사문화도시로 도시 정체성의 전환을 모색하기 시작하였다. 전북 경제를 좌지우지하던 공업도시 군산은 근대역사문화도시로 이미지 전환을 시작하였다. 역설적으로 식민지 잔재의 본 모습을 간직하고 있던 원도심은 이국적인 일본문화를 담은 역사공간으로 바뀌면서 활력을 되찾고 있다. 모든 역사자원을 다루는 자세가 다르지 않겠지만, 식민지의 경험과 역사를 복원하는 군산근대문화도시 복원사업의 방향에는 역사자원의 상품화 자체를 목적으로 하지 않는다는 의지가 필요하다. 군산의 근대문화자원이 지닌 역사문화의 현장으로서의 가치를 인식하고, 이것을 주민의 삶 속으로 연결하려는 노력이 필요하다. 건물과 장소들이 시민들의 생활공간으로 인식되고 이미지화되는 도시공간의 복원이 이루어지기를 간절히 바란다. 그리고 이를 통해서 군산은 다시 경제 활력을 회복할 수 있기를 기대한다. 그리고 무엇보다도 군산이 시민들이 살만한 도시, 살기 좋은 도시, 살고 싶은 도시가 되었으면 좋겠다.

근대의 창,
군산 100년을 보다

지은이 김원용, 김은정, 소순열, 이성호, 이정덕
펴낸이 김동원
펴낸곳 전북대학교출판문화원

초판 1쇄 인쇄 2020. 5. 10
초판 1쇄 발행 2020. 5. 15

전북대학교출판문화원 전라북도 전주시 완산구 어진길 32 (풍남동2가)
전화 (063) 219-5321~2
FAX (063) 219-5323
출판등록 2012년 8월 20일 제465-2012-000021호

값 16,000원

ISBN 979-11-6372-080-5 03300

이 도서의 국립중앙도서관 출판예정도서목록(CIP)은 서지정보유통지원시스템 홈페이지(http://seoji.nl.go.kr)와 국가자료공동목록시스템(http://www.nl.go.kr/kolisnet)에서 이용하실 수 있습니다. (CIP제어번호 : CIP2020015971)